陈 益／著

谢柏梁／主编

上海古籍出版社

昆山幽蘭滿庭芳

昆曲发源地人物传

图书在版编目(CIP)数据

昆山幽兰满庭芳：昆曲发源地人物传／陈益著. —
上海：上海古籍出版社，2016.11
ISBN 978-7-5325-8218-1

Ⅰ.①昆… Ⅱ.①陈… Ⅲ.①地方戏—戏剧家—列传
—昆山 Ⅳ.①K825.78

中国版本图书馆 CIP 数据核字(2016)第 220958 号

昆山幽兰满庭芳：昆曲发源地人物传

陈 益 著

上海世纪出版股份有限公司
上 海 古 籍 出 版 社 出版

（上海瑞金二路 272 号　邮政编码200020）

（1）网址：www.guji.com.cn
（2）E-mail：guji1@guji.com.cn
（3）易文网网址：www.ewen.co

上海世纪出版股份有限公司发行中心发行经销
启东人民印刷有限公司印刷

开本 787×1092　1/18　印张 12 $\frac{16}{18}$　插页 2　字数 265,000
2016 年 11 月第 1 版　2016 年 11 月第 1 次印刷
印数：1—2,100
ISBN 978-7-5325-8218-1/I.3106
定价：38.00 元

如有质量问题，读者可向工厂调换

目 录

傀儡湖畔唱雅乐
绰墩山下传正声

宫廷名伶黄番绰小传

　　昆曲的前身昆山腔,是昆山民间曲调与宋元南曲演唱艺术相结合的产物。徐渭的《南词叙录》多次提到南戏"不叶宫调"、"本无宫调",是里巷歌谣、村坊小调。然而,到了明嘉靖年间,经魏良辅、梁辰鱼等人改良后形成的昆曲,却被称为雅乐、雅韵、雅部。雅,成了昆曲最鲜明的艺术特性(在与花部相比较时尤其如此)。

　　雅的基因是什么? 雅从何而来? 有着怎样的流变? 让人不能不向盛唐宫廷音乐追溯。

魂归之地

烟波浩渺、碧澄清澈的傀儡湖和阳澄湖，位于古城昆山的西郊，相互贯通，历来被称为"姐妹湖"。

当我们乘船沿着行头港往西，可以出傀儡湖，进入绰墩村。村口有一座广陵桥。它始建于明代万历四十年（1612），几经修葺，至今仍苍颜完好。桥边，耸立着一株高大的银杏树，半边身躯已经枯如铁石，但虬劲的枝柯仍擎起金黄色的叶片，飒飒作响。它们是绰墩山广陵庵仅存的遗物。

傀儡湖和行头港，这两个名字无疑与戏曲演艺有关。在吴语中，人们至今仍把换衣服称作换行头。

近在咫尺的绰墩山，是一处 5 000 年前人工堆筑的史前文化遗址。考古人员曾在这里出土了大量崧泽文化、良渚文化时期的玉器、陶器、石器，以及人工种植水稻的遗存。何为绰墩？原来，这里是唐代宫廷名伶黄番绰的魂归之地。此地历来有集会演戏的习俗。每年从农历新年到清明节前后，江南各地的戏班子都要来绰墩山搭台会演，切磋演艺，既是百姓们的盛大欢娱，也是对一代名伶的缅怀。

唐玄宗时，巧舌如簧的黄番绰，在宫廷以擅演"弄参军"而闻名。所谓"弄参军"，用今天的话来说，就是滑稽戏。他与琵琶圣手雷海星、善于舞剑的公孙大娘、善击羯鼓而歌的李龟年，以及和他搭档演参军戏的张野狐，都是名倾一时的梨园人物，常侍奉君侧。参军戏往往只有两个脚色，一人扮苍鹘，一人扮参军，相互调谑讽嘲，以博取众人哄笑。苍鹘鹑衣鬅鬓，是一个丑角，参军后来则演变成戏剧中的"副净"，即大面。

傀儡湖晚霞

傀儡湖畔行头港

番，也作幡，即旗幡，古时传递命令所用的三角小旗。黄番绰演参军戏，肩头上也常插旗幡。绰，可以理解为绰动、波乱。幡绰，就是肩上的小旗抖动乱飘，一副让人忍俊不禁的形象。

不难理解，番绰其实只是他的艺名。但由于他在梨园深受器重，真名反而不传。

众所周知，唐明皇是一位多才多艺的风流天子。他迷恋音乐，曾经将琉球国的文书错批给天竺国，闹出了政治笑话。然而，他在音乐艺术的领域里创造了奇迹，不仅写下了《霓裳羽衣曲》《雨霖铃》等名曲，更以至高无上的权力推广音乐，扩充教坊，创建梨园。安史之乱以后，许多宫廷音乐人四处流落，使得"江南无处不闻歌"。白头发的宫女在民间教习歌姬，仍常常"闲坐说玄宗"。毋庸置疑，对于后世的音乐发展，唐明皇的影响是深远的。

明人天然痴叟的小说《石点头》说，大唐第七帝玄宗，谓之明皇，"宠幸的贵妃杨太真，信用的是胡人安禄山，身边又宠着几个小人。那小人是谁？乃是：高力士，李龟年，朱念奴，黄番绰"。事实上，那时的黄番绰几乎与诗人李白、舞蹈家公孙大娘齐名。

梨园，早先不过是长安皇家禁苑中与枣园、桑园、桃园、樱桃园并存的一个果园。园中设有离宫别殿、酒亭球场等，供帝后、皇戚、贵臣宴饮游乐。后来经唐玄宗的倡导，梨园逐渐成为演习歌舞戏曲的场所，成为一座研习音乐、舞蹈、戏曲的综合性"艺术学院"。李隆基亲自担任梨园的崔公（相当于如今的院长）。梨园渐渐与戏曲艺术联在一起，终于成为戏剧组织和艺人的代名词。

黄番绰常常与诗人兼演员张野狐搭档演出，风靡西京长安。他谈吐机智幽默，甚至敢于用滑稽风趣的方式，谏劝皇帝不要轻信安禄山，不要在马上打球摔坏了身体。

唐天宝十四年（755），安史之乱突起，"渔阳鼙鼓动地来，惊破霓裳羽衣曲"。次年六月，身兼范阳、平卢、河东三节度使的安禄山率叛军在范阳起兵，长驱直入，攻占东都洛阳，随即又攻破潼关，进逼长安。唐明皇难以抵御叛军的攻势，仓皇逃蜀。

到达梓潼郎当驿的那天晚上，玄宗正昏昏入睡，忽然听铃声剧响。他以为是景阳钟报警，高力士见状，忙禀报道：

"圣上，这是驿馆的铁马儿被风雨吹打的声音。"

玄宗听了，顿时睡意全消。

黄番绰站立在一旁，却故意说："万岁，这声音像是三郎，郎当作响，三郎，郎当作响！"

唐玄宗皱皱眉头。他明白，黄番绰的话里似乎含有几分讥讽的意思，却没有发作，强压怒火，陷入思索。一会儿，竟依照当时的景色和心绪，谱出了《雨霖铃》。

"郎当"一词,确实含有颓唐、潦倒、马虎之意。黄番绰以此讽谏,盼望玄宗振作精神,以国事为重,迅速镇压叛乱。假如不是宠臣,他是万万不敢这样胆大妄为的。

关于黄番绰,民间有很多传闻。其中一则说,黄番绰曾经替安禄山解梦。安禄山梦见自己的衣服袖子太长,黄番绰说:"这是垂衣而治。"安禄山又梦见阁楼倒塌,黄番绰说:"旧的倒下了,新的才能盖起啊!"安禄山听了,心里自然高兴。

然而,这件事很快被唐玄宗知道了,责问黄番绰为何要作如此解释。黄番绰急忙辩解道:

"我陷于贼营,只能暂且哄哄安禄山,保留性命才能再见陛下呀。其实,我知道那都不是好梦。"

唐玄宗问:"何以见得?"

黄番绰说:"安禄山梦见袖子长,是告诉他不得出手。梦见阁楼倒塌了,是说他终究得不到。不正是如此吗?"

唐玄宗不由为他的机智拊掌大笑。

可以作为宠臣佐证的是绰板。绰板节奏的快慢徐疾,平添喜庆的节日气氛。江浙一带人们所说的绰板,也称拍板、檀板。用坚木数片,以绳串联,用以击拍音乐的节奏。称之为绰板,却是有来历的。前人有记载说:"古拍板无谱,唐明皇命黄番绰始造为之。"①因为是黄番绰的创造,所以叫作番绰、绰板,流传至今。

唐玄宗擅长击打龟兹乐器羯鼓。有一次,他宣召黄番绰,黄番绰却偏偏不在宫里,溜出去办私事了。唐明皇很恼火,命人唤他。黄番绰急急赶回,听见唐玄宗的羯鼓声急促狂放,他忙哀告内侍说:"让我等一会再进去。现在直着进去,说不准会横着出来。"过了一会儿,唐玄宗的羯鼓声换了一支曲子,变得安详舒缓,黄番绰立即进殿面圣。唐玄宗的气消了,他果然没有受到任何处罚。他能够通过辨音来揣摩击鼓人的心情,从而为自己免除灾祸,实在是很聪明。

唐段成式《酉阳杂俎》记载,有一次,宰相张说等重臣上书,请唐玄宗去泰山封禅,唐玄宗欣然同意。按当时制度,四品以上京官才可随行。张说有个女婿郑鉴,是九品小官,也要跟着去凑热闹。张说一下子就把他擢升五级,让他穿上了绯服,跟着去了。封禅结束后,唐玄宗在玉皇顶下欢宴群臣,发现郑鉴官位突然飙升,觉察到张说徇了私,脸色很难看。郑鉴吓得无言可答,张说也有点心慌。这时候,黄番绰出来打圆场了。他对皇帝说:"此乃泰山之功也!"黄番绰的话里有两层意思:一是皇帝封禅泰山,乃千古盛事,是泰山成就了郑鉴升官;二是民间把丈人尊作泰山,没有这个泰山老丈人,郑鉴怎么能升得了官呢?唐玄宗被黄番绰一语双关的话说得笑了起来。他索性下旨,王公以下普加一级,弄了个皆大欢喜。至今，泰山玉皇顶下仍然有一巨石，上书"丈人峰"三字。

安史之乱时，不少官员为安禄山所胁从，黄番绰也在其中，不能不为他做事。后来得以收复，黄番绰被拘押到了行在。本来应该受处罪，可是唐玄宗怜其才智，赦免了他。对于这样的救命之恩，黄番绰自然是感激涕零，唯有效忠。

但，他又不能不为自己的性命考虑。安史之乱后，宫廷成员大多跟随李隆基入蜀，黄番绰流落到了昆山傀儡湖畔。他宁愿在这远离战乱、风景优美的地方教习歌伎，享受随心所欲的日子。逝世后，埋葬在了湖畔的土山上。黄番绰为什么不去别处，偏要来这里？是不是这里是他的出生地？众说纷纭，无从考证。人们在山上遍植树木，修筑祠堂，并且将棺木悬空吊挂于墓穴中，供后人凭吊。

黄番绰像

这座土山，也就被称作绰墩山。

黄番绰当初传唱的歌调，是没有乐器伴奏的清唱，俗称嘌唱，迂徐委婉，细腻绵糯，听之令人回肠荡气。这与村谣俚调很不相同，显然已是宫廷音乐的雅韵了。

昆曲界历来有在老郎庙供奉祖师爷的习俗。据顾禄《清嘉录》卷七《青龙戏》记载，苏州"老郎庙，梨园总局也。凡隶乐籍者，必先署名于老郎庙。庙属织造府所辖，以南府供奉需人，必由织造府选取故也"。老郎庙里供奉的老郎神，即昆曲界的崇拜偶像、行业保护神，一般认为是梨园鼻祖唐明皇。一些戏园的后台也设有老郎神像或牌位。演员进后台，先要向神位拱手，称为"参驾"；临出场时再拱手，称为"辞驾"；下场进后台时又拱手"谢驾"。伶人们对这位皇帝音乐家十分崇敬。

耐人寻味的是不少老郎庙在唐明皇身边，还供奉着黄番绰的塑像。苏州镇抚司前的伶人公所，祭祀演剧界梨园诸神，袝神中也列有黄番绰等数人[2]。

正因为如此，魏良辅在他的《南词引正》第五条中说：

腔有数样，纷纭不类，各方风气所限，有昆山、海盐、余姚、杭州、弋阳……惟昆山为

正声,乃唐玄宗时黄幡绰所传。元朝有顾坚者,虽离昆山三十里,居千墩,精于南辞,善作古赋。扩廓帖木儿闻其善歌,屡招不屈,与杨铁笛、顾阿瑛、倪元镇为友,自号风月散人。其著有《陶真野集》十卷、《风月散人乐府》八卷行于世,善发南曲之奥,故国初有昆山腔之称。

顾坚所居住的古镇千灯,位于吴淞江畔,富庶秀美,有悠远的艺事传统。在研习说唱艺术时,他一方面继承了黄幡绰所传的"正声",一方面得到了乡俚野调的滋养,所以才能"善发南曲之奥"。

任何一种艺术样式,都不可能是纯粹的。往往是你中有我,我中有你。你融合了我,我渗透于你。生活在元代的顾坚,所唱的动人歌声,无疑已经包含了宫廷音乐、南曲、民间说唱、乡俚野调等因素,艺术个性却愈加凸显。

天子问什

2000 年秋冬,考古工作者在绰墩山遗址的抢救性发掘中,出土了一处唐代船形石室墓。墓内,发现开元通宝三枚和数百块墓砖,其中四块墓砖上刻有楷书文字,包括"天子问什"、"调"、"不□"和"天",文字颇具颜真卿的风韵,都是在泥坯上用刻刀随手刻好后,放进窑里烧制的。墓室恰好在绰墩遗址范围内。联想到宋代昆山人龚明之在《中吴纪闻》中说"至今村人皆善滑稽,及能作三反语"③(历代的昆山地方志上也都有如是记载),文史专家认为,这个石室墓很可能是黄幡绰的墓。可惜没有找到墓志铭或其他佐证。

唐明皇坐像

墓砖上刻着的"天子问什"四个字，很是耐人寻味。

"天子"，即皇帝。"什"，从人，从十。《辞海》载："什，犹言杂。"杂，在这里可以理解为杂戏。汉唐时期，随着西域的胡乐杂技传入中国，民间百戏有机会吸收外来文化，使表演艺术更加丰富多彩，技巧也不断提高。高水准的民间百戏甚至为皇帝看中，经常在宫廷内演出，招待外国的使臣，成为炫耀中国国力的一个重要方式。富有魄力又迷醉于艺术的唐玄宗，把外来的胡乐和民间俗乐、散乐划归教坊管理。尽管他认为傀儡戏并非正声，却仍然经常请傀儡子在内教坊作演出，还特意为之写下了一首"傀儡吟"：

刻木牵丝做老翁，鸡皮鹤发与真同。

须臾弄罢寂无事，还似人生一梦中。

天子问什，也许我们可以理解为"皇帝询问杂戏之事"。这意味着昆山腔的根不仅在元明时代，还伸向了唐代。当年黄番绰从宫廷里带到傀儡湖畔的正声音乐，或许正是由唐玄宗亲自创制，代表盛唐气象的法曲（包括《霓裳羽衣曲》）。

及至明代嘉靖年间，昆山腔经过魏良辅的改良，日臻完善。在他之前，元杂剧和南戏已至巅峰，魏良辅却仍然寻求突围,别树一帜。他所做的一切,不只是个人意愿,更是时代潮流使然。

魏良辅通过唱法的改革,"即旧声而泛艳",增强了昆山腔的音乐表现力,提高了其艺术品位,把旧声昆山腔逐渐雅化了。雅化,乃是改良的核心目标。声律家沈宠绥对此有深刻的剖析:"尽洗乖声,别开堂奥,调用水磨,拍捱冷板,声则平上去入之婉协,字则头腹尾音之毕匀,功深镕琢,气无烟火,启口轻圆,收音纯细。要皆别有唱法,绝非戏场声口,腔曰昆腔,曲名时曲,声场禀为曲圣,后世依为鼻祖。盖自有良辅,而南词音理,极抽秘逞妍矣。"④正因为雅化,促使昆曲在保持吴音四声八调的基础上,吸收盛唐宫廷音乐的长处,自觉地融合元曲与南戏的元素,形成了轻柔宛转、悠远靡曼、纤悉必分、摇曳多姿的风格,流传至今。

昆曲的前身昆山腔,是昆山民间曲调与宋元南曲演唱艺术相结合的产物。徐渭的《南词叙录》多次提到南戏"不叶宫调"、"本无宫调",是里巷歌谣、村坊小调。然而,到了明嘉靖年间,经魏良辅、梁辰鱼等人改良后形成的昆曲,却被称为雅乐、雅韵、雅部。雅,成了昆曲最鲜明的艺术特性(在与花部相比较时尤其如此)。

雅的基因是什么?雅从何而来?有着怎样的流变?让人不能不向盛唐宫廷音乐追溯。

唐代的宫廷音乐非常繁盛。《新唐书》记载了当时制曲的繁盛状况:

> 是时,民间以帝自潞州还京师……制《夜半乐》、《还京乐》二曲。帝又作《文成曲》,与《小破阵乐》更奏之。其后,河西节度使杨敬忠献《霓裳羽衣曲》十二遍。凡曲终必遽,惟《霓裳羽衣曲》将毕,引声益缓。帝方浸喜神仙之事,诏道士司马承祯制《玄真道曲》,茅山道士李会元制《大罗天曲》,工部侍郎贺知章制《紫清上圣道曲》。太清宫成,太常卿韦绍制《景云》、《九真》、《紫极》、《小长寿》、《承天》、《顺天乐》六曲,又制商调《君臣相遇乐》曲……⑤

当时,从民间到皇帝、大臣、官宦、道士、乐官都在制作音乐。唐代疆域开阔,经济繁盛,各民族交流广泛,加之唐玄宗亲自倡导,宫廷音乐吸收了来自各民族音乐的特质,形成了一种开放、优美、繁荣的音乐创作氛围。唐玄宗创制的《霓裳羽衣曲》,堪称唐代宫廷音乐最杰出的代表,充分展示了盛唐气象。

由于政治、艺术和社会心态等多重因素的作用,宫廷音乐必然向全国各地流布,产生深远的影响。何况,真正优秀的艺术可以转换形式,灵魂永不消亡。

后来,人们把这座埋葬了黄番绰的土山命名为"绰墩",把土山东边与阳澄湖相连的一片箬帽形的湖面命名为"傀儡湖",是极有道理的。宋代昆山人龚明之在《中吴纪闻》中说:"至今村人皆善滑稽,及能作三反语。"地方志中也有相同的记载。讲话和动作滑稽,这正是参军戏的特征。显然,一代一代村民都受到了黄番绰的影响,变得口齿伶俐,幽默风趣。三反语起源于参军戏,后来,在昆曲角色的宾白中会偶尔出现。

傀儡湖与阳澄湖并称为姐妹湖,名声虽不如阳澄湖,却是昆山的生态水源地,更有深厚的历史文化积淀。民间称之为箬帽湖,因为湖泊的形状像是一只椭圆形的大箬帽。也有人说湖东岸曾有带箬帽的石刻神像,用以辟邪,所以叫作箬帽湖。

望文生义,傀儡湖与傀儡戏有关。

傀儡戏,也就是俗话说的木人头戏。"傀儡"一词,本意是人做鬼面,用以驱鬼。傀儡是对鬼的模拟,所以形象极其丑陋,"丑"字的繁体就是"酉"字右边有一个"鬼"字。傀儡展示给众人,人惧鬼也怕,这便有驱邪的效果了。

土偶为俑,木偶曰傀。相传在周穆王时就出现刻木为人的事了。汉代末年,擅做偶人之戏的傀儡子,渐渐由丧家乐用以嘉庆之会。唐代,傀儡戏的故事性和趣味性明显增强。吴自牧《梦粱录》载:"凡傀儡敷衍烟粉、灵怪、铁骑、公案、史书、历代君臣将相故事,或讲史,或作杂剧……"到了宋代,傀儡戏以表演各类故事为主,根据使用的道具已可分为悬丝傀儡、药发傀儡、水傀儡、肉傀儡、杖头傀儡等等。悬丝傀儡,即如今仍能见到的牵线木偶;药发傀儡,是借助于火药,在施放烟火时表演的傀儡;水傀儡,是指在水中表演的傀儡戏。其中有木制的偶人,有鱼龙之类的动物,出入变化,功艺如神;肉傀儡,则是以活人(多半为小孩)装扮演出的傀儡戏,犹如江浙一带迎神赛会时的"台阁"。据《扬州画舫录》记载,还有一种最小的傀儡:"围布作房,支以一木,以五指运三寸傀儡,金鼓喧阗,词白则用叫颡子,均一人为之,谓之肩担戏。"这很像是闽南一带的布袋戏。

傀儡戏,一般会有固定的脚本,有生动的表情,有服饰的变化,有音乐舞蹈宾白,表演一个有头有尾的故事。绝大多数木偶,是艺人用木头雕琢出来的。手足没什么变化,各种形态和表情的偶面则戏剧化、拟人化,体现着人物的性格。由艺人制作出来的"木人头",似人而非人,恰好可以用来沟通人和神,就不再是寻常的工艺品,足以娱人悦神,具有阻挡鬼邪的灵力。

人们用丝线牵动偶人,表演老少咸宜的历史故事和人物,几乎无所不能。明杂剧《真傀儡》中演的,就有左司马曹无伤痛饮中书堂的故事,有曹操修筑铜雀台的故事,还有赵匡胤雪夜拜访臣相赵普的故事,观看的人耳熟能详,一边看一边议论,颇能激起共鸣。

　　杂剧《真傀儡》，是明代嘉靖、万历年间杂剧大家、进士王衡（内阁首辅王锡爵的儿子、大画家王时敏的父亲）的作品，用一种游戏笔墨，蕴含着对于世态人情的讽刺。从剧中那些观戏的场景，我们不难看出傀儡戏在当时是如何盛行的。

　　桃花村做春社，里长请来了傀儡戏班。往常都是傀儡装人，如今却是人装傀儡（这恐怕是在演肉傀儡），吸引很多人骑马坐轿，纷纷前来观看。即将开演时，丑角守着傀儡棚的大门说："后来的要出大分哩，将钱五贯来者！"迟到的老头刚把骡子拴好，听说要他多出一份钱，随即从衣袖中掏出印有银锭的太平宝钞，说也不知几贯，拿去。净角没想到老头儿竟拿出锭钞来，忙问众人他该怎么坐。众人说自然大爹坐好位子了。有人却不肯相让，于是引起了一阵争议。

　　他们不知道，这个老头其实是退职闲居的丞相杜衍，穿了便服来看傀儡戏，竟受人侮慢。恰好这时，朝廷有使臣前来咨访，杜衍急忙借了傀儡的官服谢恩，还讲了一番"刑以不杀为威，兵以不用为武，财以不蓄为富"的道理，众人都很感惊诧，杜衍却毫不介意地告诉众人该"无事无非，相亲相让。有马同骑，有酒同喧……"

　　真是所谓"做戏的半真半假，看戏的谁假谁真"。

　　回过头来再看传奇剧本，当耍傀儡的打锣上场时，净丑唱一曲《西江月》："分得梨园半面，尽教鲍老当筵。丝头线尾暗中牵，影翻跹。眼前古今，镜里嫣妍。"鲍老，原来是一种单人舞蹈，因傀儡常常模仿，后来就借指傀儡。

　　在宋代元宵庆典中，舞鲍老是社火中的常备节目。西湖老人《繁胜录》记载"亲王庆赏元宵"，其中全场傀儡中就有"交衮鲍老"。周密《武林旧事》中则有"大小砑刀鲍老、交衮鲍老"。舞鲍老，不仅是常规节目，而且参与人数众多。直至民国年间，元宵庆典中仍可以见到扮鲍老、舞鲍老的记载。

　　周贻白先生《中国戏剧史长编》说："南曲有《耍鲍老》、《鲍老催》两调，北曲有《古鲍老》、《鲍老儿》两调，或即出自'舞鲍老'所歌声调，但不必通过傀儡的演出，始有此调名。"这便由傀儡戏延及昆曲曲牌了。《牡丹亭·惊梦》就有末角的[鲍老催]唱段。

　　《东京梦华录》卷七之"驾幸临水殿观争标锡宴"，有这么几句描述："……又有一小船，上结小彩楼，下有三小门，如傀儡棚，正对水中乐船上参军色进致语。乐作，彩棚中门开，出小木偶人，小船子上有一白衣人垂钓，后有小童举棹划船。辽绕数回，作语。乐作，钓出活小鱼一枚。又作乐，小船入棚。有木偶筑毬、舞旋之类，亦各念致语，唱和乐作而已。谓之水傀儡。"

　　其中的"参军色进致语"，有学者认为，是参军在诵念致语，引出水傀儡表演。其含义与宫廷中赐宴

演出乐舞杂剧相同。当年的黄番绰，就是充任参军角色。弄参军，即以滑稽的语言和姿态串场。而昆曲往往以副末念诵词曲开场。这二者之间，无疑有诸多联系。

傀儡湖畔，绰墩山下，曾筑有玉山佳处——二十六处精美绝伦的楼、亭、馆、轩，它的主人是元代文学家顾阿瑛。这位因出海通番做生意的文化人，以智慧富甲江左。但他喜欢赋诗会文、宴饮赏曲胜于金钱。当时，杨维桢、倪云林、高则诚等名流雅士常常前来与他聚晤。他蓄养着一个戏曲班子，最宠爱的歌伎有小琼花和南枝秀等好几人，被誉为"玉山草堂园池声伎之盛甲天下"。顾氏庄园，实在是一所实验性的戏曲学校，一片孕育昆曲艺术的温床。

① 明王骥德《曲律·论板眼》。
② 清顾震涛《吴门表隐》卷九。
③ 三反语，或称作切口，一种反切注音的方式。又称缩脚语。常隐去关键字，诱人猜想。
④ 明沈宠绥《度曲须知》。
⑤《新唐书》卷二十二《志第十二·礼乐十二》。

草堂伎馆声妓盛
玉山雅集名士醉

文学家顾阿瑛小传

　　"玉山雅集"的主人顾阿瑛,字仲瑛,别号金粟道人。十六岁时就搏击商海,很快成为江南屈指可数的巨富。致富后,他却弃商从文,倾力构筑玉山草堂,广邀天下名士,日夜置酒高会、啸傲山林,以文采风流著称于东南,在中国文化史上留下了显赫的印记。参加"玉山雅集"的除了名士巨子,还有乐师和歌伎、舞姬,擅一时之胜,以至于"四方之能为文辞者,凡过苏必之焉"。

　　"玉山雅集"不仅给后世留下了《玉山名胜集》、《玉山璞稿》、《玉山逸稿》等文字,也给昆山腔的萌发,营造了孕育的温床。

　　耐人寻味的是,玉山佳处所在地,恰恰在黄番醉的魂归之处。

汉语夸音

已经是子夜时分了。

下弦月悬挂在天穹,洒下淡淡银光,照耀着幽暗的傀儡湖。风掠过茂密的苇丛,发出琴弦滑音似的声响,犹如在为秋虫的鸣叫作伴奏。这让湖边的一切愈加显得宁静。

顾阿瑛昨晚与客人们一起吟诗唱曲,睡得很晚。正在枕裘酣倦之时,忽然听到了什么声音击破宁静。哦,是颇有些急促的脚步声在渐渐走近,似乎还有敲门声。他从沉沉梦境中醒来,费力地睁开了眼睛。屋里一片混沌,只有窗棂投进些许月色。

果然是有人咚咚敲门。

他赶快点亮灯,披衣下床。

门扉开处,随着一阵带有寒意的西风,进来了一个挎有长长布袋的陌生人,浑身上下散发出一股异样的膻气。睡眼惺忪间,顾阿瑛看出他肤色黝黑,脸上长满了胡髭,一双凹陷于颧骨的眼睛,在灯光的映照下竟显出深蓝色。或许是太疲惫,那人大口喘着气,用一种含混的很难听懂的口音,迫不及待地说:

"麻烦,请给我一杯……"

"酒,还是水?"

"哦,德辉先生,真冒昧,我是张猩猩啊!……"

"张猩猩?"

"是,正是在下。"

"你是从很远很远的地方过来?"

"嗯!"

顾阿瑛顿时想起来了,前些日子,曾经收到过一封信札。一个自称张猩猩的人,说早就闻听玉山雅集的名声,很想前来与朋友们聚会,共同切磋技艺。顾阿瑛也听说这个人是很懂得乐曲的胡人,能作南北弄——南方的曲子和北方的曲子,融会贯通,驾驭自如。他也想来? 顾阿瑛的心里不太相信,但他还是回了信,热忱邀请。这里南来北往的朋友络绎不绝,他总是备好客房和可口的茶饭,让家乐女优们款待。来的客人越多,他越高兴。不过张猩猩离这里太远了。也许,他只是借此说明自己的友善罢了,未必真的。毕竟隔着千山万水啊!

张猩猩却真的出现在眼前。

顾阿瑛石刻像

顾阿瑛着实吃了一惊。他沏了一杯茶,一边请张猩猩入座,一边打量这个不速之客。

从胡人居住的荒漠中的绿洲,穿越枪林弹雨、兵荒马乱的北方,越过苍茫黄河滚滚长江,风尘仆仆赶到位于阳澄湖畔的玉山草堂,要经过多少个日夜的颠簸,承受怎样的风霜雨雪啊! 他居然毫不犹豫地过来,奔赴一个文人之约。看他衣衫不整,步履蹒跚,满脸疲乏,蓝眼睛里却流露出兴奋的神色,顾阿瑛不由钦佩地说:

"历经千辛万苦,真是不简单呀!"

"离家的时候还是夏天,到这里已经是秋天!"张猩猩朗声大笑,"能见到德辉先生,什么辛苦都没有啦!"

"蟹肥菊黄,你赶上了最好的季节哪! 不

过,没有你想吃的羊肉。"

"我不是为了羊肉来的,这里才是人间天堂啊……"

两人相见恨晚,很热络地谈了一会,不觉天色微明。

顾阿瑛忙把仆人唤醒,让他们立即准备酒菜。雅集早一点开始,他还要给远道而来的客人洗尘。

"铁笛子杨维桢已经住了几天,天天作诗写赋。他知道你来了,不知有多么高兴!"

"则诚和云林他们也来了?"

"全都来了,全都来了。这些日子,陆陆续续过来了不少客人,袁华、王蒙,还有张渥……顾坚离得最近,却是昨天才到的。等一会,他们会一起陪你喝酒的!"

"真是太好啦!"

张猩猩跟那些江南才子从未晤面,却有不少诗书来往,彼此心仪已久。如今能在顾阿瑛的玉山草堂聚会,自然十分欣喜。赶了那么多天的路,愈是临近,愈是心急,昨天干脆星夜赶路,一夜未睡,但他的疲乏全都被聚会的兴奋驱走了。

天清气朗,阳光在纤尘不染的湖面上泛起粼粼波光,让密密层层的芦苇丛显出凝重感。一群鸟儿却在绿苇深处高一声、低一声地欢叫,叫得毫无顾忌。

一大清早,湖光山色楼里便摆开了宴席。厅堂里的一张张八仙桌摆成梅花状,不分长幼尊卑,随意而坐。觥筹交错中,更有高谈阔论,笑语鼎沸;莺声呖呖,丝竹悠扬。

家乐女优南枝秀、天香秀、小琼花……犹如湖上鸥鸟,俏丽多姿地穿梭于宾客之间。

〔生〕衷肠闷损,叹路途千里,日日思亲。青梅如豆,难寄陇头音信。高堂已添双鬓雪,客路空瞻一片云。

〔合〕途中味,客里身,争如流水蘸柴门?休回音,欲断魂,数声啼鸟不堪闻。

她们唱的是高明高则诚《琵琶记》中的〔八声甘州歌〕。

高则诚坐在席间,听得很是入神。忽而抚掌,忽而仰首,忽而作惊讶状,忍不住对着顾阿瑛说道:"这出琵琶,在永嘉也唱了很久,为何在昆山,才让我听得如痴如醉?"

顾阿瑛笑了:"则诚兄对昆山情有独钟啊!"

"不,不,昆山人的声腔分外优雅,有仙乐之韵。则诚的《琵琶记》,该用这般声腔,便能愈行愈远!"

"真是如此,那就着实好!"顾阿瑛说,"也正是诸位仁兄的心愿呀!"

三杯下肚后,张猩猩兴致勃勃,将随身的长布袋拿来,解开细绳,取出里面放着的一把胡琴。这是他特意从遥远的家乡带来的。随即双手抱拳,向诸位致意道:

"张某别无长处,献上一曲,略表心意!"

他调好琴弦,屏息凝神,开始运弓演奏。

琴声似一脉泉水,在山间流淌。起初是柔美而又缓慢的,旋律由商音上行至角,在徵、角音上稍作停留,又行至宫音。很快,水流就冲突阻拦,开始奔越。琴声节奏加快了,从深沉平和中激昂起来。

张猩猩双目微微阖拢,忽而俯身,忽而仰首,拉着琴弓的手,充满了激情,让琴声由深沉转为激动、昂扬,抑制不住地倾泻而出。

这琴声,与其说是弓与弦轻轻重重、缓缓急急的摩擦所产生的,还不如说是发自他激情澎湃的内心。只要仔细分辨,除了顽强、粗犷、自傲,似乎也有几分悲恻。所有这些情绪纠集在一起,犹如浪涛奔涌,飞珠溅玉……

不仅仅是他,所有在场的人,都深深地沉醉其间了。

张猩猩奏完最后一个音符,收拢琴弓,身体凝滞不动,犹如一尊雕像,人们才恍然醒悟,大声喝彩:"好啊!"

顾阿瑛感慨道:"这才叫神韵啊!"

杨维桢很兴奋:"这样的琴声,只能在这样的场合聆听!"

他当即口占绝句一首:

春云小官鹦鹉吟,猩猩帐底轧胡琴。

一双银丝紫龙口,泻下骊珠三百斗。

顾阿瑛听得兴起,也吟了一首:

莫辨黄钟瓦釜声,且携斗酒听春莺。

河西金盏翻新谱,汉语夸音唱满城。

阳澄湖

在俗话中,北夸与南蛮相对应。夸音,显然是北方话。歌妓们唱曲时,用了含有北方语音的南方官话,一个个莺声呖呖,细腻柔美。而河西、金盏,正是她们所唱的北曲曲牌,与宾客们的夸音相映成趣,足可从阳澄湖畔传向玉峰山下的片玉坊⋯⋯

待他吟罢,掌声和喝彩声四起。

张猩猩端起满满的一杯酒,仰起脖子,一饮而尽。随即伸手抹去嘴边的残酒,大声笑道:

"好诗!好酒!有玉山草堂一游,平生无悔也!"

女优南枝秀赶紧给他斟了一杯。张猩猩实在是好酒量,拎起就往嘴里倾倒,仿佛连喉咙都没有经过。

玉山草堂主人顾阿瑛不由笑了。

这些年,富甲一方又轻财结客,豪宕自喜的他,在阳澄湖畔的界溪,陆续筑成了二十四处园池亭馆——桃源轩、钓月轩、可诗斋、春辉楼、秋华亭、芝云斋、小蓬莱、碧梧翠竹亭、百花潭、鸣玉堂、湖光山色楼、浣花溪、拜石坛、渔庄、柳塘春、金粟影、淡香亭、君子亭、绿波亭、放鹤斋、雪巢、种玉亭⋯⋯无不精心构筑,并延请名人题留,称作玉山佳处,或自谦玉山草堂。以轻财好客著称的他,在这一年四季风景各不相同的私家艺术中心里,设下四时不散的酒宴,清水大闸蟹尤其名闻遐迩,更蓄养了一班女乐声伎逢迎助兴,吸引风流倜傥的才子们,纷至沓来,参与昆山腔主题派对,日夜沉醉其间。

这就是玉山雅集。

如今谁不知道,玉山草堂饩馆声妓之盛,甲于天下,堪与历史上著名的东晋兰亭雅集、北宋西园雅集相媲美?

顾阿瑛家境殷实。十六岁时,他就继承父业,以阳澄湖水道之便,经娄江往东,在浏家港出海,去往占城、爪哇、暹罗、锡兰、苏门答腊、满剌加一带做通番生意,赚钱自不在话下。家财已很难说出一个确切的数字来。然而,他的个性很独特,不愿意真的成为一个四处钻营的商人,不得已做了几年后,终于又复读旧书。

弃商从文,放着大把的银子不赚,自然难以为人们理解。但他自行其道,不管别人怎么想,怎么看。而且,从而立之年起,就不惜花费巨资,精心构筑玉山草堂,以广交文人雅士。

千灯人顾坚跟顾阿瑛有许多相同之处。他出生于知书识礼的家庭,早年考中秀才,却迷恋文学和戏曲,精于南辞,善作古赋,一天到晚咿咿呀呀,沉浸在柔美纤徐的旋律中,便不愿再去追求功名。

顾坚著有《陶真野集》十卷行于世。陶真,是随着南宋迁都临安,从汴京带往江浙一带的讲唱技艺和文学①。自称"野集",除了自谦,还有在乡野流传的含意。他只是一个"国子生"(秀才),没什么功名,也不当官,终日寄情于诗赋戏曲,以"风月散人"自诩。作品能流传,与权势无涉,而跟高超的艺术造诣有关。

顾坚曾问,这样大把大把地花钱,将多年积聚的家财都耗尽了,就为了结交朋友,吟诗唱曲?能撑多久呢?

顾阿瑛默然一笑,不作回答。

元顺帝至正年间,十年光阴,顾阿瑛除了读书,便是一心营建玉山草堂。当园池亭馆大多落成时,已经结识了江南一带的许多文人、书画家。四十岁,年届不惑,男人的一生如日中天,顾阿瑛却作出

顾坚纪念馆

了一个更加令人匪夷所思的决定，将所有家产都交给儿子和女婿管理，自己则专注于琴棋书画、唱曲游娱。

仗着有些积蓄，他不仅延请名家，给园池亭馆题写匾额，创写诗赋，自己也购藏了大量古籍名画、钟鼎彝器。甚至养起一个家乐戏班，有了十几个宠爱的歌伎。这样一来，玉山草堂很快驰誉于大江南北。专程前来造访的文人骚客，在这里吟酒赋诗，挥毫作画，听歌唱曲，高谈阔论，仿佛置身世外桃源一般。

顾阿瑛在《绿波亭记》②中这样写道："余家玉山中，亭馆凡二十有四，其扁题书卷，皆名公巨卿、高人韵士、口咏手书以赠予者，故宝爱甚于古玩好。"

来到这里的客人，林林总总，有西夏郎官，也有中州美人；有落魄文士，也有宦途弱者；有旧友，也有今雨。在这片世外桃源，他们尽情地狂饮、狂歌、狂欢，真个是有声有色。顾阿瑛不要谁付一个子儿，吃喝玩乐全都包了。

他们往往以古乐府分题赋诗，假如谁狂歌清啸，而不能成章，就要被罚酒两大觥。那一次，袁华、顾阿瑛和于立摸得的诗阄是古乐府。于立很快写成一首《芝云堂以古乐府分题得短歌行》，以旧题填新词。顾阿瑛和袁华也按时做成，但也有几个人写不出来，被乖乖地罚酒。有人实在是喝不下去，只好拔脚就逃。

游娱之余，客人们也时常谈论四处可见的卖官鬻爵、贿赂公行、税赋加重、纸币滥发……愤忿声、埋怨声不绝于耳。恰恰在这时候，白莲教、红巾军誓告天地，揭竿而起。然而，与动荡不安的北方相比，江南却依然是一派富庶、安逸、宁静的景象，飘散着书香、酒香和脂粉香，足以让人忘却一切的忧愁。不少人初来时神情颓丧，住了几天，仿佛得到疗救，面目焕然一新。

顾阿瑛热衷于为朋友们营造诗酒酬酢、觥筹交错的生活，让他们在这里放浪形骸。他觉得，他们舒坦了，自己也就舒坦了。钱，对于他不过是鸭背上的水而已。

这种舒坦的日子并非永远如此。

随着玉山草堂声名远播，顾阿瑛也不断招致官府的征召。前几年，江浙省授以任命。在无法推辞的情况下，他让侄子顾良佐代替自己去就任了。不久，又有人动员他出去当官，由于实在无法推辞，他不得已去了水军都府，参与佐治军务。不过，仅仅七十来天，就告辞回家了。谁知，还不到一年，元都万户纳哈喇又举荐他出任西关州事，朝廷还特意派了使者前来任命。他偏偏不给使者面子，悄然躲到了吴淞江边，独自垂钓，让他们怏怏而归。

想起自己年纪很轻的时候，浙东帅府便授以会稽儒学教谕的职务。换了别人，早就跃跃欲试，他却不肯接受,躲避了之。如今人到中年,他更加无意于商贾,无意于功名,要的只是琴棋书画和闲适无为的心态。让很多人感到不可理喻,又有何妨?

此刻,湖光山色楼的早宴,已经进入了高潮。

一班家乐女优娉娉婷婷走到客人中间,接二连三地唱曲。

以往,她们唱曲要么是嘌唱——没有任何乐器的伴奏,要么是自己伴奏。女优中很多人会琵琶、月琴和洞箫。今天却不一样,张猩猩放下酒杯,跟随她们的唱腔,即兴地拉起了胡琴,让呖呖莺声愈加动人。杨维桢听得高兴,忙去取来了笛子,放在嘴唇边吹奏了起来。他自称"铁笛",无疑很自信,果然与张猩猩的胡琴配得珠联璧合。倪元镇则在一旁弹起了古琴。

迂徐委婉、细腻绵糯的曲子,令人回肠荡气。

正唱得热闹,有人向顾阿瑛通报:"浙江仙居丹邱生来了!"

丹邱生和杨铁笛

丹邱生是柯九思的号。他出生在群山簇拥、碧溪环绕的浙江仙居山村,也许是受到了括苍山秀灵之气的熏陶,自幼便聪颖绝伦,被乡人称为神童。长大以后,更是名冠艺坛。

丹邱生比顾阿瑛年长十四岁,彼此却似乎没有年龄的阻碍。他们很早就相互结识了。记得那年春日,顾阿瑛邀请丹邱生游昆山玉峰山,他欣然前往。玉峰山的山珍是昆石,玲珑秀巧,洁白晶莹,乃上佳的案头清供。玉峰山并不高,从宋代起,官府就禁止开采昆石,民间所藏极其有限,珍品更是稀缺。丹邱生见到昆石后,爱不释手,特意沐浴焚香,向昆石行拜谒礼,还思虑再三,为之题名。

在城里的片玉坊夜宴之后,丹邱生借着醉意写下了诗句:"主人意度真神仙,日日醉倒春风前。"

玉峰山

转眼间，就是十几年过去了。如今的丹邱生已年逾花甲，满头苍发，所幸身体依然很康健，接到顾阿瑛的信，乘了几天的船儿，满怀欣喜地前来玉山草堂聚会。

必有名士，必有醇洒，必有美姬，必有良辰，必有好景，必有佳题，必有诗咏，必有汇集，必有不朽——这是顾阿瑛为玉山雅集所设想的九个必有。即便散尽家财，他也要做成最好的雅集。像丹邱生这样的名士，当然尊为上宾。他还打算将几次雅集的唱和与寄赠之作，汇编成《玉山名胜集》和《草堂雅集》。

是的，玉山草堂一定要像杜甫的浣花溪、王维的辋川庄那样，成为佳话，与兰亭之集、西园之会相比，有过之而无不及。百年之后，仍流传有辉光。他怀有这样的理想，所以倾尽全力，不惜以最大的可能，让那些文人在这里生活得舒适自在，没有任何拘谨，或滔滔雄辩，或沉吟而思，或从容而笑，或曲肱而卧。驯雅的女乐和童隶自不必说。在良辰美酒中意飞神游，矢口成句，落毫成文，不管是分韵赋诗，还是联句赋诗，都能在最短的时间内完成。

顾阿瑛敬重地挽住丹邱生的手，进入湖光山色楼。

女优南枝秀、天香秀、小琼花……一个个歌啭娇莺，舞飞轻燕，所唱的曲子博得了阵阵喝彩。丹邱生不能不为之感染。哦，人间的春光秋色，叫人如何不珍惜？

一抬头,看见了弹完了古琴,在客座上已醺醺然的风雅画家倪元镇,在一旁端着酒杯跟他纠缠不休的,正是画家王蒙。旁边是诗人张雨。哦,还有意气风发的袁华呢!

一转眼,又发现了一个眼睛深蓝、头发蜷曲的陌生人,显然是胡人。他从未见过,想了想很快明白了,那大概是张猩猩!

斟得满满的酒杯已经端了过来。他没有推辞,豪爽地饮了。酒,滑下喉咙,很快就浑身发热。思维活跃起来,真的想说些什么,唱些什么。

客座上,除了倪元镇和王蒙,还有"杨铁笛"杨维桢,他似乎喝得过量了,却仍然手持笛子,在吁吁地吹奏,居然并没有荒腔走调。醉吹玉笛,倒也别有一番风情。

杨维桢很有放浪不羁的性格。他常常头戴华阳巾,身披羽衣,周游于山水之间,以声乐自随。有客人来访,便拿起铁笛横吹,或者让侍儿唱曲。又喜欢喝酒,酒酣以后,他无拘无束地婆娑起舞,人们见了,都说这是神仙中人。也难怪他所作的古乐府,喜好驰骋异想,用辞新奇,自成一格,乃至被称为"铁崖体"。到了玉山佳处,他改良过的古乐府也常常为女乐们演唱。

这时候,高明高则诚走来,向丹邱生敬酒:

"丹邱兄,听说你正在写新的传奇呀?"

"哦,我尚未动笔,你已经知晓,是谁告诉你的?"

"嘿嘿,丹邱兄的举动,小弟了如指掌。"

"假如有你这般才思敏捷,我早就写啦!"

"不要拿我开心,谁不知道你丹邱兄从小就是神童,提起笔,文字就喷涌而出?"

"哪里,跟你相比,我只能甘拜下风……"

高明是瑞安阁巷镇柏树村人,跟他也算是同乡,彼此的境遇更是大致相仿,所以十分投契。他们在阳澄湖畔的玉山佳处相会,尤其高兴,不免逗趣一番。

与许多才华横溢却又狷介耿直的人一样,高明的仕途并不顺畅。尽管他当过一些年的官,从处州录事、浙东阃幕都事、绍兴府判官、庆元路推官,到江南行省台掾,似乎有不少经历,在同道中也颇有名声。然而,由于他不愿意改变自己的个性,对官场的那些潜规则不屑一顾,多次忤逆权贵,得到的结果便可想而知。

至正十六年(1356),总是感到不如意的高明,终于不想再混迹官场,隐居鄞县栎社,以词曲自娱。这时候,玉山佳处已经建成,高明当然很愿意前来参与雅集。

辞官退隐后,他抛弃了一切牵挂,埋头撰写《琵琶记》。早在宋代,民间就已流传关于蔡伯喈的传说。高明将南戏所演的蔡伯喈的故事精心改编,成为《琵琶记》。在撰写传奇的几年间,他呕心沥血,反复吟唱。"风声月色来亭榭,老泪年来湿几更",他的传奇一改再改,总是觉得不能随随便便拿出来。

事实上,传奇已经悄然流传。很多人都想将它搬上舞台,先睹为快。在玉山佳处,女乐们也唱过了多次。有趣的是他总觉得在这里听到的声腔,才更胜别处一筹,才最对自己胃口。好马配好鞍,这句话果真不错。鞍,是黄番绰传下来的呢。

顾阿瑛见他们谈得热闹,走过来,笑着插嘴道:

"高明的《琵琶记》自然很精彩,可是丹邱兄的新作,我们也翘首以盼啊!"

在顾阿瑛面前,丹邱生的话说得很坦率:

"不是我故作谦虚,我本想写一部《荆钗记》,可是有《琵琶记》在前,高山仰止,还敢贸然动手?"

"这你就不对了。"顾坚坐在另外一桌,闻听这些,不由走近来说道,"丹邱先生,你要是把《荆钗记》写出来,我即刻配上新腔。说实在的,我真有些技痒呢!"

"难怪高明知晓,是你告诉他的呀!"丹邱生嗔怪道,"还没有动笔,就弄得满城风雨了!"

高明嘿嘿笑了。

顾坚道:"怕什么,这又不是什么坏事!"

众人围上来,纷纷表示赞同。丹邱生笑了笑,没有多说什么。

其实,这次离开仙居前往玉山草堂的路途中,他就一直在思索《荆钗记》如何布局,如何铺陈。穷书生王十朋,好不容易得中了状元,却不愿应允万俟丞相的招赘,因而被贬任潮阳金判。他到任以后,连忙修书一封,遣人接妻子与老母来到潮阳任所。在母子相见的喜悦过后,王十朋忽然发现妻子玉莲竟没有同来。他哪儿想到,自己的家信被人篡改,诈称已入赘相府,让玉莲的继母逼迫她另嫁他人。玉莲偏偏誓死不从,投江殉节。但是与王十朋相见时,王母和仆人李成根本就不想让他知道玉莲自尽,千方百计地隐瞒……

别的不说,光是这一折戏,就不能不写出来啊!

"你尽管放心,"顾坚似乎比他还认真,说,"就是不睡觉,顾坚也要把新腔配好!"

"好啊。有你配新腔,《荆钗记》就足可传唱了!"

说话间,顾阿瑛已让南枝秀准备了好酒,在他们面前各摆了满满三杯。在众人的注视下,顾坚和丹邱生端起杯子，一口气把三杯都酒饮了，激起一片叫好声。

"不行！"张猩猩突然从横兜里冲出来，查看了一番，"柯先生，你的酒杯没有见底，有作弊嫌疑，得罚上三杯！"

丹邱生此刻已双颊酡红。他不想让自己醉倒，连连摇头推辞："老夫不胜酒力，不能再喝了！"

"这三杯酒，由我张猩猩陪你，喝也要喝，不喝也要喝！"

在众人的哄闹声中，张猩猩端起酒杯，硬是塞给丹邱生。丹邱生不愿接受，急忙蜷缩肩膀，退却了几步。就在这时，杨维桢走了过来，冷不防从张猩猩那儿抢过酒杯，举手一扬，酒一半灌进丹邱生嘴里，一半洒在了地上。

杨维桢哈哈大笑。丹邱生连连咳嗽，笑不成声："放我一马吧……我回去好好写《荆钗记》，不行吗？"

顾坚忙笑着给他解围："好了，好了，丹邱先生的酒，还是我来替他喝吧！"

界溪之上

傀儡湖，呈箬帽形，民间俗称箬帽湖。它与阳澄湖水面相连，俨然是姐妹湖。湖西，有一片平坦的绿色田地，一脉水流得天地灵气，穿越而过。这就是昆山县与长洲县的界溪。

无论阴晴明晦，宽阔的湖面在蓝天下都泛动澄澈清冽的波光，宁静如镜。每年的八九月间，时而会有台风来袭。湖水犹如一大群白毛牯牛疯狂地奔突，来不及避风的帆船，很轻易地被浪涛掀翻。然而，修筑于界溪之上的玉山草堂，那些花木扶疏的园池亭馆里，总归是高朋满座，盈满欢声笑语。

　　湖岸边,耸立着一座绰墩山。与绰约可见的玉峰山相比,它毫不显眼,只是一个土丘而已。但,顾坚知道,这是唐代名伶黄番绰的魂归之地。很久以前,这里就流传演艺的习俗。每年从元宵节到清明节前后,江南各地的戏班子都要前来搭台会演,切磋演艺,百姓看戏分文不取。

　　绰墩山东南,有一条长长的行头港,北接傀儡湖,南通古娄江。昔日,戏班子的船儿泊满河港,戏子们就是在船上换好行头,准备粉墨登场的。以至普通百姓也受到感染,把换衣服称作"换行头"。

　　每年清明,顾坚总是要来绰墩山祭拜。他心里最崇敬的,便是黄番绰。他心甘情愿地拜黄番绰为师。尽管自己只是一介布衣,与几百年前的宫廷名伶素昧平生,甚至八竿子都打不着。

　　岁月荏苒,物是人非。绰墩山上已难以寻觅黄番绰的痕迹,倒是顾阿瑛后来修筑了一座金粟庵——所谓金粟,其实是桂。顾阿瑛一向很喜欢桂花,他在山上栽种了许多桂花树。金秋时节,丹桂飘香,香遍整个玉山草堂的二十四处园池亭馆……

　　　　金粟缀仙树,玉露浣人愁。谁道买花载酒,不似少年游。最是宫黄一点,散下天香万斛,来自广寒秋……

　　四十来岁时,顾阿瑛作过一首《水调歌头》,描绘了赏桂时节的盛景,很能透现他的心境。在他看来,再多的家财,也仿佛满树桂花。桂花不会永远缀满枝头。散下天香万斛,才是最有诗意的。想当初,张季鹰不也写过好诗"黄花如散金"吗?

　　那时的他,踌躇满志地筹划玉山雅集,一心想着"缥缈羽衣天上,遗响遏云流"。

　　居住在吴淞江畔古镇千墩的顾坚,常常走三十几里水路,来到绰墩,作客金粟庵,拜谒黄番绰墓地,顺便在乡间听曲。他发现,附近的村民以种稻和捕鱼为生,闲时多能演戏,一个个口齿伶俐,幽默风趣,这倒是跟黄番绰的"弄参军"一脉相承。

　　那个黄番绰,前半生在宫廷享受荣华富贵,后半生流落民间,把自己熟悉的宫廷大曲传授给乡民。宫廷大曲优美动听,委婉悠长,空灵飘逸,大气清绝,曾由唐明皇精心排练,自然非同凡响。

　　顾坚出身贫寒,考中了秀才以后,就沉醉于艺文,自号风月散人。他著有《陶真野集》十卷、《风月散人乐府》八卷。日常迷恋唱曲,在江南一带赢得了不小的名声。

　　但名声往往会带来麻烦。前几年,大元将领扩廓帖木儿闻听顾坚善发南曲之奥,很能唱曲,屡次想

顾坚画像

将他招往宫廷，随时可作使唤。扩廓帖木儿其实是一个汉人，姓王。因为征伐红巾军有功，为元惠宗赐予胡姓，所以也很喜爱唱曲。谁知顾坚始终不肯屈从权势。顾坚觉得，很多人向往京城的荣华富贵，但那儿并不是自己该去的场合，宁肯守着贫贱，在山野间自在行走。

说来也是志趣相投，顾阿瑛以自己的家财精心修筑了玉山草堂，与杨铁笛、倪元镇、丹邱生、袁华、王蒙等人为友，整日赋诗唱曲，悠闲自在。顾阿瑛从未让他们有衣食之忧。顾坚也应邀前来。他在这里找到了一抒胸臆，放达才情的家园。

不仅仅是顾坚。来这里的客人都很自由。即使是第一次来的陌生人，顾阿瑛也绝不会询问姓字邑里，所从何来。大家聚集在一起，相与献酬杂沓，不分年龄长幼。相貌苍老的，一律上坐。他们在这里赏花观鱼、乘船戏水、挥洒翰墨、听曲品茗，享受着别处难以享受的一切。最重要的自然是诗酒，饮酣歌舞，尽兴而归。

在动荡不安的岁月，这片优雅、温馨、闲适又充满艺术气息的地方，无异于人间天堂。

但，顾坚不是为了混饭吃才来玉山草堂。

他迷恋唱曲，信奉黄番绰，不是一成不变地承袭，而是尽可能地改良。他一边琢磨民间乡野的莳秧歌、耘稻歌、打场曲、摇船调，一边研习衍成风气的南曲，使之融会贯通。他的新腔，善发南曲之奥，吸收北曲之长，既有宫廷"大曲"的典雅，又有地方小调的委婉，人称"昆山腔"，很快盖过了风靡一时的海盐腔和余姚腔。

来到阳澄湖畔的文人雅士，多为饱学之士，有很多人当过官，有的官阶还不小。然而，顾坚从来不为他们小觑。一则是他不仅善于唱曲，为人也谦和；二则是顾阿瑛对他十分倚重，尊为上宾。玉山草堂的诗酒之宴，女优们所唱的，常常是他的新腔。所写的《风月散人乐府》，语言俊丽，句式、平仄也十分合律。

那个丹邱生，实在见多识广。年轻时，他就被授予典瑞院都事。这个正七品的官职，专门掌管瑞宝和礼用玉器。后来，他又迁升为奎章阁鉴书博士。这个职位已经是正五品，专门负责宫廷所藏金石书画的鉴定。文宗皇帝对丹邱生颇为信任，为了让他能够自由出入禁中，特赐牙章，得以通籍禁署。这种特权，一般人怎能得到？丹邱生与奎章阁侍书学士虞集一起，常常侍奉于文宗皇帝的左右。丹邱生作画，虞集题诗，深受皇帝的宠爱。假如不是朝中官僚因嫉妒而恶意中伤，加上文宗皇帝因病去世，他依然会一如既往地受宠。

他曾经跟顾阿瑛讲过宫廷大宴的盛况，说元世祖时造了一个大酒瓮，名叫渎山大玉海，由黑色整玉雕琢而成，足足可贮酒三十余石。参加大宴，立有很多的规矩。一是不仅穿着规定颜色的质孙服，坐骑也要打扮得漂漂亮亮，入宫时还要排队有序；二是要按照各自的品级，坐在指定的位置上，不可坐错。大部分官员只能坐在大殿的地毯上进餐；三是要先念大扎撒，告诫人们不要忘了祖先创业的艰难；四是大宴开始后，宗王等向皇帝敬酒，然后相互敬酒、不醉不休，喝醉了才算喝好了；五是有音乐舞蹈、角抵百戏助兴。总之，宫廷饮酒礼仪十分繁缛，光是大殿上专职侍酒的酒人，就有六十名。

顾阿瑛听了，笑着摆摆手说：“宫廷大宴，只是一个排场，哪儿比得上我们这里喝酒潇洒自在？”

顾坚也说：“这里又是赋诗，又是唱曲，这种酒才喝得有滋有味呢！”

丹邱生点头笑了：“所以我们才愿意参与玉山雅集啊！”

离开官场的丹邱生，闲居于吴下。也许正是如此，他几次跟顾坚说起，想写一部《荆钗记》，讲述穷书生王十朋与钱玉莲围绕木头荆钗所展开的婚姻故事，为表彰义夫节妇。

顾坚再三拍胸脯说：“一旦写出来，必定是好戏！我若不谱以新腔，将遗憾终生……”

丹邱生连连点头：“有你这番话，我还敢不写？”

不过，平心说，他还是有些担忧。高明的《琵琶记》写得太好了。甫一问世，便蜚声剧坛。自己的作品不能出彩，必然会有步人后尘，拾人牙慧之嫌。

他更不会预料到，《琵琶记》用昆山腔演唱后，进入完美的境地，传布得更加广泛。若干年以后，连明太祖朱元璋也啧啧称赞：“四书五经，布帛菽粟也，家家皆有，高明《琵琶记》，如山珍海错，贵富家不可无。”急于恢复儒家思想统治地位的明太祖，竟将《琵琶记》高抬到了四书五经之上……

一片世情天地间

> 黄金不负英雄汉，
>
> 一片世情天地间。
>
> 白也是眼，青也是眼……

忘了是哪一年，顾阿瑛给沈万三写了一首《山坡羊》。

只有常常遭人嫉妒和中伤的豪富，才有可能写出如此充满愤懑的词句来。

元代至正年间的昆山州太仓港，是远近闻名的漕粮海运中心。海运兴旺，贸易发达，吸引四面八方的商贾聚集于浏河口，自然也催生了众多饭馆酒楼，以及唱曲为生的乐户。不少文人也热衷于此。一时间，这里红栏朱阁，弦歌不断，衍成一时风气。

顾阿瑛跟沈万三是出海通番做生意的同道，也是好友。沈万三是个赶时髦的人，口袋里有了钱，更是以唱曲、听曲为乐。他每年总要来玉山草堂几次。酒酣饭饱之余，沈万三谈得最多的是生意经，要不就是随处听来的奇闻逸事。

顾阿瑛偶尔会想，自己从十六岁就开始出海通番，如果不是醉心于雅集，四十岁时把家业让儿子和女婿打理，"江南第一豪富"的交椅，是不会让沈万三坐的。

起初，沈家在周庄南湖滩耕种的是一片比较低洼的田地，只出产芦苇和茅草，湖水常常浸漫而入，种了粮食后收成也很低。然而，他勤于耕作，在割去芦草，将它们卖掉的同时，千方百计围湖造田，排水除渍，使之成了产量颇高的熟地。随即，又得到了长洲甫里陆道原的一笔巨资。陆道原很有钱，但不愿做守财奴。他把钱看成船底下的水。水能载起船儿,却又能将船儿倾翻。所以,到了晚年,宁肯把一生积累的钱赠送给沈万三,留下两袖清风去道观出家。

沈万三拥有了资本,决不肯放过赚钱的机遇。他一方面继续开辟田宅,一方面在东走沪渎,南通浙境的周庄,利用白蚬江西接京杭大运河、东北接浏河的便利,通番经商,开始了竞以求富为务的贸易活动。贸易赚来的钱,一部分购置田产,一部分作为经商的资本,重又出海贸易。将四处聚集的中国土特产运到海外,又将海外的珠宝、象牙、犀角、香料和药材运到国内,这样的利润,绝不是一般的生意能衡量的。

就这样,他迅速地发富了。

沈万三发富后,四处广辟田宅,富累珠玉。也像顾阿瑛的玉山草堂一样,常常在陈设豪华的家里宴请达官贵人,除了山珍海味和醇酒美人,还拥有三班女乐。觥筹交错之余,年轻貌美的女乐们尽情表演音乐歌舞,以欢娱嘉宾。她们既是歌妓,也是乐师,很能讨得客人们的喜欢。四面八方赶来的观看者济济一堂。仅仅为华屋担任守卫、打更巡逻的更夫等,就多达六十几人,每晚还供应点心酒肴,一个晚上吃掉十瓮酒和三十盘烧肉,那是常事。

顾阿瑛也去沈万三家作客,看过他的"绣垣"。

"绣垣"是墙,却不是普通的墙,而是重重的三层墙,第一道外墙高达六尺,第二道中墙高有三尺,第三道内墙高有六尺。里墙的宽度也有六尺,墙上栽植四季常开的鲜花,一年到头鸟语花香,灿烂如锦,所以被人称为"绣垣"。在每隔十步的地方,还以名贵的香木和美石建筑一座小亭,宛若一座花园长城。

纵然这样,还显不够。沈万三下令,在外墙外再加一道篱笆,而内墙则筑有上下楼梯和看墙,比起里墙还要高些。把看墙髹漆得一片白净,再请人描绘奇禽珍兽,与鲜花相映成趣。

说实话,顾阿瑛丝毫也不喜欢他的"绣垣"。这不过是有钱人摆阔而已。摆阔谁不会呢?然而摆得太过分,就令人不屑了。你看沈万三,居然学着皇帝的做派,建了一座叫作宝海的金库。楼上,是放置宝贝的宝海,楼下有一只特别的大铜床,以貂鼠为褥,蜀锦为裘,蟊绡为帐,用极一时之奢侈……

沈万三的胆子也太大了,大得离谱,那就难免会惹出麻烦,乃至酿成祸害。他的胆子是被金钱撑大的,钱越多,胆越大,大得简直想包天。他觉得只要有了钱,天下什么事都能办到,可以为所欲为。早就把当初从南浔逃难到周庄,母亲得瘟疫而死,一家人肚子饿得前胸贴后背的情景忘记得一干

二净。

不知怎么,顾阿瑛心里有一种不祥的预兆。总觉得他会遭受不测。究竟是什么,却很难预料。

记得顾坚曾问过,为什么耗费巨资,修筑玉山草堂,邀请无数宾客前来欢聚,他不想多作解释。其实,自己也不止一次地询问自己。他的心里并不糊涂。怎么赚钱,怎么花钱,人跟人是不一样的。正是从沈万三的身上,他觉察到了钱太多并非好事。有了钱,无疑能让人活得更好,然而人不能为了钱而活着。

创办玉山雅集,邀集那么多才俊聚集在一起诗酒歌舞,欢声笑语,散尽家财,像金粟一般香飘四方,人间还有什么比这更美好的事呢?

湖光山色楼里,酒宴正高潮迭起。

杨维桢已经喝得八九成醉,走路摇摇晃晃,口齿都有些含混,然而依然不肯放下酒杯:

"喝,喝……如此良辰美景,岂能不喝?"

小琼花走过来,伸手想扶住他,站立不稳的杨维桢却直指着她的三寸金莲,眼睛里放出光亮,说:"你脱,脱下……"

小琼花疑惑不解:"脱鞋?"

还没弄明白,小琼花的一只绣花鞋已经到了杨维桢的手里。他将酒杯放到了鞋兜里,左看右看,脸上一派得意的笑容。随即双手举起,凑到唇边,美美地喝了一口:"好酒,好酒! 这是金莲杯呀……"

身体摇晃了一下,赶紧在桌子边撑住。

随即,杨维桢又将绣花鞋不由分说递给了别人:"喝,你喝,你喝! ……"

在一旁的诗人张雨,始终跟杨维桢十分投契。看得有趣,即席赋词一首送给杨维桢:

小吴娃,玉盘仙掌载春霞。后堂绛帐重帘下,谁理琵琶? 香山处士家,玉局仙人画,一刻春无价。老夫醉也,乌帽琼华。

"金莲杯"在席间传递,很快传到了倪元镇手边。"呸! 龌龊,太龌龊!"没想到,他不肯接,竟狠狠朝杨维桢瞪了一眼,拂袖而去。

倪元镇是出了名的洁癖。他的书房,每天都让两个童子仔细整理和打扫,文房四宝随时擦洗干净。有客人来访,离去后,所坐的地方必须重新刷洗。他每天穿戴的衣服与帽子,都要拂拭数十次。他在家

玉山雅集图

中的庭院栽种了一棵梧桐树,总觉得树枝树叶不干净,于是每天早晚派人挑水揩洗,竟然活生生把梧桐树洗死了。

　　来到玉山草堂,顾阿瑛往往给他安排单独住所,令童子精心看管,不许别人出入,连坠落的树叶都要立即扫除。宴聚时,又特别害怕跟杨维桢同席共桌。偏偏杨维桢这家伙如此恶搞,他怎么能忍受?

　　顾阿瑛把一切都看在眼里。

　　他不想让玉山雅集弄得太俗,遭人诟病,却又不能扫了大家的兴。也许,这只是杨维桢的率性而为吧?文人难免狷狂不羁,随心所欲,甚至故意突破传统礼节的约束。可是,不少人或许没有想到,玉山草堂如此歌舞升平,能够维持多久?俗话说月有阴晴圆缺,人有旦夕祸福。更何况,北方频频传来战乱的信息。哪一天,说不定这里也无以为继。这绝不是杞人忧天啊!

杨维桢是浙江诸暨人,从小就十分聪明,能日记文章千言,却不喜欢埋头苦读,终日斗鸡走狗,既顽皮又淘气。于是,父亲在家乡的铁崖山上建筑楼宇,藏书数万卷,周围植树百株,营造起极其优美的环境,让杨维桢安心读书。天资聪明的他没有辜负父亲的厚望,读书时坚持不下楼,每天靠辘轳传递食物,足足闭门苦读了五年。他自号"铁崖",正是为了纪念这段岁月。

泰定四年(1327),他终于考取了进士。最初署天台尹,后来改任钱清场盐司令。因为请求减轻盐税,没有得到允许,他决意投印去官,这才获准减税。然而,"忤上"的罪名让他十年内无法得到升迁。后来调任江西儒学提举,因交通受阻未能成行。适逢兵乱,只得浪迹浙西⋯⋯

也许是怀才不遇,杨维桢常常玩世不恭,以烈酒浇胸中块垒。只有在这里,没有谁会给他惹麻烦,他尽可宣泄内心的牢骚与不满。

顾阿瑛赶紧追出门去,将倪元镇劝回来。但倪元镇心里不痛快,丝毫也不给顾阿瑛面子。费了不少口舌,仍没有说服倪元镇,顾阿瑛看着他远去的背影,怅然叹了口气。咳,有太多事令人无奈。

回到湖光山色楼,顾阿瑛请出画家张渥,作《玉山雅集图》。

张渥祖籍淮南,后来居住于杭州。因为屡举不中,仕途失意,他便寄情于诗画,尤其擅长人物。画作的白描线条刚劲飘逸,人物形神刻画生动,被誉为"铁线描"。作为画家,他不仅作品传神,还通文史,好音律,常常前来玉山草堂唱曲。

已经有侍者为张渥准备好了笔墨纸砚。客人自管饮酒、唱曲、叙谈,他静静地观察,打算以北宋李公麟的白描手法,将玉山雅集的种种情状,一一勾勒出来。对于这,他是很拿手的。

湖光山色楼内,聚集了宾主、侍从和女乐有二三十人。张渥并不急着动笔,而是默默打量着一切,凝神思索。他要把所有的场景细细描摹下来。你看他们,或冠鹿皮、衣紫绮,坐案而伸卷,或沉吟而痴坐,搜句于景象之外,或岸香几而雄辩,或执笛而侍,一个个神态各异。玉山主人顾阿瑛,手提玉麈,脸上流露从容的微笑,围坐在宾客中间,丝毫也不张扬。他似乎永远胸有成竹,不管出现什么状况,都不会失却仪态。那个铁笛道人杨维桢,看来真的是喝够了,也闹够了,颓然坐在椅子上,不再与女乐调笑,显出了倦意。

顾坚在哪儿呢?哦,他正与手握胡琴的张猩猩聊得入神。看来彼此都觉得是遇到了知音。顾坚潜心于音律,总是很谦和,不跟任何人争高下,却受人尊重。

张渥想,在这幅《玉山雅集图》中,不能没有那些女乐。当然,也该有自己的形象。

金粟道人

斗转星移,转眼间几年过去了。不论你沉湎欢欣还是耽于忧患,时光自顾悄然流逝,一刻也不停留。

节令已进入盛夏。东亭子的并蒂莲高擎花萼,含苞待放,引来蜂蝶翻飞。这荷种异卉,原本来自天竺。顾阿瑛十分珍爱,特意修筑亭榭,拓池植荷。为了不让它散失,专门在荷塘上覆盖了一块块石板,钻孔如莲房,使荷梗从石孔中向上生长。

他想,只要自己不离开玉山草堂,并蒂莲就会一年又一年盛开。

然而,随着年龄增长,他对世事看得越来越透彻。并蒂莲是不会永远盛开的。他也不会永远守着玉山草堂。这不能不让人心存隐忧。

他的隐忧很快就被证实了。

这一年,张士诚攻占了苏州。

张士诚是泰州白驹场人士。最初,他不过是一个在盐场操舟运盐的角色,偶尔也贩贩私盐,毫不起眼。但是他胆子很大,几乎大到目空一切的地步。至正十三年(1353)五月,与弟弟张士义、张士德、张士信等十八人聚众起兵,试图推翻元朝。

至正十四年(1354)正月,张士诚自号诚王,僭号大周,改元天祐。他派遣弟弟士德由通州渡过长江,进入福山港,很快攻陷了古城常熟。第二年二月,又攻陷了平江——苏州,改平江路为隆平府,把承天寺作为自己的府第。

至正十七年(1357)八月,张士诚不愿意屈从于率兵起义的朱元璋,投降元朝,接受了元帝所赐的龙

衣、御酒,将隆平府重新恢复为平江路,并且向元帝表态,每年将从海上运输粮食十一万石,奉献给元大都。随即与元军兵合一处,大举进攻朱元璋控制的地区。

局势稍稍安定下来后,他忘乎所以了,把权柄交给弟弟士信,自己一心想躺在功劳簿上,做一个割据一方的安乐王。尽管他也明白,元帝未必会让自己安乐。

在张士诚占据苏州的十二年中,所控制的范围,北逾江淮,直抵济宁,南至绍兴,圈起了长江下游一大片富庶的地区。为了恢复和发展经济,他实施过减少田赋,奖励蚕桑,兴修水利,疏浚白茆江等措施,使凋敝的农村重新萌发生机。

然而,江南的战乱已不可避免。

顾阿瑛最担心战乱,歌舞升平的玉山草堂是文人的天堂。手无寸铁的文人们经不起折腾,玉山草堂也经不起折腾。但战乱却不期而至,这里已摆不下一张平静的琴桌。

无奈中,他奉母避兵吴兴商溪。

吴兴是周太伯立吴之地,历来盛产鱼米丝绸,也涌现了诸多才俊,距离昆山不太远。他们所借住的东林慈隐寺,秀美、安谧,确也是安居之地。哪儿料想,乱纷纷的时势,让身体虚弱的母亲受到惊吓,竟一病不起,在吴兴去世了。

他含着眼泪,设法把母亲的灵柩运回昆山安葬。

这时候,局势似乎渐渐趋向稳定了。张士诚为了守住江山,当好安乐王,开始在江浙一带招贤纳士,广纳高才。有几个朋友推荐了顾阿瑛,希望他出去当官。

其实,顾阿瑛与张士诚有过不少交往。

那是好几年前了。有一天,顾阿瑛在昆山朝阳门内大街,无意间看见了一个盐枭,由兵丁押着,正缓缓行走。或许是缘分,那盐枭见顾阿瑛迎面走来,眼睛里顿时散发光亮,仿佛有话想说。顾阿瑛发觉,这人虽然被兵丁用绳索缚绑,失去了自由,眉宇间却似乎透出一股英武之气,看来绝非等闲之辈。于是走上前去,与之攀谈了几句。那人告诉顾阿瑛,自己名叫张士诚,是泰州人,犯的是贩运私盐之罪。

顾阿瑛当即劝他改邪归正,不要再去贩运私盐了,并且愿意出资为他作保释。张士诚求之不得,一口答应。

保释后,张士诚住进了阳澄湖畔的玉山草堂。

半年后,张士诚是向他借了一万两银子,才与顾阿瑛告别的。临走时,他再三说,我绝非忘恩负义之辈,有恩必报。

过去了一段时间,顾阿瑛与友人游览杭州西湖,不意又遇见了张士诚。张士诚以扇障面,觉得无脸再见恩人。但顾阿瑛毫不介意。仔细问过了他的近况,不仅没有催问旧款,而且又一次满足了张士诚的需求,借给了他白银十万两。

张士诚召顾阿瑛当官,或许是为了报恩。

然而,顾阿瑛毫不犹豫地拒绝了。他说:"我不能离开母亲。我要在母亲的坟墓旁筑庐削发,诵经以报母恩……"

他不想当官。曾经当过官,知道当官是怎么回事。

至正十三年(1353),朝廷接受海寇方国珍杀掠昆山州的惨痛教训,大举招募乡勇,组建水军,调济宁路总管董抟霄任水军副都万户,邀顾阿瑛佐治军务。董抟霄雅好文学,也曾多次来玉山草堂作客,留下不少诗文。顾阿瑛想,正值国难当头,为了家乡治安防务,义不容辞。他终于答应出山从军,担任幕僚,辅助董抟霄巡海。

董抟霄是文官担任武职。次年二月,方国珍率领海寇入侵,遭到董抟霄部事先设伏的战船迎头痛击,俘获悍民数百。闯入娄江的海船大多被击沉,海寇被枭首于市。平定海寇后,千艘粮船得以顺利由娄江出海,运抵大都。由于顾阿瑛辅助董抟霄治事有方,朝廷举荐他担任昆山知州。不过当这个官,是要有条件的,他必须拿出价值三万斛白麻的粟粮——顾阿瑛拒绝了。他想,我不是拿不出这么多的粟粮,而是自己的性情不能接受。拿钱买来的,算什么官呢?

眼下这种乱纷纷的状况,更不是当官的时候。为母亲守孝,成为一条最好的理由。何况,他已经下决心削发为僧,自号"金粟道人"。

话也要说回来,他自己不去当官,却并不反对儿子当官。大儿子元臣,最初被任命为太仓卫宁海所千户,驻守茜泾浦。前些时候又升迁水军都府副都万户,督兵镇守浏家港,但没有去上任。次子元礼,也被授予正千户总乡民,守在本土。还有一个儿子元贵,正在修学,准备考举人。中止了很久的科举又恢复了……

为了悼念母亲,顾阿瑛在碧梧翠竹堂的后面,新修了一座小楼,名为白云海。与此同时,又建了一幢来龟轩。

谢天谢地,自吴兴避难归来,他的玉山草堂保持完整,竟没有遭受什么破坏。一颗悬了很久的心,才放了下来。

这天,仆人在巡视时忽然看见,西庑空庭中出现了一只乌龟,不知是从哪儿来的,足有一尺四寸围

圆。连忙请顾阿瑛去看。他十分惊讶,这乌龟昂起头,默然注视自己,根本不像是寻常所见的那种,见了人就把头缩回去——实在是神龟啊!

于是建造一座小轩,题写匾额曰"来龟",以符归来之兆。

为此,他还赋诗一首:

> 避乱归来两鬓霜,春风依旧满门墙。
> 喜看义犬眠花坞,惊见灵龟踞石床。
> 曳尾泥涂来远道,负书莲业出重光。
> 慎须勿落元君梦,端笑能知五世昌。

既有爱犬忠心耿耿守护花坞,又有灵龟乐居庭院,不能不令人欣慰。他有一种预感,玉山草堂会重新呈现喜人的景象。

然而,庆幸归庆幸,前些年高朋满座、清乐盈庭的盛况,毕竟已经一去不复返了。张士诚并没有逼着自己去当官,或许还在有意无意地加以庇护,让自己在阳澄湖畔过着安逸的日子。然而,长江南北到处都不太平,他这里岂能太平?

最让人揪心的,是苦心经营多年的玉山雅集,在动荡和战乱中再也无法维持。参加雅集的朋友们,纷纷作鸟兽散。有的投奔了朱元璋或张士诚,有的因为战火相隔,已杳无音信;也有的为了躲避战乱,不得不远走他乡。有几个人当了张士诚的幕僚,居然多次上门来,动员顾阿瑛也去做官。叫人该对他们怎么说?

他在金粟庵独自沉吟。哦,那个放荡不羁的狂生杨维桢,已经很久不见了。回想起十年前,顾阿瑛三十九岁时,他们在一年中至少要有四次聚会。那年刚刚闹过正月十五元宵节,顾阿瑛就与杨维桢、张渥、郯韶等人聚饮于姑苏路义道舍。酒酣耳热之际,他们以诗同咏琼花姬,一个个风流倜傥,才华横溢。二月中,顾阿瑛复又买百花船,邀集杨维桢、张渥、于立诸位友人,同游苏州虎丘山。可惜那天因为天气骤变,未能成行。三月十日,他们一行七八人,在烟雨中游览了苏州石湖诸山,记得杨维桢还为此作了一首《花游曲》。

那时的杨维桢,真是神采飞扬,妙语连珠。"金千重,玉千扛,不得收拾归黄肠,劝君秉烛饮此觞",何其豪爽。玉山草堂藏有一大批古画鼎彝,杨维桢住在玉山草堂里,动了很多脑筋,不仅为古画作题跋，还给厅堂作了许多精彩的记。比如《玉山佳处记》、《书画舫记》、《碧梧翠竹堂记》等等，使玉山草堂大放异彩。

他在《玉山佳处记》中说：

> 若仲氏之有仕才而素无仕志，幸有先人世禄生产，又幸遭逢盛时，得与名人韵士日相优游于山西之墅，以琴尊文赋为吾弗迁之乐，则玉山之佳，非仲瑛氏弗能领而有之。吁，与钟南隐者可以辨其佳之诬不诬矣。予尝论山不能重人，而人重之耳。望以剡子重，荆以卞和重，岘以羊叔子重，紫金以八公氏重。他日，昆之重，既以陆氏玉之重，又不以仲瑛氏乎？……

杨维桢的文字精彩极了。

这样的赞誉，对于顾阿瑛是勉励，抑或是溢美？似乎两者都有吧。无论如何是让人愿意读到的。

如今，他寓居于松江，年逾花甲，身体大不如前，心情也很不好。前几年，顾阿瑛曾经为他买过女乐，一下子买了芙蓉、杨柳、绿花等好几个，让他可以搭建杨氏家班。杨维桢不在任上，没有俸禄，肯定是买不起的。顾阿瑛知道，杨维桢需要家班唱曲，以招待客人，便慷慨解囊。不过，有了家班，杨维桢似乎仍然心情索然。他在自家的门上贴了一张榜文，书曰："客至不下楼，恕老懒；见客不答礼，恕老病；客问事不对，恕老默；发言无所避，恕老迂；饮酒不辍车，恕老狂。"

他用一种苦涩的幽默，将自己封闭起来，不愿意与别人交往。或者说是只想与熟识的人交往。然而，江南一带的才俊仍不断前去拜访，很想得到他的指点。

还有那个倪元镇。他的洁癖与傲气是任何时候都不肯改变的。张士诚的弟弟张士信闻听他的大名，派人送去珠宝，带了素绢，特意上门去请他作画。谁知道倪元镇勃然大怒："倪瓒不能为王门画师！"当即就把素绢扯碎了。

连一幅画都不愿意作，岂能在张士诚手下做官？

有一天，张士信在太湖上游玩，突然发觉不远处的一条小船里飘逸异香。张士信以为船里藏着哪个绝世美女呢，赶紧到近处一看，才知道是倪元镇。张士信本来就对他怀恨在心，拔出刀来就要杀掉他，幸而被左右拦住。张士信命人将他捆住，狠狠地抽了几十鞭。倪元镇却咬紧牙关，没有一声呻吟。后来有人问，你为什么哼都不哼？他说，一出声就俗了。

倪元镇是远近闻名的富豪，家财恐怕不在顾阿瑛之下。在天下动乱之际，他的财富自然很容易为

官匪们所觊觎，屡受盘剥。一怒之下，他将田产全部变卖，专门打造了一条大船，飘荡于五湖三泖之间。晚上，则留宿在佛寺道观中。有一天，他无意中遇到老朋友张伯雨，看到张伯雨又老又穷，就将身上的钱全部拿出来，一点也不留……

对了，还有那个张猩猩，远隔千山万水，根本得不到他的一丝音讯。不知道究竟怎么样了？如今，他怕是再也不会背着一架胡琴，千里迢迢赶往江南，参与玉山雅集了。真是令人惆怅啊。

面对清冷荒芜的田园，顾阿瑛心中一片黯然。他唯一能做的，是拒绝张士诚的征召，躲在水乡一隅，回味那些逝去的岁月。

除此之外，岂有他哉？

恰恰在这时候，一队士兵蛮横地闯入玉山草堂，看见什么就抢什么。门锁着，竟一脚踢开。有的甚至从窗户跳进去。多年精心收集的古书、名画、彝鼎、秘玩，要么被他们抢劫而去，要么弃如敝屣，随意践踏。顾阿瑛默然注视，没有阻拦。他明白，这种时候阻拦是无用的。既然在劫难逃，只能听之任之。

他显得出奇冷静。

事后，他给自己的画像写了一首自赞③：

> 儒衣僧帽道人鞋，到处青山骨可埋。
>
> 还忆少年豪侠兴，五陵裘马洛阳街。

从充满豪气的少年，到一身僧装的暮年，人生不过是一个过程，结局已不难预想。顾阿瑛把什么都事想透了，荣华富贵毫不足道，尽管，心里依然有那么一点浪漫的热忱……

他将自己的住所安置在金粟庵，真的当起了道人。玉山草堂的二十几处园池亭馆，懒得去打理，渐渐窗棂尘封，油漆斑驳。园圃中的奇花异卉也无人修剪，杂草丛生，任疾风卷起残叶。这里不再唱曲，十几个女乐，几乎都被他遣散了。

他抓紧整理着历次雅集的诗稿和一切值得回味的记载，当然还有他的《制曲十六观》。在玉山草堂唱曲的朋友，特别是顾坚那个奇才，善于将南曲与北曲融汇一体，使之轻柔而又婉折，内中的乐理，应当好好地写出来，不容散失。

遭逢乱世，才知道文人是回天乏力的。即便是不可一世的张士诚，也被朱元璋逼得走投无路了。

这些年来的玉山雅集，留下了多少弥足珍贵的东西。不少人将它与兰亭雅集、西园雅集相比拟，在顾阿瑛的心目中，三个雅集各有千秋——这一切，且待后人评说。眼下最紧迫的是将玉山雅集载诸史册，留于后世。即使是百年之后，仍声名赫赫。

他相信，只有玉山雅集才会永远被后人记忆。假如不是这样，多年的努力就白费了，自己的那些家财也白白扔掉了。

这天，顾坚来到了金粟庵。

他常常从千墩赶来。不管时局如何动乱，风声怎样紧，他总会设法来看望顾阿瑛，唱上几首曲子，探讨一番声腔乐理，又匆匆赶回去。哪怕说话不多，唱罢曲子，彼此便声息相通。

周遭遍植黄金桂的绰墩山，茂盛的树木间，不知何时竟出现了一座墓庐。墓庐的匾额上，题有"金粟"二字。两侧还镌有一副对联，从笔迹完全可以看出，是顾阿瑛自己书写的：

　　　　三生已悟身如寄，一死须教子便埋。

顾坚不由大吃一惊。顾阿瑛自号"金粟道人"，难道，这是他为自己修筑的墓庐？ 他为什么要这样做？ 今年才四十九岁，正当盛年，还有很多很多的事情要做啊！

顾阿瑛神色很平静地告诉他，他已为自己写好了一篇墓志铭。该写的，全都写进去了，还请诗人袁华用篆字题额。

　　　　……吁！ 当今兵革四起，白骨成丘，家无余粮，野有饿莩，虽欲保首领以没，未知天定如何耳。今年四十有九，且有鹏鸟入室，恐倾逝仓猝中，则泯灭无闻，且欲戒后之子孙，以苎衣、桐帽、棕鞋、布袜，缠裹入金粟庵中，慎勿加饰金宝，致为身累，故先自志，并为之铭曰：夫生之有归，犹会之有离，譬彼朝露，日出则晞。予生也于弗光，予死也于予何伤。愿言兹宅，永矣其藏。大元至正戊戌五月廿九日，顾阿瑛自制并书，汝阳袁华篆额。

顾坚仔细读过，不由为他对身后之事如此坦荡而讶异，问："德辉先生，你为什么要这样？"

"人，总是要走到这一天的。早点为自己写墓志铭，免得别人胡言乱语，不是很好吗？"

世事纷争，时局变幻。有谁还会跟一个早早做好准备离开人世的人计较呢？

"原来是这样啊！"

听他原原本本讲了这些,顾坚恍然大悟。人活着或者死去,都是需要智慧的啊!

"然而,未必太早了……"

"这些日子,各种各样的消息传来,不能不让人担忧。灾祸随时都会降临的。你知道,我能够做的,已经做到了。做不到的,也不必妄想。还有什么可留恋的呢?"

"不。"顾坚摇摇头,"玉山雅集并没有走到头,难道你不想再邀集朋友们聚会吗?"

一句话,说到了顾阿瑛的心里,他不由沉默了。好长一会儿,才长长地叹了口气,说:

"当然想的。我很想在金粟庵举行宴集,可是……你觉得前些年的盛况还能重演吗?"

"或许……"

顾坚不知道该如何回答。自从元至正八年农历二月十九日,玉山佳处举办了第一次雅集,在后来的日子里,雅集连续举办了五十来次。以后会怎么样呢?

"雅集还是要做。"顾阿瑛一字一句地说,"我想,不管怎么样,能做一次是一次,能做两次是两次。赋诗作画以纪其事,我们也算是没有白白地来人间走一遭!"

"是啊!那我们就赶快召集朋友……"

"我已经给他们寄去书信……回信的没几个,很多人不能来了。"他说道,"咳,吴宫花草,娄江风月,皆走麋鹿于瓦砾场矣。只有我的草堂,仍然在溪上……"

话语中满含着希冀,充溢着感慨,却也很无奈。

越是圆满的东西,越是会有缺憾。

事实上,早在玉山草堂白手起家时,他就清醒地预想到了,这里最终会片瓦无存。果然,元至正二十七年(1367),在朱元璋攻灭张士诚之前,玉山佳处毁于元明易代的战乱,片瓦无存。

斗转星移,岁月荏苒。到了六百多年以后的今天,昆曲史专家研究昆山腔的源头,仍无不指向"玉山雅集",指向顾阿瑛与他的同道,指向顾坚和黄番绰……

风,起于青萍之末,舞于松柏之下。

---

① 据近人叶德均《宋元明讲唱文学》(1952)考证:"陶真和弹词同是用七言诗赞的讲唱文学,两者只有名称差异。"他认为,"陶真是宋明间南方和两浙一带művá讲唱技艺和文学的名称……就历史的发展说,宋、明的陶真是弹词的前身,而明清的弹词又是陶真的绵延,两者发展的历史是分不开的。"
② 顾阿瑛《玉山名胜集》卷五。
③ 顾阿瑛《玉山逸稿》卷四。

十年水磨变新腔
四方歌曲宗吴门

曲圣魏良辅小传

　　魏良辅被人称为"曲圣",在昆曲发展史上举足轻重。然而,"曲圣"
并非从天而降,他是站在黄番绰、顾阿瑛、顾坚等许多人的肩膀上才渐渐
攀上戏曲高峰的。当时,他的身边还聚集了善洞箫的苏州张梅谷、善笛
子的昆山谢林泉,以及优秀歌手张小泉、季敬坡、戴梅川、包郎郎等一大
批人,形成了一个志同道合的艺术沙龙。离开了他们,魏良辅孤掌难鸣。
"十年不下楼",奔波于昆山、太仓、苏州之间,是他改良昆曲时的基本生
活方式。

娄东听曲

魏良辅(1489—1566)，字尚泉。江西豫章陶竹(今南昌莲塘一带)人。流寓于鹿城(昆山)、娄东(太仓)之间，以悬壶为业，兼作曲师乐工①。

魏良辅所生活的明代嘉靖年间，江南商品经济的发展，与欧洲资本主义的扩张开始碰撞，促进了从16世纪开始繁荣的中国海外贸易。虽然朝廷不时采取海禁政策，但民间的出海通番活动从未停止。江南地区早期工业化渐渐萌发，经济成长方式开始发生重大变化。

明代中叶，地处太湖流域的昆曲发源地昆山，社会是安定的，老百姓的生活是富裕的。先贤顾炎武先生在《日知录》里，用5 000多字的篇幅，抄引了关于"苏松两府天赋之重"的资料："赋出天下，而江南居十九。以今观之，浙东、西又居江南十九，而苏、松、常、嘉、湖五府又居两浙十九也……"康熙《昆山县志》中关于田赋的章节，也有"昆赋之重，曷始乎？始于明也"的记载。不只是经济繁荣，昆山更有政治与文化影响力。在嘉靖执政的将近半个世纪中，毛澄、朱希周、顾鼎臣三位昆山籍状元，先后在朝廷辅佐嘉靖皇帝，掣肘他的决策。嘉靖十八年(1539)，顾鼎臣奏请朝廷批准，将原来的土城改用砖石砌造，"入木于土，累石于足，封砖于表"。这比上海修筑城墙早了十三年。

选择昆山作为落脚谋生之处，魏良辅是看得很准的。然而，这一年的闰八月间，他的魂像是突然被牵走了。

魏良辅画像

魏良辅十年苦心赞研改革昆山腔
甲戌初夏 宋联鸿新画于娄江之畔

病家来片玉坊叩门求诊,他懒得相迎,草草地把脉、开方,不关痛痒地嘱咐几句,就打发走了。诊费当然分文也不收。晚上,他独自一人凭窗沉吟,忽而击节赞叹,忽而黯然神伤。桌上放着一堆纸笺,想写什么,可什么也写不成。

只有女儿雪雁明白,让父亲心心念念的,是娄东,不,是娄东的一个人,还有那个人唱的水磨腔调。她觉得很奇怪,这些年听过的曲子还嫌少吗? 那人唱的竟是神曲,让父亲都拿捏不住?

不知怎么,她也想去娄东听曲了。

"过两天,你跟我一起去。"魏良辅不假思索地说,"我昨天问伯龙,他说前些天已经去过了,听到半夜才回。"

"真的?"

"那是个奇才啊……"

"奇才?"

雪雁有些儿纳闷,可不敢贸然追问。父亲心气很高,这些年难得有谁能令他佩服的。莫非这个人真是与众不同?

两天以后,是谢林泉雇了一条船,和昆山城里的几个歌人一起陪他们去的娄东。

　　在片玉坊南的大河滩上船时，魏良辅瞥见了张大复的息舫。船儿孤零零停靠在岸边的船棚里，早已破旧不堪。当初，张大复先生，这位梅花草堂主人曾让人摇着息舫，不辞辛劳地上北京，去杭州。哪怕偏头痛发作，连讲话都有气无力，一听到昆山腔响起，他便精神抖擞。那蒙了一层白翳的双眼，竟也有了光亮。张大复真是一个怪才。他富而后穷，很懂得品茶、品橘、品美食，当然也品昆山腔。然而，家人问他：早饭有米烧粥吗？他回答说没有，相视一笑，随即摇晃着脑袋唱起曲子来。

　　张大复三十几岁那年元宵节，去城隍庙观看一场灯会，突然间眼睛迷炬，第二天愈加红肿。接着，便是一年一度的春试。刚刚走进考场，眼前一黑，竟什么也看不清楚，天昏地暗间，如何考试？张家祖辈六代的梦想，就此毁于一旦。

　　这个落拓的江南才子，先后娶过两位妻子，一死一病。家里的彝器古玩、晋唐小楷、褚遂良夫子庙碑、麻姑仙坛记等传家之物，全都因为双眼昏黑而被人偷了去。唯一留下的是几部由他口述，由书童石倩记录的书稿《梅花草堂笔谈》，天知道何时能付梓……

　　咳，人生无常啊。

　　魏良辅刚到昆山时，就很佩服张大复的才华，更为他的际遇叹惜。忙了一整天，闲下来坐在娄江边丽泽门的城墙边，于弥散着水草气息的晚风里，他们一起唱曲，一起讲些逸闻趣事。张大复悟性好，记性也好，尽管依赖于盲杖，脚步很难走远，却似乎没有他不懂得的事情。很多事情，别人都忘记了，他仍然记得，还写在书里。

　　是呀，写在书里的，才能传世。

　　魏良辅和女儿租了片玉坊临街的一幢小楼。楼下客堂里摆一排青花瓷药罐，一只黄杨木书案，算做诊所，楼上则是父女两人的卧室。

　　这一条片玉坊，长不过一里，却很有些名堂。这里不仅有梅花草堂，西侧从北宋起便一直是县儒学的所在地。还有一处房舍，是太仆寺卿徐应聘的拂石轩。一株百年牡丹每年盛开，说不尽的富丽。从梁辰鱼（伯龙）家所在的石幢弄过来，只消往南走几十步路。一年四季，自有许多曲师、歌者、优伶来片玉坊聚会，清喉婉转，弦歌相应。他们喜欢这条幽静的街巷，更喜欢这里抑扬顿挫的声腔。

　　说来也是缘分，临川汤显祖与昆山徐应聘是同科考取的进士，两个人不仅名次靠近，仕途也有相似的坎坷——为官者，最要紧的是隐忍唯上，他们却喜欢彰显个性，且嫉恶如仇。很快，徐应聘就弃官回籍，六年后，若士先生也离京还乡了。汤显祖来到昆山，在徐应聘家中住了一段时间。闲来，就写

片玉坊(今南街)

他断断续续写了许久的《牡丹亭》。徐家敞亮的厅堂内恰好给人唱曲,徐家来往的宾客也都懂水磨腔,跟若士先生分外投契。他住在那里就有点乐不思蜀了。

汤显祖先生终究是勤奋的。一部五十五折的《牡丹亭》,从临川、徐闻、遂昌到昆山,处心积虑,于路日撰,终于大功告成,可以请告假在娄东的恩师王锡爵过目了……

自然,这都是后话。

闲来,除了唱曲,魏良辅也伏案写书,修订那部已经写了很久的《曲律》。只是近来觉得才思凝滞,许多想法受到冲击,恍惚摇移间,持笔的悬腕便迟迟不敢落下。

除了张大复,跟魏良辅往来最多的,还有善洞箫的苏州张梅谷,善笛子的谢林泉,歌手张小泉、季敬坡、戴梅川、包郎郎,自然少不了梁辰鱼。他们聚在一起唱曲,总是那么欢愉。也就常常让他忘记了米囤朝天,灶间里只有几束潮湿的稻草。

此刻,灰白色的篷帆升起来了。船,顺风顺水,一路朝东,行走在娄江碧净的水波里。两岸的房舍、树木和行人投下倒影,随着橹板搅起的波澜四处漾散,一如尚泉的心境。

或许是见他兀自思索,林泉逗趣道:"尚泉先生,你那么想去娄东,我看你要住在娄东了。"

魏良辅笑了:"我一生漂泊,哪儿不是家?"

"你不为自己想,也该为雪雁姑娘想想呀!"

雪雁羞涩地垂下眼睫。

林泉叔一直在热心地为雪雁说媒。姑娘是魏良辅的掌上明珠,转眼间已出落得身姿婀娜,冰肌玉肤,又能唱得纤柔婉转的水磨腔,哪怕只是走在街巷里,也让很多人目不转睛。女大当嫁,留是留不住的。城里不少有头有脸的人家托林泉叔上门试探,就在前几天,有一户顾姓人家托他送来整匹的绸缎作聘礼。顾,在昆山是大姓。那家又是口碑极好的塾师,尚泉却始终不肯松口。女儿养到这么大,岂能随随便便就给了人家?哪怕让她在自己身边多待一天也是好的。妻子死后,世界上贴心的唯有女儿了……

雪雁抬起头,用眼角扫了扫父亲。他凝神注视船尾银白的波纹,嘴唇合着什么韵律微微嚅动。此刻,周遭的任何声响他都听不见了。或许唯有水磨腔,能医治他心里的痛。

两年前的那个冬夜,寒风扑击着屋檐下长长的冰凌。仅存一缕气息的母亲,躺在床上,紧紧拉住雪雁的手,怎么也不愿放松。一双眼睛无限怅惘地望着父亲。父亲像哑了似的,一言不发,任浑浊的泪水滑下脸颊。雪雁知道,父亲的内心很痛,痛自己半世行医,却无法让妻子摆脱病魔;年复一年

地沉醉于声腔,却无暇顾及女儿的终身大事……从此以后,只有女儿照顾他的起居,与他相依为命了。

雪雁天生聪颖,在诊所里,接诊、开方、配药,哪一件都得心应手。她也不想离开父亲啊。

从昆山前往太仓,沿娄江而东,仅十几里水路,一两个时辰就到了。魏良辅是每年都要去很多次的。以前常常去拜访户侯过云适。户侯是一个小官,掌管着太仓县城户口籍账之事。在公务之外,过云适颇有些闲情逸致,善唱南曲,居然成了度曲家,远近都颇有名声。魏良辅本是江西豫章人氏,云游江南多年,以悬壶济世为生,却丢不下一副天赋的好嗓音,便一边行医一边当了曲师,靠教习曲子得到的收入,聊补诊金的菲薄。他初习北音,发觉自己绌于北人王友山,尽管很不服气,却也只能改弦更张,去娄心南曲。然而,南曲也不容易,总觉不能唱得随心所欲。魏良辅好学,知道不如别人,就去太仓登门请教。过云适说行就行,说不行就不行,反复往返,不厌其烦。渐渐的他也有了名声,不少人愿意拜在他的门下。但,仍不时有鄙夷的目光射来,让他有一股愤然之气郁积在胸……

从前去娄东,他沿江边的纤道徒步前行,并不觉得太累。如今毕竟年过半百,脚步有些蹒跚了,就改了坐船。心里确也想过,昆山是水磨腔的源,娄东有水磨腔的流,日后不妨再去娄东住住,结识更多的曲家。只怕是林泉、伯龙、梅谷他们不肯放我离开昆山。还有那个陆九畴,终日迷醉于水磨腔,在昆山确是头挑,还一直想与我一试高下呐。哪天真的跟他赛一次?

出苏州娄门东去的娄江,一脉清流,逶迤而行,浇灌着百里鱼米富庶之乡,也哺育悠久的艺事传统。自元代起,娄东近海边的刘家港衍成海运中心,盛极一时,号称"六国码头"。而海运仓的置所南关,是南北漕运的始发码头,朝廷一直派遣重兵把守。永乐年间,三宝太监郑和的宝船,不就是从这里出海下西洋的吗?进入嘉靖年后,朝廷实施海禁,码头渐渐衰落,南关的仓官与士兵却依然不少。耐人寻味的是驻守太仓西关的兵士素来以武艺见长,驻守南关的却是以唱曲而闻名。每年正月二十五的仓神诞辰,南关是最最热闹的。

那些士兵中,果然有不少好嗓子。

尤其让人称奇的,是一个名叫张野塘的,竟然用水磨昆腔唱北曲,既大气磅礴,又明丽动人,魏良辅听得目瞪口呆。原有的那些矜持顿时被打破。难道,难道……水磨腔也能这么唱?

他几乎听见了自己的怦怦心跳。

这些年,他足不出户,苦苦探索着水磨腔的唱法。经过改良,使之变得愈加宛转缠绵,愈加流丽悠远。没有想到,从张野塘嗓子里流泻而出的声腔,跌宕起伏,恰似飓风下的娄江波澜,既雄壮又豪放。

娄江新貌

仔细分辨,历来是五声音阶的南曲,分明已经有了七声音阶。自己所做的一切,在张野塘的声腔面前,还能站得住脚吗?

忍不住一连听了两次,才知道,那个脸上写满了沧桑,却像猿猴一般机灵的张野塘,是安徽寿县人氏。寿县,本是打过"淝水之战"的地方,也是淮南王和他的门人写出《淮南子》的地方。阴柔与阳刚,在八公山下竟糅合得如此天衣无缝!

张野塘的声腔在他脑海里盘旋,挥之不去。

今天,他无论如何要再听一次张野塘。

上次,在曲场恰好遇见户侯过云适。魏良辅没想到户侯也兴致勃勃,便向他打听张野塘。户侯额首道:

"不假,野塘是寿县人氏。可你有所不知,他不是普通的士兵,他有前科的呀!"

"前科?"魏良辅不由一怔。

"否则,他四十出头了,如何会离乡背井,到太仓卫当戍卒?"过云适终究是官场上的人,沉稳而又睿智。

"那……究竟犯了什么?"

"咳,你也不要打破砂锅问到底。家里太穷了,被逼得无路可走,鸡鸣狗盗,杀人越货,什么事做不出来呢? 像他这样的,南关那边有十几二十个呢。偏偏这小子会唱曲,还别具腔韵,就与众不同了。尚泉,莫非你对他动了心思?"

魏良辅点点头,有些感慨:"他是把一腔情愫都放进去了! 那一手三弦,弹得如珍珠掼地,很难得啊……"

"他的声腔好,弦索也好。用弦索衬托,声腔就愈加清丽悠远,荡人心魄。况且又集南腔北曲于一身,意味无穷。"过云适很有同感,"没有家小,他毫无拘牵,一心唱曲,别人自然难以企及。"

户侯的话,令魏良辅颇为震撼。不过,他不相信没有家小,就能一心一意地唱曲。自己失去了妻子后,不老是惶惶惑惑,一部《曲律》②写得很不顺畅吗?

仔细想想,却又不能不承认,自己发愤改良水磨腔,心无旁骛,乃至十年不下楼,与张野塘相比,依然稍逊风骚。这不免令人颓然。可是凭尚泉的脾性,岂能甘拜下风?!

"连王宰相都知道,野塘是一个奇才。就因了他的声腔和三弦,王宰相动了心思,想把他招致门下,在南园教习家伶——这南园,你是不会不知道的。"过云适说,"那天,宰相还特意问了我几句。我开个玩笑道,你真的是宰相肚里能行船啊!"

魏良辅当然知道,南园太师府,是宰相王锡爵回家乡时处理政务、种梅养菊的地方,也是他听曲的场所。

唱曲子的人,不在官场就在商场,大多衣食无愁,更有足够的时间一唱三叹,沉醉其间。这些年,从元末明初绵延至今的唱曲,在娄江畔越来越兴盛。城里,在厅堂或庙场演唱,乡下却是盛行船戏。人们驾着各种各样的船儿,争先恐后地围着一条大船,看歌儿舞女在船头唱曲,真是别有风味。不少人为了学得动听的声腔,不惜花费高价请名角亲授,他们咬钉嚼铁,一字百磨,意色眼目,寻味无穷,与之无关的其他什么东西,都可以抛至九霄云外。

这个王宰相,就是数一数二的曲家,家里还专门养了一个乐班。只要曲子唱得好,不管是谁都愿意交往。哪怕小小戍卒,也器重他的才华。魏良辅自然也和他见过几次面的,还受过款待。那天,席间都是些腰缠万贯的富商,自己却只是走方的郎中。尽管王宰相很赏识魏良辅的声腔,尚泉心里却忐忑着,实在不敢肆意地喝酒。不知怎么,他总是觉得有一种难以摆脱的自卑。

今晚在南码头听张野塘,跟在南园自是不同,但魏良辅也是要拿出勇气来的。

结识张野塘

　　如果站在中仓桥头往下看去,南码头尽收眼底。花岗岩街面被岁月打磨得光滑锃亮。沿街,一家又一家商铺鳞次栉比。多少年了,从江浙等地运往京城的漕粮数百万石,在这里集结,也使古镇人烟稠密,从早到晚都显得很热闹。

　　桥坡的南面,是一个颇具规模的水码头。本地人称之为"大水桥"。外面若有官员到太仓,总是乘船走盐铁塘,由水路进镇后从大水桥上岸,去官厅喝茶,再走陆路进城厢。围绕官厅,形成了南码头街市中心,各色人等聚集于此,忙忙碌碌做着各自的营生。

　　一轮皎洁的月亮,从云层里投下清辉。略带桂花香气的风扑面吹来,驱散了暑意,让人觉得心怡神爽。到底是入秋了,连蟋蟀和纺织娘也忍不住要鸣唱。大水桥上错落有致地摆出了椅子、茶几,几个娘姨穿梭其间,忙着给客人们沏上香茗。

　　　风静帘闲,

　　　透纱窗麝兰香散,

　　　启朱扉摇响双环。

　　　绛台高,金荷小,银钉犹灿。

　　　比及将暖帐轻弹,

　　　先揭起这梅红罗软帘偷看……

魏良辅一行十几人系好船,依次踏进南码头,本以为辰光还早,谁知道已经有旦角在唱红娘了。一曲[中吕][粉蝶儿],行云般的绮丽流畅。唱的是女儿深闺情景,果真描绘成一幅图画。再认真一听,才明白那只是试音。真正的角色还没有露面呐!

雪雁眼睛望望大水桥边,拉了拉父亲的衣角:

"你说的,就是那个人?"

大水桥边,有几个人操持着笛子、二胡、三弦和板鼓,很娴熟地把音调准。魏良辅朝着那个怀抱三弦的瞥了一眼,并不作声,好像根本没听见女儿说话。

雪雁吃吃地笑了起来:"这个人也真怪,名字怎么叫野塘? 换了别人,说什么也不要的。"

在娄江一带的方言里,野塘是野湖荒滩的意思。

"名字是个叫法,倒无关紧要……"尚泉又朝那人斜睨了一眼。连他自己都觉得这一眼有点虎视眈眈。

雪雁说:"不过看他的样子,倒也不野。"

这时候,张野塘一抬头,也发现了尚泉他们一行数人,急忙放下三弦,紧跑几步过来,抱拳朗笑道:

"尚泉先生,小辈有失远迎! 你可一定要多多指点呀! 伯龙怎么没有来?"

"哦,他忙着在家里写传奇,不愿中断才思,说过两天会再来的。这几位昆山的同道,特意陪我来南码头,听你的曲子。"魏良辅拱手说,"小女雪雁,也很喜欢唱曲,今天让她出来开开眼界。"

"哦,雪雁? 这名字真好听!"野塘笑着朝她注视一眼,爽朗地笑道,"尚泉先生,你是轻易不肯把女儿带出来呀! 今天,请雪雁小妹也献上一曲,给我们的声场增添光彩,怎么样?"

"不,我……"

雪雁羞涩地躲在了林泉叔的背后。可是她分明感觉到有一道火热的目光向自己射来。

"既然来了,就该唱的。"魏良辅挥了挥手,爽朗地说,"不是说曲不离口嘛!"

林泉雀跃道:"对,我们每个人都唱一曲。"

雪雁想说什么,却又收住了。

南码头的唱曲,其实并没有太多的程式和讲究,但热闹是必定的。逢时过节,总有大大小小唱曲的聚会。不管是仓官、士兵、商贾,还是随行的眷属,只要能够唱上几句又不怕丢丑的,都可以登台,也总是有人给你喝彩。尤其那些兵士,来自四面八方,也不怕南腔北调,全凭着胆量在唱。唱多了,也就入味了。

魏良辅想,这跟在南园唱曲就不一样了。

　　寒碧舫,是南园里的一条旱船。它临水而建,一半在水中,一半在岸上。船面有两根石制系缆桩,其实只为了仿真,本来就是一条"不系舟"。寒碧舫的船头,无遮无棚,寻常日子王宰相在这里和亲友赏荷赏鱼,高兴的时候饮酒品茗听曲,别有一番雅趣。那天,魏良辅应邀去南园,就是在寒碧舫唱了几曲。太仓的同道赵瞻云、雷敷民、张仁茂、张靖甫,还有那个进士张新,纷纷赶来,彼此欢晤甚洽。王宰相的乐班是在后面唱的。几个女孩子,扮相、嗓音都还不错,只是太嫩了些。看来是要有师傅认真调教她们,少说花个半年一年工夫。张野塘是有前科的戍卒,王宰相真的想让他去教习吗?

　　四周的嘈杂,容不得他继续往下想。

　　大水桥的声场,足足热闹到了深夜。

　　林泉唱了,雪雁唱了,魏良辅也唱了。

　　张野塘很谦恭地请先生先唱,魏良辅也就不客气。他暗忖,自己既然要演习新声,就该多和同道切磋。何况,眼前这位唱曲的戍卒,确也非同凡响,总不能轻易地被他比下去吧?

　　运足了丹田之气,面对四周黑压压的听客,纵情放歌。歌声一字数息,抑抑扬扬,仿佛一缕清风掠过娄江水面的绿色苇丛,仿佛一脉晶亮的涧水在山间巉岩穿越,也仿佛一个俊俏的少年手捧书卷对月低吟……满场的听者,一个个瞪圆眼睛,屏息凝神,不由自主地跟随他的声腔,进入了如诗如画的意境。

　　一曲唱罢,喝彩声此起彼伏。

　　魏良辅轻轻舒了一口气。自己觉得很用心,没有什么破绽。今天可不敢有任何破绽。

　　张野塘直到最后才上场。

　　一亮相,眉目间便烁动俊逸之气,跟坐在凳子上弹三弦的模样已判若两人。嘴唇里吐出的北曲,犹如秋天的江南沃野,清新旷远,却又不失清丽之风。他是用水磨腔唱的北曲,比起魏良辅的一味委婉醇和,无疑多了几分丰厚。声腔里透出的是北方男人的刚烈与粗犷,但是你不能不承认,这仍然是水磨腔,是从那个精于南辞、善作古赋的千墩人顾坚传下来的娄江水磨腔。

　　不过,说是水磨腔,又跟习惯了的唱法颇有不同。

　　魏良辅怔怔的,全然忘了张野塘唱的是什么,仿佛被一壶酽酽的茶水呛了几口,一股说不出来的滋味。

　　张野塘演唱时,果真以弦索伴奏。上两次,也见人弹奏三弦,魏良辅没有太在意。今天特意细听,弦索、箫管,加上击奏节拍的鼓板,那声腔被衬得如此完美,简直找不到一丝瑕疵。

　　说是从唐代宫廷名伶黄番绰到阳澄湖畔开始,人们所传唱的声调,就是没有弦索伴奏的清唱——

又称嗷唱,迂徐委婉,细腻绵糯,令人回肠荡气。这才是水磨腔的正声。张野塘却别出心裁,以弦索箫管伴奏,甚至把他最拿手的三弦都用了上去。

不仅仅是用弦索伴奏,曲子里分明还渗透了些许中州语音! 水磨者,清俊温润也。有了北曲语音,就愈加韧劲。这味道,跟平素听惯了的曲子真不一样。

雪雁忍不住笑着对林泉说:"好听,真好听! 今天幸亏跟你们来南码头听曲!"

林泉说:"是呀,我也是除了娘胎第一趟,真煞瘾!"

魏良辅却一言不发。离开大水桥时,他走路的步履都踉踉跄跄的。

雪雁察觉了什么,忙扶住他说:

"父亲,你太困倦了吧? 快去船上睡一会儿。"

"我,"尚泉摇摇头,"不,我不倦。"

在这个南码头的夜晚,他的心里有点纷乱。不知道是该嫉妒,该沮丧,还是该恼怒。

是张野塘那人犹如一壶呛人的酽茶,令自己头晕目眩,还是中州语音如一块石头丢进池塘,激起不息的波澜? 他不能不承认,苦心经营了多年的水磨腔,被动摇了根基。犹如这船,让流水载起,本来走得很平稳,却遭到了一股横刺里吹来的飓风……

木贼草

转眼间,半个月过去了。

在半个月里,魏良辅生了一场病。没有寒热,也没有伤痛,却浑身乏力,不思茶饭,对任何事都失去了兴致,自然也不再唱曲。这让雪雁感到十分纳闷。父亲很少会这样的呀。

接连两场秋雨，气候顿时凉爽了许多。娄江畔那些黄色和白色的菊花渐次开了。丹桂的香气在风中飘散。街巷里，渔妇拎了一串串螃蟹，拉长嗓音叫卖：

"啊要买清水大闸蟹……"

这天早晨，太阳还没有照上窗棂，有人叩响了魏家的门。

原来是阳澄湖乡下的一个病人，手里拎了竹篓，装满活泼泼的鱼虾，特意来向魏良辅道谢的。

年初，他感到风热头痛，一双眼睛似乎被云翳遮挡了，越想看越看不清楚，又害怕阳光。于是乘船上镇去请郎中看病。郎中慢条斯理说，这一双眼睛已经半瞎了，怕是没有救了。病人非常着急，忙让家人陪同，来片玉坊找尚泉。

魏良辅有条不紊地搭脉问症。

病人忐忑不安地说："我眼前模模糊糊，连走路都不稳，很担心真的会瞎掉。"

"哦，有多少时间了？"

"算起来，快半年了。"

他思忖片刻道："阳蹻受邪，内眦生赤脉缕缕，根生瘀肉，瘀肉生黄赤脂，脂横侵蚀黑睛……你的双眼确实病得不轻。不过，既有其病，必有治方。我给你配一味药丸，你不妨试试。"

"有救？那多谢了！"

药丸名叫拨云退翳丹，来自古方。内有川芎、蔓荆子、蝉蜕、密蒙花、薄荷叶、黄连、楮桃仁、地骨皮等，另加去刺、炒熟的白蒺藜和去节的木贼草，精心炮制而成。

"这木贼草，看似不起眼，却有疏散风热、退翳明目的功效。回去后，你每天按时服药，少用眼，多养神。"魏良辅让雪雁给病家包扎好，安慰道，"只要坚持不懈，眼睛自然会看得出东西的。"

病人拿起药包，将信将疑。

回家后，按照魏良辅的嘱咐，每天服用拨云退翳丹，不敢懈怠。几个月过去了，一双眼睛果然渐渐康复，能够看清楚两三丈以外的东西了。在他心目中，良辅简直像是神医扁鹊，救了自己的命。所以，他无论如何要来表示谢意。

送走了病人，魏良辅不由感慨道：

"庸医害人，是他根本不把心思放在病家身上。咳，这些日子，为了烦人的水磨腔，我有些神不守舍，也不知耽误了什么没有？"

雪雁心疼地笑着说："你看你自己，都消瘦了一圈，头上的白发也钻出来了！"

魏良辅不以为然地摇摇头:"我本来就不胖。"

然而,要把心思收拢,又谈何容易。

一会儿,又有人叩门。雪雁开门一看,原来是梁辰鱼,连忙把他迎上楼去。

梁辰鱼是魏家的常客。这个狂放不羁的才子,老家在阳澄湖畔的西澜槽村,满村的人几乎都姓梁。或许是梁氏先祖在元代时担任昆山知州,全家从河南迁移到江南的缘故,无论是性格还是相貌,都像北方人,身材高大魁梧,留一口飘拂的长髯,说话做事显得十分豪放。但也有人说他有点落拓不羁。他一直好谈兵习武,而不屑于仕途经济。这几年,专心拜魏良辅为师,迷恋唱曲,大多数日子住在石幢弄,三天两头上门来求教,却是分外谦虚。

自从南码头听曲回来,魏良辅总有些神不守舍。夜晚躺下后合着眼,迟迟难以入睡。心头好像有一锅烧开了的粥,不停地翻滚。此刻听见梁辰鱼的声音,用手指掐掐太阳穴,赶紧迎了上来。

他很看重这个学生。不仅仅因为梁辰鱼天生会唱曲,引吭高歌时声若金石,而且觉得他有与众不同的文采。会吟诗,会作散曲,甚至会写传奇。在那么多的唱曲人中,实在太罕见了。这两年他考订元剧,自翻新调,所作的散曲《江东白苎》,独具一格。手头更有一部《浣纱》,魏良辅已经差不多读完了。伯龙以绮丽柔美的笔调写词,《游春》的飘逸,《通嚭》的活泼,《捧心》的深情,《别施》的哀伤,《采莲》的清新,《死忠》的悲壮,《思忆》的苦楚,《泛湖》的潇洒……这些,无不体现神思与功力。他却仍孜孜不倦地打磨,说不到火候绝不会拿出来。

梁辰鱼未及坐下,便注视着尚泉,眼神闪烁:

"有一个人,托我跟你说,想拜你为师。"

"谁?"

"南码头张野塘。"

"伯龙,你在拿我开心吧?"魏良辅不由吃了一惊,"这个张野塘,曲子奇,人更奇。他想拜我为师?"

"和我一样,跟着师傅学真本事嘛!"梁辰鱼半戏谑半认真,"娄江畔唱曲的,谁不想拜你为师呢?"

魏良辅连连摇头:"不不,我不能答应! 他唱的水磨腔,跟我唱的不是一回事。桥归桥,路归路……"

"他以笛、管、笙、琵伴奏而唱水磨腔,听起来颇相谐和。不过,野塘心里明白,自己胆气有余,却功力不足,所以无论如何要来拜师。他是出自真心的呀。"

"他是真心,我也不是假意,"魏良辅板起脸一口拒绝,"你不要在我的面前提起他!"

"我……"梁辰鱼没想到会这样,神色很尴尬。

　　雪雁在旁边打岔说:"龙哥,你说那张野塘真是戍卒? 可是听他唱水磨腔,一点也不像青面獠牙啊!"

　　"你这个丫头! 谁说戍卒就要青面獠牙?"梁辰鱼嗬嗬笑了,"这张野塘确实才华横溢,也敢作敢为。南码头唱曲的人提起他,无不翘起大拇指,深感钦佩。"

　　"父亲,那你就收了这个学生嘛!"

　　"怎么,雪雁你也为他说情了?"魏良辅瞪了她一眼,"有说丝不如竹,竹不如肉。丝竹与声腔相合,合成天籁之音,怎么能不荡人魂魄? 假如再好好琢磨一番,声腔必然大大改观。可是他……"

　　"他怎么啦?"

　　"他跟我不是一个路子。"魏良辅毫不含糊地摇头,"拜我为师? 我决不能应允。"

　　雪雁不由惊讶地问:"父亲,这为啥?"

　　"不是一个路子,他才想跟你学呀!"梁辰鱼说,"张野塘的弦索,那美妙自不待言,不过,论声腔还是不能跟师傅匹敌。"

　　"后生可畏,这句话着实不假!"魏良辅说,"平心而论,他尚是一块璞玉,须经精心雕琢,方能成大器。然而整天困在南码头,他纵然有天大的本事,也无法施展。"

　　"所以,野塘有一个意愿,想拜先生为师。他不好意思开口,托我先来说说。先生,你就应允伯龙这一回吧!"

　　"这些年我立下壮志,埋头于声腔改良,甘愿十年足不出户。可是,竭精殚虑,至今仍难以进入梦想之境。八月间三次去南码头,回来后我一直在琢磨野塘的唱法……"魏良辅沉默良久,才说,"他的唱法,不能说没有道理。"

　　"不过,野塘却觉得自己不正宗,很想得到先生的指点。他唱的是北曲,你唱的是南曲,北曲和南曲……"

　　"北曲和南曲……"魏良辅眼前一亮,似乎悟通了什么。可是欲言又止,"咳……"

　　"先生,恕我直言,你也过于多虑了。张野塘唱得再好,也不至于抢你的饭碗吧?"

　　"伯龙你想到哪里去了! 这样的才俊,我姓魏的羡慕呀! 我凭什么去教习他? 那一手三弦,我会弹吗?"魏良辅痛苦地吼了一声,"看了他,我才知道自己是廉颇老矣! 我该拜他为师啊!"

　　"先生……"

　　梁辰鱼暗暗吃了一惊,没想到魏良辅会这样说。

"我并不虚言。我魏尚泉从医多年,知道木贼草可以散风明目,消障退翳。可是我也知道,漆匠打红木家具,要用木贼草蘸水一遍遍打磨,然后髹漆,才能使漆水光滑如镜。纡徐委婉的水磨腔,不正是如此打磨出来的?"魏良辅不由感慨道,"可是,人活在世界上,想做一棵木贼草,也不容易呀!"

听得出,这是肺腑之言。他自知擅于唱而拙于书,这不如梁辰鱼;优于歌而劣于弹,又不如张野塘。如今已年过半百,精力大不如前。假如不把水磨腔真正打磨好,恐怕要抱憾终生了!

梁辰鱼不知该怎么安慰他,忙顺着他的话说:"我们研习水磨腔的,都像是木贼草。"

"你这句话,我就最喜欢听了!"

梁辰鱼又说:"有我和野塘鼎力相助,你一定会如愿以偿的!你知道,我和野塘可绝不是等闲之辈啊!"

魏良辅叹口气,黯然道:"唉,可惜啊,我这一辈子没有生下一个儿子。否则……"

"不要这样说,还有小妹雪雁呐!"梁辰鱼半真半假地说,"快让雪雁招来一个乘龙快婿,帮你共襄大业!"

"龙哥,你就只会胡言乱语!"雪雁羞红了脸,嗔怒道,"你嘴巴上小妹小妹,说得那么甜,可是答应我的事情,从三春拖到立秋,至今还没有影踪。"

"我答应你的事?"

"看看,都忘记了吧?"雪雁向他伸出手来,噘嘴道,"你早就说要给我的凤凰鹞呢?"

梁辰鱼很会用竹篾和绵筋纸做风筝,风筝做成一只展翅飞翔的凤凰,翅膀上彩绘着羽毛,活灵活现。放上天空后,许多鸟儿竟纷纷前来追逐,看到的人们无不纷纷称奇。

"凤凰鹞?"伯龙一拍脑袋,恍然道,"哎哟,雪雁,我只顾写传奇,还真的忘得一干二净!这两天立马给你做,要是不做,以后你不要认我这个阿哥!"

雪雁说:"我还让父亲不认你这个学生!"

梁辰鱼故意作惶恐状。"那可万万使不得!"

魏良辅说:"好了,好了!你龙哥前几年四处游历,开了眼界,回来后正在写传奇《浣纱》。眼看就要写成了,可是一件了不起的大事呀!雪雁你就不要打搅他了。"

"雪雁,哪天等你拜堂成亲的时候,我要做十二只凤凰鹞,让它们飞到空中,为你祝贺!"梁辰鱼扮个鬼脸,逗趣道,"我们都来唱曲,闹它个三天三夜!"

"你又狗嘴里吐不出象牙了!"雪雁唾骂一声,"快走吧,去写你的传奇吧!"

"哟,雪雁小妹好厉害! 等我的《浣纱》写成了,你来唱西施,怎么样?"

"去去! 谁睬你! 整天有那么多歌儿舞女围着你,选哪一个不比我强呀?"

梁辰鱼不愿跟她打口水仗,赶紧拔腿往外走。

到了门口,忽然想起一件事,又折返回来,说:

"先生,我差点又忘了,三天后,张四妈要摆一桌酒,邀集七八个喜好唱曲的人聚聚,务必请你到场。"

"看样子又是你撺掇的?"

"嘿,怎么会呢?"

梁辰鱼扮了一个鬼脸。

与戍卒定交

栖凤楼张四妈,是一个人人皆知的角色。娄江畔唱曲的文人雅士,都与她相熟。聚集在一起觥筹交错,谈笑风生,是常有的事情。

魏良辅也是她的座上客。

妻子在世时,他就常常与梁辰鱼一起去栖凤楼。这两年,孤身一人,仍然会去,且不避别人的耳目。然而他不像某些贵公子,到了那里,只顾与倩娇、粉儿她们打情骂俏,挥金如土,以消磨时辰。在许多文人雅士看来,声色之好根本就不必忌讳。而倩娇、粉儿她们几个的才艺相貌,都是百里挑一,令人入迷。梁辰鱼偶尔会放纵自己的性子,去寻欢作乐一番,魏良辅却不然。他是个注重操守的人,何况家里还有待字闺中的女儿雪雁。从内心说,他是很喜欢听张四妈唱曲,她的声腔中,有许多值得

品味之处。时不时地,他会把自己改良过的声腔,由张四妈试唱,以期完善。如此,圈子里的人对尚泉更赞誉有加。

张四妈已年逾五旬,与魏良辅的年龄相仿。让人惊讶的是她两鬓如黛,肤色红润,风韵犹存,似乎岁月在她身上并不曾流逝。或许是做了多年鸨母,积累了丰厚的家底,身边又没有一子半嗣,她对世态炎凉、人情冷暖看得很透彻,时常宴请那些志同道合的曲家。几乎每次都由她做东,出手还十分大方。只要文人雅士们在席间把酒唱曲,谈笑风生,她就比赚了大把的钱还高兴。

在魏良辅看来,张四妈几乎是一个天才。她不仅能唱南曲,还能唱北曲;不仅擅丝竹,还会谱曲子。即使是某折已经失传的曲子,她仍能寻腔依韵,娓娓唱来,嗓音不比哪个妙龄女子逊色。声场上像她这样的女人,谁能找得出第二个来?!

梁辰鱼很赞同这个说法,一次,喝得半醉半醒时,挥笔写下一篇文字,将张四妈评论了一番,说她是"丝竹咸精,扑博尽解。南北令词,即席成赋。审音知律,时无比焉……"

去年有一阵,梁辰鱼突发异想,打算把四妈撮合给魏良辅。两个都是单身,意趣相投,看起来很合适的。然而刚扯出一点因头,魏良辅就冲着梁辰鱼连连摆手跺脚,一脸的愠怒,吓得他再也不敢多嘴。

只不知张四妈今天请客,究竟是什么缘由?

魏良辅琢磨不透。心想,也不必多虑,到了那里自然会明白的。

到了约定的这一天,他梳洗一番,早早去赴宴了。

宴席设在东塘河畔的鸿宾楼。在昆山城里,这算得上是最有气派的酒楼了。杏黄色的旗幡,隔着老远就能看见。屋内绮幕绣帘,明窗净几,桌椅一概以紫檀木制成。

隔壁的一间,虚掩着门,有四个人正兴高采烈地玩"斗叶子"。"斗叶子"流行于昆山,是一种上自达官公卿,下至百姓妇孺,无不喜好的纸牌。纸牌共有四十张,四人入局,每人八张,其余的放在中央,玩的时候以大击小,变化多端。也常常有一些铜钿的输赢。大多数的叶子上,画的是《水浒》中的梁山好汉,比如万万贯是呼保义宋江,千万贯是行者武松,百万贯是阮小五,一万贯是浪子燕青……魏良辅却觉得这纸牌未免太耗心智,把目光收了回来。

墙壁上,挂着一帧行书条幅:

时候频过小雪天,江南寒色未曾偏;

枫汀尚忆逢人别,麦陇惟应欠雉眠,

更拟结茅临水次,偶因行药到村前;

邻翁意绪相安慰,多说明年是稔年。

魏良辅对书法并不很在行,正逐字逐句辨别条幅的意趣,身后忽然传来了梁辰鱼的笑声:

"这一首陆龟蒙的诗,写农家心事,朴实易懂,放在酒楼倒是让人赏心悦目呀!"

一转身,却发现梁辰鱼的左侧站着一个人,正双手抱拳,向他行礼:

"尚泉师傅,野塘有礼了!"

"哦,是你?!"

魏良辅微微一怔,张开嘴,像是被一口冷风噎住了。

笑着面对他的,不是别人,正是张野塘,这些日子一直让他有点神不守舍的张野塘。那瘦削的身子,处处透现睿智和精干。尤其是一双眼睛,在近处看去,更是别有神采。

魏良辅不由顿悟,今天的宴席,果然不是平白无故。但他不露声色地向张野塘还礼道:

"幸会,幸会,一会儿你可要多唱几曲啊!"

张野塘谦恭地点头,笑道:"师傅嘱咐我唱,野塘不敢不唱。不过你不要笑我是野狐禅呀。"

"野塘,曲子要唱好,酒也要喝好呀!"

梁辰鱼说着,转过身,看见倩娇、粉儿她们几个女孩,或往桌上摆放瓜子、蜜饯、糖果,或沏上一杯杯香茗,赶紧与她们说笑去了。张大复先生也被请来了,听得热闹,不由打趣道:

"伯龙是有女人缘的,难怪他的词句那么绮丽!"

魏良辅暗忖,这个张野塘一口一个师傅,叫得那么亲热,好像今天摆的就是拜师酒似的!可是,他的眼神是诚恳的,看不出一丝虚假。魏良辅发觉自己对他的戒备是多余了。

这时,做东的张四妈从里厢出来,笑着对客人们说:

"今天呀,只是个普通的日子,约诸位先生来鸿宾楼聚聚,喝酒是假,唱曲才是真。你们都晓得,四妈我没别的嗜好,就是爱听水磨腔。不唱满三个时辰,我是不会让诸位走的!"

梁辰鱼故意嬉笑着逗她:"只要端整了好酒好菜,哪怕唱三天三夜,我也情愿呀!"

"那就讲定啦!快快入座,入座!"

所有客人中,论年龄魏良辅最年长,论唱曲又是首屈一指,被公推坐在中间。张野塘特意从南码头来,坐在他的下首,由梁辰鱼作陪。其他人依次在八仙桌旁坐定。拄着盲杖的张大复目力不济,谈锋却

依然不减当年。尽管与张野塘是初次见面,转瞬间就混熟了,随即以本家叔侄相称,他对南码头唱曲的盛况尤其感兴趣,再三责怪梁辰鱼:

"嗜,你也不带着我去,连招呼都不打一个!"

张野塘忙说:"这几天我就弄船把你接去。"

梁辰鱼却不以为然:"元长你呀,不是偏头痛,就是咳嗽,眼睛又看不见,还是省点事吧!"

"唉,就你欺负我!听曲靠耳朵,更靠心志,我哪一点上比不过别人?"

张大复永远不甘示弱。梁辰鱼知道他的脾气,不想斗嘴皮,连忙向他拱拱手,算是道歉了。

张四妈说自己是个女流之辈,不宜与男宾们一起入座,索性端了一把椅子,让两个女孩子陪着,坐在一侧,安安静静地听他们谈笑风生。只偶尔上去敬一杯酒,插话几句。

陆九畴是客人中最后一个到的。

他靠着谢林泉,坐在魏良辅的对面,似乎有很多话要跟他说。可是在这种场合,暂且只能忍着,说一些客套话,轧轧闹猛。魏良辅知道他始终有雄心大志,想和自己一决高下,成为曲坛霸主。平心而论,如今能继风月散人顾坚余韵,生发南曲之奥的,唯娄江一脉。陆九畴穷尽毕生之力,芟除乡俗之气,使水磨腔更为圆润动听,这并非是自恃嫡传,昆山一带确实也无人能出其左。圈内人推崇备至,把他捧为"曲先",陆九畴说话也就难免流露骄横之气。

魏良辅向他拱手笑道:"九畴先生,最近去南码头唱曲了吗?"

"专门去了两趟,听野塘先生的曲子。真是不错呀!"

"是啊,后生可畏!"

"野塘,不是我九畴倚老卖老,你日后定会前途无量,然而所唱的曲子,终究要原汁原味,可不能掺杂!"

"掺杂?言重了吧!"

魏良辅觉得颇不舒服,心想:你陆九畴说话也太离谱了,什么"不能掺杂",人家自成一格,唱得那么有滋味,比你墨守成规强得多!但碍着情面,才没有往下说。

张野塘点点头:"我,正想学点原汁原味呐……"

陆九畴看着他,说:"北方人唱昆山腔,这舌尖上的工夫就欠缺一些,正要好好练呢!"

听他这样一讲,张野塘竟像一个初出茅庐的后生,腼腆起来,跟他在南码头唱曲时判若两人。

夜幕渐渐垂落时,筵席开始了。鸿宾楼门前张了灯,愈加显得富丽。菜单是精心准备的,八个冷盆、十一道正菜、三道甜点，最后还有一小碗燕窝汤。酒，自然是少不了的，有黄酒，有烧酒，也有鸿宾楼自己酿的"十月白"。梁辰鱼性格豪爽，且向来嗜酒，只想浮一大白。端起酒杯，就兴致勃勃地开始行令猜枚。尚泉没有酒量，取了一碗"十月白"。这种米酒性淡，不容易上头，然而也不能灌得过量。他是曾经醉过两回的。醉得脑袋壳子发胀，喉咙也沙哑，实在后悔不及。

张野塘说他不会喝酒，一杯清茶足矣。

魏良辅觉得很有些奇怪。暗忖，娄江畔唱曲的人不会喝酒、不近女色的尚不多见，他是做久"戍卒"，从里到外什么都被桎梏了，还是心存鸿鹄之志，对自己严格自律？

不知怎么，他对张野塘又多了些许好感。

酒过三巡，席上的宾客无不神采飞扬。张四妈端起酒杯，走进尚泉的身边，向他敬了一杯，说：

"尚泉先生，借着酒力，我在这里说一句话——这本来不该我说的，可我舌头痒，忍不住要说。我知道，哪怕说错了，你也宽宏大量，不会怪罪于我的！"

魏良辅笑了："你也不要饶舌了，这里没有外人，你想说什么，尽管放开喉咙说。谁来论你对与错？"

梁辰鱼插嘴道："四妈，其实你不说，先生也早已心知肚明。"

张四妈斜睨了他一眼："你的嘴也太快了吧，说不准我话到临头突然变卦了呢？"

梁辰鱼只得认输："好好，我佩服你的唇枪舌剑，打住，打住！"

魏良辅把目光转了过来，颔首道："如果我没有弄错，这句话应该是野塘先生说的，你为什么不说呢？"

张野塘一愣，嗫嚅道："师傅，你……"

魏良辅站起身，凝视着他，目光里射出一股坦荡豪迈之气：

"这句话，也该让我说的，我也不说了。来，野塘，我跟你好好干上一杯，一切尽在不言之中！"

说罢，他让侍者端来两只酒杯，满满地斟上烧酒，眼睛朝张野塘看了看。张野塘领悟了，忙端起酒杯，拱手在胸，头一昂，一杯酒便汩汩地进了喉咙。随即，又让侍者斟满，向着在座诸位说：

"野塘平常不喝酒，可是今天我要连干三杯，哪怕醉倒在地，也心甘情愿！"

"好酒！"

魏良辅也昂起脖子，深深一口，将烧酒汩汩灌了下去。顿时，酡红飞上了他的脸颊。

"好哇！"顿时，满堂喝彩。

张大复心里透亮，早已听出了他们间的话中之话，忙撺掇着开始唱曲："还不快唱曲？……"

　　谁也不注意的时候,雪雁跟着梁辰鱼,悄然走了进来。也许是梁辰鱼特意把她引来的?

　　魏良辅放下酒杯时,一眼瞥见了她。雪雁却在倩娇、粉儿那边找了张椅子,兀自坐下,又与她们隔开,一双顾盼生辉的眼睛里,正闪烁出乌亮动人的光彩。

　　梁辰鱼插话说:"诸位,我给雪雁选了一曲[步步娇],特意来助兴,要不要啊?"

　　"哪能不要,好啊!"喝彩声和击掌声顿时响起。

　　雪雁丝毫也不扭怩,走上一步,欠身行礼,随即唱了起来。边唱,边把含蓄的目光投向张野塘。张野塘的双眸已被烧酒点燃,与她对视片刻,忙佯作向陆九畴请教,转过脸去。

　　这一切,魏良辅都看见了。他的心里咯噔一下。

　　哦,雪雁长大了,再也不是一个小女孩了。

一决高下

　　秋阵雨将一个繁杂而燠热的夏天送走,天,终于渐渐转凉了。

　　这天,突然收到了陆九畴先生让人送来的一封书信。

　　尚泉打开一看,信上仅寥寥数言:

　　"魏良辅先生,在鸿宾楼一晤,已有数月,听闻先生潜心创制新腔,弟有意与先生切磋一二。八月初十将于玉峰山下城隍庙举办声场大会,届时恭迎先生。九畴谨拜。"

　　这,不分明是一纸战书?

　　真奇怪,他当面不说,却以书信转言。

　　陆九畴一直想与魏良辅一决高下。但魏良辅专注于创制新曲,无意应战。倒是张野塘一有空就过来,有滋有味地切磋韵律。魏良辅和雪雁也会去南码头,跟太仓的朋友们一起试唱改良后的新曲,似乎褒贬不一。这让陆九畴越发骄不可遏——平日里难得见面,彼此的情形却是知悉的。尚泉明白,时至今日,这一场比试已经无法回避。何况,自己也一直想试试新腔,不知行家们对新腔如何评说。

他把应战的意思对雪雁讲了,雪雁点头道:

"父亲,雪雁陪你去,让陆九畴看看我们的阵势!"

八月初十,昆山城隍庙的声场,如期举行。摩肩接踵的场面,或许玉峰山下从未有过。

那天清晨,尚泉先生由雪雁陪同,去往城隍庙。伯龙、林泉、郎郎等人早已等候他们了。众人簇拥着,说笑着,一起前往声场。

庙前的旷场,搭起了一个戏台。赶来看热闹的人们,或端了板凳,或拿了草把,摆出一副见证枭雄的架势,把戏台围得水泄不通,翘首企盼比试的时辰早早到来。

声场角逐的情景,是任何生动的描绘都难以表达的。

> 清秋路,黄叶飞,
> 为甚登山涉水,
> 只因他义属君臣。
> 反教人分开父子,
> 又未知何日欢会。
> 料团圆今生已稀,
> 要重逢他年怎期,
> 浪打东西似浮萍无蒂。
> 禁不住数行珠泪,
> 羡双双旅雁南归……

九畴先生宽宏大量,恭请魏良辅先唱。

魏良辅推辞了一番,见他执意要让自己先唱,便与雪雁在众人期盼中一同上场了。他们唱的是梁辰鱼尚未完成的传奇《浣纱记》中一折《寄子》。伍员预知吴国将亡,遂将儿子伍尚寄托在齐国友人鲍牧家中,自己则准备以身殉国。魏良辅与雪雁扮演父子,相间轮唱,一个苍劲,一个稚嫩,一个如木贼草打磨后的红木桌面,一个如微风吹拂下的清澄水面,衔接自然,相得益彰。

梁辰鱼坐在台侧,以心志助威。

这,已经不是坐唱拍曲,而是舞台饰演。张野塘带来一班乐手,曲笛、三弦、二胡、板鼓,一应俱全。不被弦索的昆山腔,在乐声的烘托下,分外亮丽。谁都是第一次见到,第一次听到。那一曲悲怆的[胜如花],唱得深情,听得动情。伍员父子内心难以表述的情感,出自心腑,源于丹田,娓娓唱来,水一般在委婉悠长、顿搓抑扬中汩汩流注,很有分量地打动着人们内心最柔美的感区,听客们陶醉、融化、沉湎、震颤,竟忘记了自己身在何处。

没有人知晓,为求万无一失,魏良辅父女与伯龙、野塘反复切磋,度过了多少个不眠之夜。

掌声与喝彩声此起彼伏。

九畴先生也唱了,但未及终场,他便黯然离去。

他明白自己无颜再与魏良辅论高下。

声场比试,胜者是魏良辅。为何而胜?唯独他心里明白,是北曲和南曲的融合。这应该归功于张野塘,如果没有那一份高亢激昂,[胜如花]的悲怆是乏力的。梁辰鱼却是觉得他的《浣纱记》威风大长。随即张罗着请诸位喝酒,庆贺。席间复又轮番唱曲,闹腾了好几天。

近来,梁辰鱼愈加竭精殚虑地伏案撰写《浣纱记》。他历来尊重师傅,要么自己过来,要么差人过来,将文稿送给先生过目。

梁辰鱼生性不愿被老套子桎梏,这部传奇,便是特意为水磨新腔而写。他的曲词以精工绮丽见长,与水磨新腔格外吻合。在度过几个不眠之夜后,终于完稿。一经上演,街头巷尾便四处传唱,乃至苏杭一带的优伶倡女纷纷前来,愿拜他为师。假如赶来见不上一面,会觉得十分懊丧。这部《浣纱记》以范蠡、西施的故事,折射吴越两国的兴衰存亡,由案头走上场头,令人耳目一新。

魏良辅非常喜欢他的文字,赞赏道:

"元美先生的诗句'吴阊白面冶游儿,争唱梁郎雪艳词',丝毫也没有过分呀!"

"哈哈哈……"

听到魏良辅的话,伯龙笑得十分得意。

前些天,梁辰鱼去青浦游玩,县令屠隆设宴款待他。屠隆身为堂堂青浦县令,却常常不把自己当成官。在青浦任上五六年间,他最得意、最快活的事,不是红烛高烧,觥筹交错,而是演唱昆曲,常常脱了官服扮作优伶。那次,席间特意让优伶演出梁伯龙的传奇《浣纱记》。不过有约在先,听到伶人演唱佳

句,所有人都必须畅饮一杯。梁辰鱼爽快地答应了。他仗着有几分酒量,近来心情又舒畅,但听得佳句连连,他端起酒杯,豪饮不辍,激起了阵阵喝彩声。

谁知,在演到《出猎》一出时,屠隆忽然说:

"不行,这几句'摆开摆开'写得很恶俗,你应该受罚!"

随即让人把预先准备好的泔脚水灌了三大杯,逼着梁辰鱼喝下去。梁辰鱼无奈,硬着头皮喝进肚子,顿时哇哇呕吐,神情都萎靡不振了。屠隆却哈哈大笑,显得十分得意。

这天,辰光已经很晚,魏良辅却毫无睡意。他点亮灯,取出笔墨纸砚,开始增删《曲律》。

腔有数样,纷纭不类,各方风气所限,有昆山、海盐、余姚、杭州、弋阳。……惟昆山为正声,乃唐玄宗时黄番绰所传。元朝有顾坚者,虽离昆山三十里,居千墩,精于南辞,善作古赋。扩廓铁木儿闻其善歌,屡招不屈。与杨铁笛、顾阿瑛、倪元镇为友,自号风月散人。其著有《陶真野集》十卷、《风月散人乐府》八卷,行于世,善发南曲之奥,故国初有昆山腔之称。

在第五条里添入这么一段,他搁下笔,仰面发出长长的喟叹。两行浊泪竟忍不住顺着脸颊往下流。郁积已久的酸甜苦辣,在这一瞬间,与泪水一起汹涌而出。

魏良辅从豫章(今南昌)流落至昆山、太仓一带,常常居无定所。为争一席教曲之地,已历十余年,潜心改革新腔,化俗为雅,化讹为正,化平直无意致为流丽悠远,使之成为听之最足荡人的水磨腔。然而,终因曲师的地位低贱,人微言轻,不足人信。他唯一能安慰自己的,是矢志不渝。即便家里米囤朝天,灶台上没有一星油盐,心里仍然想着《曲律》。连自己都不明白,一个本该研习弋阳腔的江西豫章人,为何如此迷恋水磨腔,竟到了不可救药的地步?

《曲律》断断续续写了很久,五年,十年,还是十五年?已经太久了,让人记不清楚了。自幼家境贫寒,没读几年书,就拜师学医,笔下那些生涩的文字,总归不像音韵一般随心所欲。然而,他决意把这些年琢磨的心得写下来,非要告诉人们,什么是"正声正乐",怎样去"调用水磨,拍捱冷板",让曲子为越来越多的人喜欢。

咳,年过半百,毕竟是半截入土的人了,能不能给后人留点东西下来,也就看这两年了。

他觉得,自己蛮像那个顾坚。

顾坚不过是一个秀才,一个迷恋文学和戏曲的秀才,却精于南辞,善作古赋。他自号风月散人,愿像风月主人倪元镇一样，借散曲感叹历代兴亡，追求闲适自在的乐趣，所以不再追求功名，终日寄情于戏曲，散淡处事。然而，他的名声之响，连中书丞相扩廓帖木儿都闻其善歌。偏偏顾坚还屡招不屈，丝毫也不给扩廓帖木儿面子。为了钻研曲子，却四处奔走，与杨铁笛、顾阿瑛、倪元镇他们再三切磋，哪怕挽起衣袖，在玉山雅集上打下手，也毫无怨言。

他很佩服顾坚的骨气与傲气。这水磨腔，必须像木贼草打磨红木家具似的，打磨得没有烟火气，做人，却绝不能少了棱角。想到这里，他不由低声吟哦：

> 木贼长管空有节，
> 疏风明目翳障灭……

似乎不过瘾，复又用昆山新腔唱了一遍。嗯，这才是心里想的那种味道啊。

他觉得自己犹如一棵木贼草，平凡却又韧性。打磨了这么多年，几乎早已被磨断、磨碎、磨烂，然而壮志未已，雄心犹存，哪怕打磨成一团粉末，也依然是木贼草！

魏良辅收拢心绪，揉揉眼睛，继续推敲《曲律》。

> 五音以四声为主，但四声不得其宜，五音废矣。平、上、去、入，务要端正。有上声字扭入平声，去声唱作入声，皆做腔之故，宜速改之……

一双眼睛仿佛笼上翳膜，看出去模模糊糊的。落在纸上的字，全凭感觉掌握，才不至于重叠。那天在南码头听张野塘唱曲，分明感受到了他的北曲语音。这，让魏良辅久久难以释怀。后来就大胆地收了张野塘的长处，试着用到自己的新腔中。不能不承认，恰恰是陆九畴所批评的"掺杂"，才让声腔变得丰富多彩。

此刻，一个疑团复又在心头悄然浮现——

水磨腔究竟该用什么语音来演唱？

水磨腔的典雅之词，历来是用昆山方言吟唱的。尽管被誉为"正声"，却只是在西至苏州无锡，东达太仓这方圆一百多里的地方流传，流传的范围并不大。往南至杭州、嘉兴，往西至常州、镇江、南京，有很多人听不懂了。

真的历来是这样吗？

仔细想想，似乎未必如此。

谁都知道，那个在阳澄湖畔以教习歌伎为生的宫廷名伶黄番绰，擅演参军戏，能作三反语。三反语，又称"切口"。正是靠了一条三寸不烂之舌，他才在宫廷里足足待了三十余年，活得有滋有味，甚至斗胆跟唐明皇逗趣，连皇帝老子都拿他没办法。不难想象，黄番绰在演唱南曲时，说的话一定是南腔北调，信手拈来。再看自己，一直难改豫章口音，不也照样在唱水磨腔吗？

南宋迁都临安，不仅仅有皇室成员以及他们的金银细软涌入，还有大批工匠，和他们无法改变的中州口音。那中州音流行数百年，如今即便是贩夫走卒，也能听懂。是呀，若要将水磨腔啭喉押调，度为新声，为什么非要死守老办法，不肯吸收中州音呢？恰如张野塘那样，用中州音渗入昆山方言，许多听不懂方言的人，不就能听懂这种官话了吗？止行于吴中的曲子，不就能走得很远了吗？

张野塘啊张野塘，你是让人又妒又爱哪！

中州韵词意高古，音韵精绝，诸词之纲领。切不可取便苟简。字字句句，须要唱理透彻。

他在自己的文字中，慎重地添上了这么一段。

他明白，昆山腔从"止行于吴中"到"四方歌曲必宗吴门"，流布的范围越来越大，其重要原因，就是声腔语音的变革，将昆山和中州两地语音的声与韵巧妙地结合在一起，解决了"有音无字"的方言局限，而且这种语音可以纳入"中原音韵"的韵系范畴中，从此有韵可遵、有声可循。这样的方式，跟昆山腔在调式上熔南曲与北曲于一炉，吸收海盐、弋阳诸腔长处，是一脉相承的。

作为一种可以约束的规范语音，"昆山—中州音"超越自然形态，打开了"字正腔圆"的最后通道。同时，由于它贯通南北，为把北曲的精华移植到昆山腔中创造了便利。从此，南曲那种"声音高下，可以随心入腔，故总不必合调"的历史正式宣告结束……

书写间，一个埋藏在他心底、酝酿许久的念头突然间成熟了。

是的，必须把家从片玉坊搬到太仓南码头，扎根在那里与曲友们切磋。一年两年怕是不够，少说要住三五年。好在，太仓离昆山并不远，又有娄江相连。

这念头如风车一般盘旋着，挥之不去。

水磨新腔

真要离开昆山,魏良辅心里却怅然若失。昆山腔给他留下了多少美好的回忆啊!说实在的,他也离不开梁辰鱼他们。梁辰鱼的曾祖从中州来江南做官,连血脉里流淌的都是刚烈之气,他也几次说过,不妨用中州韵。他的传奇《浣纱记》写成后,以中州韵一试声腔,确实很受听客的欢迎。还有那个陆九畴,虽有骄躁之气,总想独占鳌头,但是一心钻研水磨腔,不惜为之耽情耽性。他的坦诚,倒也颇让人敬重。

薄暮时分,一条载着几件行李和无数药罐的船儿,驶进了娄江。舱内,只有魏良辅与雪雁相向而坐。他没有与梁辰鱼、张林泉、包郎郎这些朋友们告别,他担心自己会经不住劝说,动摇了主意。

船,仿佛鱼儿似的在水面上游动,一如他飘忽的心绪。

一路上,魏良辅蹙紧了眉头,始终沉思着。雪雁总觉得他心里有什么紧要的话想说,可迟迟不肯说出来。这话儿,很可能是跟自己有关的。她想撒撒娇,逼他说出来,却又忍住了。

到了南码头,把家渐渐安顿下来。诊所也开张了。闲暇时,父女俩像在片玉坊一样,浅吟低唱,琢磨着心仪的曲子。

这天傍晚,魏良辅终于想起了什么,将离开昆山时要说的话,说了:

"雪雁,父亲想跟你讲一件事。"

"你讲吧,我听着。"

魏良辅似乎在斟酌着词句:

"你已经二十出头,早该嫁人了。父亲不能再耽误你,想把你许配给一个人,不知你是否愿意。"

"许配给……谁？"

魏良辅忍了很久，才一字一句地说出来：

"张……野……塘。"

"张野塘？那个唱曲的北方人？"雪雁惊异地瞪大了眼睛，"父亲，你……没有弄错吧？"

"不会弄错，我说的就是他。"魏良辅点点头。

"你要让我嫁给他？"

"他和我们成了一家，就是北曲和南曲成了一家，弦索和嗓唱成了一家，中州韵和昆山腔成了一家……珠联璧合啊！"

雪雁恍然大悟，父亲把家搬到南码头去，原来是为了这个啊！

"你，你怎么能这样？怎么能这样！？"

"好女儿，你知道父亲的心思，不会不答应的。"魏良辅喃喃地说，"不会不答应的……"

他的话，半是命令，半是央求。

"不！我不嫁人，我死也不嫁……"

雪雁哭出声，夺门而走。

魏良辅颓然坐在了椅子上，阖上眼睛，任一行泪水滑下脸颊。

他明明知道雪雁是不肯轻易答应的，如果一句话便答应，她哪儿还像魏尚泉的女儿？或许也早已嫁作人妇了。是的，硬逼着雪雁嫁给张野塘，根本不听听她有怎样的心思，做父亲的确实也太无情，太为自己着想了。究竟是改良曲子要紧，还是女儿的终身大事要紧？

然而，魏良辅无法违拗自己的意愿，也不许雪雁违拗自己的意愿。究竟多少年了，是五年，八年，还是十年？他每时每刻都在苦苦思索，如何唱好水磨腔，犹如以木贼草蘸水而打磨漆面，使之细腻柔滑。可朝思暮想，费尽了心思，仍觉得自己仿佛在瞎子摸象，找不准要害。直到在南码头接连三次听张野塘唱曲，才发觉灰暗的天穹划开一道缝隙，射下了令人目眩的阳光。

哦，要收住张野塘的心，让他与自己志同道合，最可奏效的办法，是结成姻亲。这，无疑比师生的缘分更深。你看梁辰鱼，犹如一条腾跃的鲤鱼，快要跳越龙门了，谁还能逮得住他呢？今年三春上，尚书王世贞、大将军戚继光专程前往西澜漕村，上梁家拜访，他竟然于楼船箫鼓中仰天长啸，旁若无人。幸而并不介意，等候了好久。梁辰鱼察觉自己过分了，才赶紧请客人入座。

魏良辅懂得女儿的心，知道女儿对张野塘颇有好感，很赞赏他的唱腔，只是从未想到要嫁给他，感

到吃惊罢了。而自己太武断,总以为雪雁不会执拗的。

他默默地思忖着这一切,根本没有察觉已是黄昏时分,一弯月钩悄然悬挂在树梢。推开窗户看去,朦朦胧胧中,有一个人影依傍树身,正朝自己凝望。难道……难道是妻子,妻子回来了?他差一点儿大声叫喊,急忙揉揉昏花的眼睛,终于认出是雪雁,雪雁她竟没有走远!

魏良辅止不住老泪纵横:

"雪雁!我的好女儿!……"

三个月后,魏良辅把雪雁嫁给了张野塘。

出嫁的前夜,父女两人抱头痛哭了一场。哭过了,他们又再一次准备嫁妆。

南码头热热闹闹,唱了一天一夜的曲子。

昆山那边,仍然是林泉张罗的,赶来了满满一船贺喜的人。张四妈说她很想去,可惜脱不开身,便送来了一份厚礼,包扎上用红绵纸写了四个字:"雁栖荷塘"。打开看去,里面是锦缎衣料,用双手一抖,屋里顿时洋溢金红色的喜气。

魏良辅看见了,眼圈又有些泛红。

晚上喝酒时,魏良辅忍不住端起酒杯,说:

"野塘,人生在世,得一知己足矣!你我沦落于天涯,却因水磨腔而结缘娄江,日后当不分彼此,不遗余力,潜心切磋。"

"岳父大人,有你这句话,野塘死而无憾!"

说着,张野塘把满满的一杯酒一饮而尽。他其实是会喝几两酒的。雪雁又给他斟了半杯,使个眼色,让他喝慢点。

宾客们闹新房的时候,梁辰鱼是最起劲的,借着酒兴说:

"我们不能便宜了野塘这小子,今晚让他挂着三弦上床!先好好唱几段曲子……"

胡言乱语中,他已经醉得站立不住,瘫坐在地上。

婚后,张野塘跟随岳父魏良辅研习南曲,更定弦索音节,使之与南音相近,早先的三弦形制也变得身稍细而其鼓圆。但他的功劳,不只是改制三弦,更实现了南曲与北曲的融合。

在他之后,三弦仍有传承。有一个名叫杨六的乐师,创造了一种新乐器提琴,"仅两弦,取生丝张小弓贯两弦中,相轧为声,与三弦相高下。提琴既出,而三弦之声益柔曼婉畅,为江南名乐矣"③。从此,昆山腔的演唱除了以箫管笙笛伴奏,又加入了三弦、提琴和阮,成为伴奏乐器最多、表现力最丰富的一种声腔。杨六,据说是太仓乐师杨仲修。他的技艺,却是由张野塘的儿子传授的。

当然,这些都是后话了。

差不多一年后,雪雁生下了大胖儿子。

年过半百,魏良辅终于享受到了天伦之乐。在行医和唱曲之余,便乐呵呵地逗小家伙玩。也许是耳濡目染,小家伙才两三岁,就对水磨腔产生了兴趣。每天,当魏良辅、野塘和雪雁他们唱曲的时候,他的神态很专注,嘴巴里竟也"嗯嗯哼哼"地发出一种好听的声音。没有任何词语,也不成腔调,却表达愉悦的情绪,使听到的人深受感染。这童稚的歌声,完全未经加工的歌声,让魏良辅凝神沉思。

最初的曲子,不正是这样从懵懂状态下由衷而发的吗?

日子过得清贫而忙碌,却有滋有味。

张野塘去了宰相王锡爵的南园教习家伶,是户侯过云适作的担保。这样,总算有一份收入,以养家糊口。回到家里,他与岳父反复切磋水磨腔。如何更定弦索音节,使之与南曲相近,如何以昆山中州韵唱曲,使之更加完美无缺,有讲不完的话题。时不时的,还会拉响了喉咙,脸红耳赤地争辩几句。

自然,依靠野塘相帮,水磨新腔的创制越来越顺畅。这才是让魏良辅最欣慰不过的。

一对翁婿,几乎成了兄弟。

事实上,魏良辅不过比他大了八岁。

魏良辅、张野塘等人为完善昆曲的伴奏乐队,引入了提琴

然而,月有阴晴圆缺。让魏良辅心头黯然的,是自己的命运竟与张大复相似,一双眼睛不仅视物不清,还隐痛流泪,看东西越来越累。写了多年的《曲律》,应该改定了,眼睛却不肯帮忙,一拖再拖。服用了许多拨云退翳丹,仍收效甚微。对病家有用的药,对医家自己却无用,实在是令人扼腕!他终于发觉,以后很难再行医了。家里本来没有积蓄,以后的日子不知该怎么过。

听说,陆九畴先生也已改唱昆腔新韵了。他坦率地对友人说,魏良辅所唱的水磨腔,不论排腔、配拍,还是榷字、厘音,皆属上乘,超乎海盐、弋阳、余姚诸腔之上。

"天下的声腔,很难比得上它啦!"

引入中州韵的水磨腔调,声动天下,自此被视为昆曲,从吴中传向四面八方。

就在这一年,魏良辅先生著述的《曲律》修订完毕。几个学生帮忙,将它付梓成书。娄江畔唱曲的,几乎人手一册。随即又传至苏州、南京、杭州、淮扬……

魏良辅伸出颤抖的手,一遍遍抚摸书封,潸然泪下。

他的眼睛再也无法看清那些文字。

他当然也不会知道,后人对他有如此高的评价:明代嘉靖年间,寓居于娄江之畔(昆山与太仓)的豫章(今南昌)人魏良辅,与张野塘、谢林泉、梁辰鱼等人一起,对昆山腔进行了大胆改革。在演唱上,十分讲究平上去入、抑扬顿挫、启口轻圆、收音纯细;在旋律上,发挥其本身"流丽悠远"、"听之最足荡人"的特色,使之成为"转音若丝"的新声,被称为"水磨腔"。最终造就了"四方歌曲必宗吴门"的景象,他也因此被誉为"曲圣"④……

① 余怀《寄畅园闻歌记》:"南曲盖始于昆山魏良辅。良辅初习北音,绌于北人王友山,退而缕心南曲,足迹不下楼十年。当是时,南曲率平直无意致,良辅转喉押调,度为新声。"

② 即《南词引正》。雷琳《渔矶漫钞》:"昆有魏良辅者,造曲律。世所谓昆腔者,自良辅始。"

③ 明宋直方《琐闻录》:"野塘既得魏氏,并习南曲,更定弦索音节,使与南音相近,并改三弦之式,身稍细而其鼓圆,以文木制之,名曰弦子。时太仓相公王锡爵家居,见而善之,命家童习之。"

④ 明沈宠绥《度曲须知·曲运隆衰》:"嘉隆间有豫章魏良辅者,流寓娄东鹿城之间。生而审音,愤南曲之论陋也,尽洗乖声,别开堂奥,调用水磨,拍捱冷板,声则平上去入之婉协,字则头腹尾音之毕匀,功深镕琢,气无烟火,启口轻圆,收音纯细……要皆别有唱法,绝非戏场声口。腔曰昆腔,曲名时曲,声场禀为曲圣,后世依为鼻祖。盖自有良辅,而南词音理,已极抽秘逞妍矣。"

一腔侠骨柔肠情
满目吴越兴亡史

曲神梁辰鱼小传

　　梁辰鱼是梁氏家族中的特殊人物。年轻时,他就把科举看得非常淡薄,终其一生不过是一个靠捐资获得的太学生而已。然而,梁辰鱼呕心沥血于水磨腔,他的《浣纱记》成为昆曲压倒弋阳、余姚、海盐三腔,继而走向全国的代表性作品。如果说《浣纱记》是"借男女离合之情,抒国家兴亡之感",梁辰鱼则是借昆曲艺术改革,实现自己的远大抱负。

　　他是魏良辅的学生,却青出于蓝而胜于蓝。

"一第何足轻重"

　　早春的阳光越过围墙,透过枇杷树叶,轻盈地投射在院落里,带来暖融融的感觉。梁辰鱼坐在一把老旧的官帽椅上,一边哼唱着什么,一边专注于他的鹞子,连周胤昌进门都没有察觉。

　　细竹扎起的骨架上,不是用绵筋纸,而是用雪白的绢绡裱糊好,他耐心地用工笔一一彩绘两扇翅翼。凤凰眼是用黑珠子镶嵌的,明亮而有神。凤尾缀有各色璎珞,迎风上飏后,飘飘忽忽,凤凰顿时会活起来。假如按上骨哨,在风中还会发出悠扬动听的哨音。外面有传说,伯龙的鹞子很神,飞上天空有无数鸟儿被吸引,跟在它身边飞翔。只有他心里明白,这其实是很多人喜欢围在他身边转。

　　"嗬,好一只凤凰鹞啊!"

　　听到称赞,他才抬起头,不无得意地笑笑。

　　"又是哪个女子让你做的吧?"

　　梁辰鱼依然笑笑,未置可否,却突兀问道:"哎,胤昌你说崔生这家伙为啥非要把磨勒出卖呢?"

　　胤昌知道,梁辰鱼最近在写传奇《红绡记》,一门心思都在戏里,每日想着笔下的几个角色,不由逗趣道:

　　"角色跟角色不同呀。崔生要是像范蠡那样,带着西施远走高飞,你就不会这么爱怜红绡啰!"

　　"不,我说的不是这个意思……"梁辰鱼把凤凰鹞放在了旁边,给胤昌让座。"咳,红绡的哑谜,偏偏磨勒一猜就中,还要指点崔生。可是崔生一点也不懂得感恩！这种人哪！"

"你就想得跟人家不一样！"

在唐人裴铏所撰的传奇《昆仑奴》中,崔生是一个官二代。有一天,父亲叫他去慰问生病的一品勋爵大臣。一品官见他面目清雅,举止斯文,特意让他坐在身边,令家妓们过来斟茶。最漂亮的那个红绡,还给崔生喂了核桃,把女孩们逗得花枝乱颤。红绡送崔生出门时,做了一个暗示：先是竖起三根手指,又伸出手掌反复三下,然后指指胸前的小镜子。崔生知道她出了一个哑谜,可是弄得神魂颠倒,仍猜不出来。

昆仑奴磨勒问他遇到了什么事,崔生瞒不住,照实说了。磨勒略一思索道,咳,这算什么难题呀。竖三指,是因为一品官院中有十院歌妓,她在第三院。返掌三下,数一数是十五根手指,就是十五日。胸前小镜子,是十五夜月圆如镜,让你去找她呀！

果然,到了十五夜三更,胆大的磨勒把一品官家的狗杀了,背着崔生跑了很远的路,来到歌妓院。崔生进了第三座门,挑帘而进,悄悄与红绡会面。红绡果真与他私订了终生。崔生心中窃喜,却不知该怎么办。仍然是忠心耿耿的磨勒帮了大忙,他帮红绡背嫁妆,接着又背上崔生和红绡,越过十几道墙,回了家……可是,当一品官声言要追回红绡时,怯弱的崔生却供出了磨勒。

胤昌说道："无名氏的《双红记》,那首曲子写得真不错。细腻琦丽,写尽了崔生对红绡的思慕之情……"

随即吟唱起来：

风光最美,画堂内逢多丽,无计诉衷情,漫惜分飞。两意难忘情如醉。花心动也,共效于飞,共伊同跨彩鸾归。

胤昌腹中有诗书,唱得有板眼,也有韵味。梁辰鱼将鹞子重又拿在手里,端详着翅翼上的纹饰,似听非听。直至唱到最后一句"共伊同跨彩鸾归",才若有所悟地点点头。

"无名氏把红绡女、红线女的故事合而为一,你是不赞成,所以要写《红绡记》吧？"

"咳,既生亮,何生瑜?!"

他的语气淡淡,可胤昌分明感觉到,这与其说显示了对无名氏的小觑,还不如说是对崔生的鄙视。

梁辰鱼的祖上也是官宦人家,梁氏家族本出自河南大梁。元季时,梁氏先祖有个叫孔彰的,是梁辰鱼的十二世祖,曾担任重庆府同知。孔璋之子仲德,曾任昆山州同知,后来迁任桂阳府通判。梁氏家族正是在梁仲德担任昆山州官时,迁居到澜溪定居的。十一世祖仲德之后是梁泽民,任婺州路经历。进入明朝之后,梁泽民的儿子国用,任陕西大谷县主簿;国用的儿子梁铺,任四川万县主簿;梁铺之孙梁昱,任山西平定州知州。梁昱之孙梁纨,是梁辰鱼四世祖,官封六品朝廷大员,后晋升平定公,进阶奉直大夫,为朝廷从五品。显然,梁氏家族在昆山,完全称得上是钟鸣鼎食之家,世代簪缨之族,正可谓"原远者其流长,本大者其枝茂"。

然而,在梁纨之后,梁氏家族开始走下坡路。梁辰鱼的父亲梁介只做了平阳训导,从九品以下了。

家里人千方百计让梁辰鱼读书,指望他耀祖光宗,可他把科举看得很淡薄,总是说:"一第何足轻重哉!"功名自然与他无缘,不过是一个靠捐资获得的太学生而已。偏又好谈兵习武,狂放不羁,仗着自己能写诗词散曲,在很多人面前都不肯掩饰那一股子傲气。出生于明正德十六年(1521)的梁辰鱼,如今已年过半百,依然故我。

胤昌直言道:"你不赞成无名氏,也不赞同裴铏,所以把才情都花在红绡身上啦!"

"嗬嗬,真是知我莫若君!"梁辰鱼朗声笑道,"我梁辰鱼何时肯给人狗尾续貂?"

梁家宅堂
——梁辰鱼后人
的居住地

梁辰鱼生在江南,长在江南,却是一副北方人的豪爽性格。跟他的魁梧身材、碧眼虬髯一样,是祖上传给他的。谁能想象,在他内心深处,又是那么侠肠柔情。笔下的那些雪艳之词,莫不字雕句镂,辞藻华赡,细腻委婉,缠绵悱恻。

偏偏胤昌与他意气相投。前些年,甚至让儿子廷栋娶了他的小女儿开鸾做妻子。梁辰鱼有两个女儿,尤其喜爱小女儿,写诗称赞曰:"艳若芙蕖,照耀清池水。"如今他们既是曲友,更是亲家,来往十分密切。

胤昌也出自名门,周寿谊的八世孙。说起这江南寿星周寿谊,名气很大。洪武六年(1373),洪武皇帝在京城召见一百零七岁的老人周寿谊,跟他聊了不少话。问他为什么长寿,有何秘诀? 周寿谊说:"清心寡欲而已。"洪武皇帝又特地问起了昆山腔:"朕听闻昆山腔很不错,你也能唱几段吗?"周寿谊坦诚地答道,昆山腔确实好,可惜自己不会唱,随即唱了一曲吴歌:"月子弯弯照九州,几人欢乐几人愁。几人夫妇同罗帐,几人飘散在他州。"洪武皇帝听了,抚掌大笑,命赏赐酒馔于殿上,又特意派人送他回家。

胤昌自幼勤奋苦读,明嘉靖二十九年(1550)考取进士,曾授工部水司主事,视榷荆州。从政时,主张政务宽简,颇是受人拥戴。

当时,出了一个忠臣杨继盛,他上书历数严嵩的十大罪状,并且向明世宗直言不讳地指出:

"陛下的左右,都是贼嵩安排的间谍啊!"

严嵩是嘉靖年间权势显赫的人物。除了藩王,谁不害怕严嵩? 杨继盛却发誓要扳倒这个奸臣。他用一种特别的弹劾方式——死劾。死劾可不是好方法,但他没有更好的方法。他没有钱财,没有权势,没有庶吉士的背景和入阁的希望。弹劾的结果他也很清楚:严嵩的诬告、锦衣卫的拷打、牢狱的关押,以及行刑人的大刀……

胤昌为人正直不阿,毫无顾忌地与王世贞、徐中行等人一起去刑场,给杨继盛送行,寄予莫大的同情。他终于遭到牵累,谪任湖南武冈州同知——那仅仅是一个地方官员的副手。后来因为勤于政事,才被迁任浙江金华太守。

在金华府任上,他的心态竟有了很大改变,用梁辰鱼的说法,他是"早通禅觉,中役魔心,乃移志于音声,竟溺情于丝管"。尽管只想埋头于声曲,远离政治漩涡,偏偏还是不慎得罪了御史,于是被弹劾回乡。从此心情很抑郁,身体也越来越差,只能度曲养病,与梁辰鱼等一干人成为志同道合的曲友。

"看我，只顾说闲话，差点儿忘了。"胤昌说，"伯龙，我也想求你一事，不知能否应允？"

"咳，你跟我，还说什么求字？"

"真的，想求你一只凤凰鹞。"

"给谁？"

"给我自己呀！"

"哈哈，你也来闹着玩！"

"我就不能玩吗？"

"可是，这……"

平日十分爽快的伯龙面露难色。胤昌看看客厅内，这里总是挂着几只凤凰鹞，今天却是空荡荡的。是啊，节令临近清明，风和日丽，青年男女已禁不住纷纷外出踏青。伯龙虽然心灵手巧，也来不及做啊。

"我手里这一只，早就有人定下了。张四妈讲了几次，打算派人送来定金买一只，我都没答应！"

"哦……"胤昌感到有些意外。梁辰鱼常常会去张四妈的栖凤楼，跟倩娇、粉儿她们混得很熟。"那，你是准备给谁的呢？"

"告诉你吧，这个人虽然小我七岁，可我却是拜为老师的。我的传奇，就很受他的《红拂》启示。"

胤昌顿时明白了："哦，你是说张伯起呀！"

"别人我都有求必应，何况伯起呢！"梁辰鱼笑着拱手道，"胤昌兄，只好委屈你啦。"

张凤翼，字伯起，苏州府长洲人，写过好几种传奇，胤昌也是熟识的。他不便再说什么了。梁辰鱼总是恃才傲物，难得真心地钦佩几个人。挂在嘴边的，除了拜过师的魏良辅，就是张凤翼。张凤翼写《红拂》，伯龙写《红线》，笔下都是不输须眉男儿的豁达侠女。他们意趣相投。

梁辰鱼见他沉思，故意逗趣道："你要鹞子，不是自己放，也想送给哪个相好吧？"

"我哪像你风流倜傥，整天歌儿舞女身边围了一大群！"胤昌说，"好了，不打搅你，快做你的鹞子吧！"

"过几天等我空了，会帮你做一只的。"梁辰鱼重新拿起鹞子，嘴里却不肯闲着，"你喝茶，喝茶！这上品龙井，丝毫也不比胡总督家的逊色，是吧？"

胤昌捧起茶杯，无声地摇了摇头。

嘉靖四十一年（1562），时任金华太守的胤昌举荐梁辰鱼去浙江总督胡宗宪幕府当书记。梁辰鱼那年四十来岁，很想干点事，就兴冲冲地去了。同时在胡宗宪幕府的，还有徐渭徐文长。徐渭徐文长这个绍兴师爷,兼有铁笔和傲骨。他的文笔极好,胡宗宪的来往公文,上至皇帝,下到县府,一概由他包办,连严嵩都几次来信,都表彰胡宗宪幕府的公文写作。徐文长代替胡宗宪二进《白鹿表》,提供长生不老的秘术。"觅草通灵,益感百神之集;衔芝候辇,长迎万岁之游",如此文采斐然,怎么能不令嘉靖皇帝满意? 由于他在政治上帮了胡宗宪很大的忙,深受器重,梁辰鱼就相形见绌了。他并不懂得从政治世,尽管他有魁伟身材,堂堂外表,有一石的好酒量,还会做一些雅冶小曲。

徽州人胡宗宪生来就是枭雄,他胸怀大志,又很有手腕。为了平定东南沿海一带的倭寇,以夺得辉煌战功,他不惜用各种方式结交严嵩等权贵,甚至甘愿让自己处于政治风云漩涡的中心。不过,在六七年时间内,艰难征战,使东南沿海一带免除了倭患,终究还是颇有作为。梁辰鱼在胡宗宪幕府,既不会写进表青词哄骗皇帝,也不会真刀真枪地指挥兵马——倭寇当前,纸上谈兵又有何用? 这么多年的闲散,让他消磨得有些落拓相,心里也明白,自己很难会被胡宗宪看重。或许由于胤昌的面子,胡宗宪才没有立即将他遣散。

人算不如天算。在胡府待了不到四个月,由于胡宗宪攀附严嵩一党受牵连而被捕下狱。树倒猴子散,梁辰鱼灰溜溜地离开了浙江。不过,这也有好处,失望归失望,囫囵去还是囫囵回,而不像徐文长那样有巨大的心理落差。

徐文长唯恐受到株连,深感岌岌可危,便佯狂装疯以免飞来横祸。整天处在极度紧张和猜疑的状态下,佯狂竟然真的导致了狂疾。袁中郎在描绘他在精神错乱时说:"自持斧击破其头,血流被面,头骨皆折,揉之有声。或以利锥锥其两耳,深入寸余,竟不得死",简直是惊心动魄。一年中九次自杀,他居然命很硬,一次都没死成。

第二年,竟又被错乱的幻觉所驱使,杀害了妻子张氏。那张氏,还是胡宗宪为他继娶的……

自戕,是人生最为惨酷的一幕。在精神寄托突然崩解,理想追求却依然执着时,徐文长纵酒狂歌已无济于事,他唯一的选择就是自戕。在《自为墓志铭》中,他写下了这样一段话:

> 乃渭则自死,孰与人死之。渭为人度于义无所关时,辄疏纵不为儒缚,一涉义所否,干耻诟,介秽廉,虽断头不可夺。故其死也,亲莫制,友莫解焉。

此刻,他早已不是害怕被胡宗宪案牵连了!

回到乡里的梁辰鱼,从此迷恋传奇,迷恋昆山腔,放浪形骸,别的什么都可以丢到一旁。不管是谁,只要肯学,他都能亲自教唱。渐渐地名声就响了,江浙一带的许多优伶倡女都愿意拜他为师,一旦见不到他,总是很有失落感①。他因此活得很滋润。

"我晓得你在想些什么,"梁辰鱼朗声笑道,"祸兮福所倚,福兮祸所伏。嘿嘿,世界上什么事都没有定数……"

胤昌却微不可见地叹了口气。为伯龙,也为自己。

唉,从政与唱曲,孰轻,孰重?

"你这个人就是心思重,难怪要生病! 走,"梁辰鱼拿起凤凰鹞,"我们一起到小西门外放鹞子去!"

一看,鹞子已经完工。

胤昌站起身说:"也好! 什么都不用管,放鹞子去!"

石幢弄度曲

阳春三月,正是江南田野色彩最斑斓的时节。出了小西门,就可以看见绿的麦苗、黄的油菜、红黑相间的蚕豆、暗红色的紫云英,大片大片地铺展在沃野上,在暖融融的东南风吹拂下,空气中飘散着淡淡的清香,湖面也显得无比清澈。很多人纷纷脱掉穿了一冬的棉袄,走出家门,沐浴融融春光,呼吸清新空气,或畅谈,或吟咏,或醉饮,或戏水,享受着寒冬逝去后的无限情趣。

年轻人纷纷在河湖边踏青探春。春光明媚之际,青年男女的爱情,也如春天的花草一样蓬勃开放。

除了踏青,这里的人们还有射柳、秋千和拔河等习惯。射柳的习俗很奇特,人们将鸟儿放在葫芦里,又将葫芦悬挂在柳树上。隔开一段距离,弯弓飞射。射中葫芦,鸟儿便会飞出来,鸟儿飞得高的,即为胜者。秋千本来用以习武,渐渐成为游戏。孩子们却喜欢在田野间来回奔跑,放飞风筝,让自己的笑声也随之飞上天空。

这两个年过半百的人，居然也像孩子一样，把凤凰鹞放飞到碧空中，看着它成为剪影贴在苍穹，一动不动，快活得像孩子似的，在野外奔跑追逐，大声叫喊。直到跑累了，喊倦了，才把长长的鹞线收拢，拎起鹞子慢吞吞地回家。

一路上，他们接受了无数羡慕的目光。

只有在排戏时，梁辰鱼才像是一个运筹帷幄的将领。

石幢弄的房屋，是祖上传下来的，前后五进。轿厅、正厅、厢房、堂楼以及天井一应俱全，十分宽敞。天井里，一棵苍劲茂盛的枇杷树伸展枝叶，还是先祖仲德公当年手植的，很有些年头了。正厅上，不仅足以放下广床大案，而且布置得富丽堂皇。

梁辰鱼喜欢让曲友们排列有序地围坐，依照传奇脚本扮演不同角色，依次唱着曲牌。自己则威严地在官帽椅上，背向西而坐，一边撅笛，一边适时地给他们点拨。假如有人唱错了，唱歪了，他会很认真地示范。嗓音金声玉振，简直无可挑剔。若是仍然唱不好，那就要被他毫不客气地骂一通了。那些人哪怕训斥得吃不消，也一边流泪，一边仍点头称是。

这里紧靠片玉坊。片玉坊朝西是府学，再朝西，就是丽泽门——俗称小西门。西门外，便是从太湖经苏州娄门的娄江了。城，原本是土城，砖砌的城墙还是嘉靖十九年(1540)大学士顾鼎臣倡议修建的，为了抗击倭寇。确实也阻挡住了那些从海上入侵的倭寇。如今世道太平了，人们闲常时爬上城垛，眺望娄江迤逦东去的景色，或者坐在城楼晒太阳、聊山海经、唱曲，意趣无穷。

梁辰鱼也会去丽泽门，带着醺然醉意，跟那些游手好闲的人们谈笑风生。他不愿意跟官员来往，却喜欢结交那些道士、僧人、游医、占师，从他们的身上学会许多奇技淫巧。有一阵，他很想学一手飞檐走壁、身轻如燕的侠客本领。腾跃间，就能飞上丽泽门城墙。然而摔了几次，只得作罢。不过又转移到了笔下。他写的那个昆仑奴磨勒，就是行走如飞，且有一副侠义心肠。

他过日子，总是那么随心所欲，无拘无束。祖辈传下来一些田产，拜师学艺的生徒们，也常常给他送柴送米送水鲜，他不必经营，可从来也不愁吃穿。

谁都知道，他最认真的事情是排戏。排戏时，绝对要在宽敞的厅堂。不在大厅堂是怎么也排不好的。旁边还得有人吹奏曲笛，弹拨笙管。唱曲本是以字行腔，随着拍板而行，一板一眼，丝丝入扣。沉浸其间，心中的愉悦非语言能描述。

《红绡记》已经写成，又反复打磨了几遍。魏良辅、张凤翼、胤昌等人撺掇他把传奇排出来，让大家

昔日梁辰鱼
居住过的石幢弄

昔日梁辰鱼
居住过的石幢弄

看看。梁辰鱼却想，让案头之曲成为场上之曲，这固然很重要，然而唱《红绡记》究竟是用中州音，还是用昆山人说的中州音，差别很大，先要拿定主意。本地人擅长舌尖发音，却往往不肯卷舌，总是王黄不分、陈程不分。唱《浣纱记》的时候，魏良辅主张吸收中州音，把舌头卷起来，跟伯龙一起作了大胆的试验，效果果然不错。他的女婿张野塘扮演伍子胥，一曲［胜如花］，形神兼备，唱得何其慷慨悲凉。张野塘是北方人，南曲的细腻委婉与北曲的激越高亢，被他糅合得很是紧密。唱罢，四座喝彩不断。那中州音，没有谁说听不懂。是啊，南宋定都临安后，中州音四处传播。几百年间，那就是国语。昆山腔就是要跟随国语流布于四面八方啊。

不过，梁辰鱼还想走得远一些。

嘉靖三十二年癸丑（1553），梁辰鱼一路南游，曾经走了许多地方，还特意去了浙江永嘉。这里不仅是南戏的发祥地，也有父亲的踪迹。他兴致勃勃游览了梅雨潭、江心寺和平阳的雅山寺等名胜，写下了诗句："梦回莫道空相忆，春草池塘忆昔年。"字里行间，表达了对山水诗人谢灵运的追慕和敬仰之情。

梁辰鱼多次读过《梁氏澜溪族谱》。他追根溯源，当然不是为了激励意志，重振家业，而是要让自己不忘记，梁氏先祖来自中原——一国之中。自己血脉里的鲜血，到了哪儿都不会改变。不是叛逆，在音韵方面,他比尚有先天的优越。

　　　　松窗半掩,月落空庭暗,笑孤身在关门店。怎奈夜永不寐,剔残灯焰。西风透入,透入茅檐破苫。起弄双剑,惊落疏星千点。谁怜变了,变了苍苍鬓髯。

　　令人不解的是今天他没有急着排演《红绡记》,而是从自己的《江东白苎》中挑选了一曲[销金帐],让曲友们先热热场子。

　　胤昌也坐在厅堂里,但唱得有些走神。这则散曲,莫非契合了梁辰鱼这两年的心情? 独自借宿于荒村野店,夜不能寐,便拔剑起舞。虽然心中颇有惊落疏星千点的豪气,却掩盖不了老去无成的叹息。伯龙啊伯龙,你的心绪叫人很难捉摸……

　　不知怎么的,胤昌也被勾起了心事,神色黯然。想起自己的大半生,起起落落,成就未几。"谁怜变了,变了苍苍鬓髯。"是啊,转眼间便五十开外,与一个老字沾了边。

　　正唱着,门外有人喊了一声:

　　"客人来了!"

　　话音未落,门口闪现三位客人。

　　胤昌看见,走在前面的是张小泉。后面一个年轻人,白衫蓝袍,风度翩然;一位老者,瘦骨嶙峋,一绺长髯。年轻人名叫张新,是张小泉的侄儿,老者是有名的曲家赵瞻云。他们都来自娄东。

　　他们没有急着进门,而是默然倾听。

　　这张小泉,也是魏良辅的高足,深悟音律之道。在门口静心听了一会,发觉梁辰鱼唱曲,功深镕琢,气无烟火,似乎比魏良辅更有些新意。张新则一板一眼地打着节拍,已完全陶醉其中。赵瞻云却淡然而笑,不知道他会作如何评价。

　　赵瞻云性格孤傲,早已听闻梁辰鱼的名声,却不愿主动交游。这次,经不住张小泉的劝说,有了兴趣,才约了张新一起来昆山,想亲耳听听梁辰鱼的新声昆山腔。张新年纪很轻就考中了进士,也经常创制新曲。跟着叔父张小泉求教过魏良辅,颇有心得。他闻听梁辰鱼青出于蓝而胜于蓝,比魏良辅更胜一筹,自然也想见识见识。

　　梁辰鱼知道门口有客人来。但他教人度曲时,是轻易不肯中断的。瞥了一眼,顾自说道:

　　"用曲调摹写景物,历来是有传统的。然而,能用曲调来摹写出景物的精妙,却很少有人能做到。

这是什么原因呢？不是因为音调没有和谐，而是情感没有用到。须知情感乃是音乐之本，情感不足，则表现万物即使竭尽全力，也不能尽态也……"

张小泉不由连连点头。

张新低声说："伯龙这说法，倒是与尚泉一致。尚泉说，唱曲，要一开口，就能描神绘态，唱出面貌悲戚来，使旁听之人都能感受其中的情调，从而为情所感！"

只有赵瞻云聚精会神听着，一言不发。

"白下陈公陈大声，是声苑领袖，词林好手。但是他精通北曲，擅长北腔调，而对于南歌略有不足。这，就如同楚地的人学齐国人说话，殊非本色，奴婢扮作家庭贵妇，总归有欠缺。故而要作改订，去掉繁杂乖拗之音……"

梁辰鱼正讲得顺畅，鸦雀无声间，赵瞻云突兀发话：

"伯龙兄！瞻云冒昧前来，愿意和伯龙兄切磋！"

像一块石头丢入池塘，满堂皆惊！

梁辰鱼收住话音，抬起头，注视门口。只见张小泉身边的那位老者，须发皆白，精神矍铄，飘然不染红尘俗泥。于是淡然问道：

"敢问前辈，切磋什么？"

赵瞻云迈步走到厅堂中央，说："你刚才说陈大声，我们就比陈大声的曲子，我唱原本，你唱改本，让诸公看看，果真是原本当行，还是改本正色？"

梁辰鱼微微笑道："何妨一试！瞻云先生请先！"

"那我就冒昧献唱啦！"

赵瞻云跨前一步，略略思忖，启口发音。一段[梁州序]，正是陈大声的原曲子：

> 西园暮景，难轩初夏。长日里端居多闲暇。楼头杨柳，阴阴里渐可藏春鸭。无奈儿关心那杜宇，惹恨了鸲鹆几家，闲占了一墙荼蘼架。芭蕉分绿也映上窗纱。俗语道：闲看着儿童捉柳花。……

赵瞻云毕竟是老手，引喉发声，令厅堂上如同游龙走凤，似风似云，似雷似电，似霓似虹，似丝似线。一曲唱罢，厅堂内寂然无声，人们屏息敛神，竟然全都忘记了喝彩！

只有梁辰鱼低声叫了一句："好一个歌者！"

赵瞻云微微颔首，不作一语。

接着，轮到梁辰鱼了。在人们注视的目光中，他侧一下脸，示意鼓板准备，听得清板一声，他开腔啭喉，慢调音声。恍惚间，丝竹颤动，溪水清流，令人神清气爽。似有闲庭深院，门闭杏花。夕月初临，珠帘暗卷。闺秀佳人，伫立画栏。又有菜花黄艳，蝶舞莺飞。刹那间，全都被风儿吹去。只留下一怀愁绪，萦绕不去。

胤昌听得很仔细。梁辰鱼与赵瞻云所唱的曲子，文词、曲牌基本相同，然而伯龙愈加显得妩媚婉转，清泠迂回，中州音的味儿更是锦上添花，令人耳目一新。尤其是［煞尾］几句，在曲笛的衬托下一唱三叹，用余音绕梁，三日不绝来形容，丝毫也不为过。

唱罢，厅堂里所有人都站立起来，纷纷喝彩，鼓掌：

"唱得好啊！……"

"再来一曲！"

赵瞻云不由高声叫道："无愧是梁伯龙，名不虚传啊！请受我一拜！"

"瞻云先生，你太客气啦！"梁辰鱼忙迎上前去道，"还有小泉兄和张新兄，为啥站在门口，快进来坐啊！"

张新连连拱手："谢了！"

赵瞻云说："伯龙兄，你的技艺，在下深感敬佩。不过，我也并不完全赞同。你的唱腔里掺杂了中州音，还算是昆山腔吗？"

"算啊，怎么不算？"梁辰鱼哈哈大笑，"你有没有听出，这中州音是改良的，跟纯粹的中州音不相同。"

张小泉一边道谢，一边向赵瞻云示意，让他婉转一些。赵瞻云却一点也不肯拐弯："恕我直言，总觉得有点硬戗。"

"哦，有点硬戗？"梁辰鱼一怔。

"水磨腔委婉纤徐，岂能容得硬戗？"

"看来，我的改良有不妥之处，尚未完善。等一会你给我指点指点，哪些地方还要打磨。"

随即，梁辰鱼向厅堂内叫道：

"诸位，今天就到这里，不唱曲了，改日再来吧。我要准备华筵美食，招待娄东贵客！"

众人纷纷散去。胤昌也站起身，打算回家。梁辰鱼却走上前去，一把拉住他，无论如何不许离开，

让他一起陪客。

　　胤昌高兴地笑着说:"好,好,叨陪末座,谈曲作乐,我也可有所长进呐!"

秋生桐树枝

　　梁辰鱼向来好客,准备了酒肉饭菜,热忱招待娄东友人。彼此推杯换盏,猜拳豁令,谈天说地,热闹非凡。

　　原来,张小泉一行三人到昆山来,并不是想跟梁辰鱼比试,而是给梁辰鱼带来了一件礼物。待张小泉从衣袖中取出,打开看去,是魏良辅先生业已完稿的饱含心血的《曲律》。装订好了的毛边纸上,每一页都抄写得很工整,仔细看去,却不是良辅先生的笔迹。

　　梁辰鱼对他的字是很熟悉的,心里不由得咯噔一下:

　　"哦,魏良辅先生的眼睛,已经连书都不能抄了? 他用木贼草治了多少人,偏偏治不好自己的眼睛!"

　　想起来,魏先生写《曲律》,梁辰鱼是清楚的,彼此探讨过多次,也提供了很多想法。但近来只顾忙自己的事情,有一段时间没去娄东看望先生了,真有些歉疚。

　　张小泉他们说,魏先生身体还好,只是目力不济,诊所的生意冷清许多,平时也难得出来唱曲,人比以前显得老迈。年纪不饶人啊。《曲律》是他再三叮嘱,要交到梁辰鱼手上的。

　　"过几天,我一定要去看看他。"梁辰鱼一边道谢,一边说,"中州音怎么用,还得听听他的指点。"

　　赵瞻云说:"你在娄东多住几天,不要急着回家,也给我们的南码头曲多多指点!"

　　梁辰鱼笑了:"你刚才不是说硬戗吗,我真想听听你的指点呢。"

梁辰鱼画像

赵瞻云的脸色顿时有些泛红：

"指点不敢！不过，硬诋却是事实。我今天斗胆在关公面前舞大刀，你的中州音，走得比尚泉先生远，不知能不能让人喜欢？自然，尚泉先生也是主张用中州音的。"

"正是为了让更多人喜欢，我才走得比他远啊！"

"南人说中州音，难免如鹦鹉学舌。"

"呵呵，歌唱者谁不学舌？学好了，才是真技巧！"

两人在宴席上脸红耳赤地争论起来。瞻云不客气，梁辰鱼不谦让，就这么你一枪来，我一棍去，争论得不亦乐乎。似乎各说各有理，张小泉和张新想劝解，却也插不上嘴。

梁辰鱼闻听瞻云批驳，丝毫也不愠怒，反而说："说实在，大刀有大刀的长处，长矛有长矛的短处。你刚才唱的，就有很多让我叹服的地方！不过你想把我的中州音推倒，怕是做不到。"

"我哪儿想推倒？又哪儿能推倒？只是想让它更好听呀！"

"这就是了。"梁辰鱼说，"我知道有人会把这作为异类，嗤之以鼻，可越是这样，我越不退让。你们知道我的个性，任何事不肯让人。"

桌上所有人都笑了。

"可是，要唱这中州音，我自知有很多不足……"

张新忍不住插嘴说："伯龙先生，你的谦虚好学让人钦佩。我们唱南码头曲，出自尚泉先生，也跟他有所不同。今天听了你的曲子，觉得眼目清亮，确实很有新意。以我所见，哎，不如打个比方……"

"快说，快说！"

"这好似打水磨粉，糯米和粳米要掺和得恰到好处，做出的糕团才温软可口。糯米多了，太黏太烂，粳米多了又会松散。"

"有道理，有道理！尚泉先生以木贼草打磨家具喻作水磨腔，你这是又一说。"

胤昌忍不住插嘴道:"说时容易做时难哪!"

"圣人曰,学然而知不足。"梁辰鱼点头道,"这中州音究竟怎么用,怎么将糯米和粳米要掺得恰到好处,确实并不易,我想多多得到你们指点呐……"

一顿饭,谈谈说说,竟吃了两个时辰。梁辰鱼记不起喝了多少酒,只觉得醺醺然。但是脚步没有乱,把娄东客人送到娄江码头,看着船影一路朝东,渐渐远去,才返身回家。

梁辰鱼看起来像是闲云野鹤,不受任何羁束,却总是忙忙碌碌。直到暮春时节,气候显得有些热了,人们都不再去野外放风筝,他才想起,答应过胤昌的凤凰鹞,居然忘得一干二净。赶紧动手做了一只,想哪天抽空给他送去。

胤昌有一段时间没见了,听说身体不太好,请医生看了两趟,服了药,才有所好转。

哪料到,就在这时候,噩耗传来,胤昌突然谢世了!

梁辰鱼感到非常震惊,他怎么也不相信是真的。

前些时候,胤昌身体有所复原,说是要来石幢弄唱曲,终究没有来。在家里,却几乎天天纵酒弦歌。有一天,他喝得酩酊大醉,一边流着眼泪,一边反反复复对家人说:

"我的先祖寿宜公……活到了一百十六岁,还受到了皇帝召见,是太祖皇帝啊……唉,我们都没有用,一个都不能像先祖那样……都是些无能之辈啊!"

提起先祖,胤昌似乎勾起了心里的很多痛楚,反反复复地说着这番话。可是,家中人以为他仅仅是醉酒,才语无伦次,并没有多在意。孰料,就在这天晚上,胤昌怎么也不肯放下酒杯,借着酒力,忽而肆意地叫喊,忽而狂放地大笑,到了午夜才瞬息无声。次日早晨,家人发现他竟然蜷曲在地上,什么知觉都没有了。

胤昌享年五十三岁。

知天命的年龄,按理说还可以很有作为,然而胤昌却走到了人生的尽头。多么聪慧能干,富有才情的一个人啊! 老天,为什么容不下一条如此多舛的生命?

胤昌的不幸亡故,让梁辰鱼有说不出来的悲伤。从小,他们在一起玩耍。二十来岁时,又一起参与玉山诗社。十余年前,胤昌举荐自己去胡宗宪府上做事。这一连串情景,仿佛都在眼前。联想到自己的命运,他倍加悲恸,真是同病相怜啊。

丧事办完之后数天,梁辰鱼又备了香烛,独自到坟上祭奠。坟地是在汉浦塘口,王世贞为之作了墓志铭。

　　自幼,父亲就英年早逝,两个弟弟又早早夭折,梁辰鱼深受失去亲人的折磨。与胤昌的友情非同一般,诗作唱和之外,更是儿女亲家。然而人生无常,他竟然就这么悄无声息地离我而去! 想起好友对自己的恩情,愈加心如刀绞。素烛白帷,哭祭了一场,回家后一连几天不想喝酒,也不愿唱曲,只觉得心灰意冷。

　　　　高馆芳园接,秋生桐树枝。

　　　　窗明时斗墨,院午静分棋。

　　　　客满孔融坐,玄成扬子居。

　　　　清芬足谈笑,不愧日追随。

　　灯下写诗,泪水又一次濡湿素笺。

　　朋友们知道梁辰鱼伤感,纷纷前来劝慰,却收效甚微。梁辰鱼常喜欢与僧人道长往来,自知生死乃人生之无常命运,胤昌之死却让他跌入悲戚的深渊,绝非三天五日能舒缓的。

　　梁辰鱼悄然去了栖凤楼。

《红拂》与《红绡》

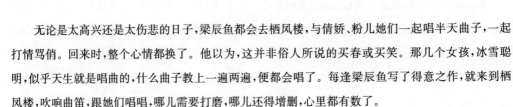

　　无论是太高兴还是太伤悲的日子,梁辰鱼都会去栖凤楼,与倩娇、粉儿她们一起唱半天曲子,一起打情骂俏。回来时,整个心情都换了。他以为,这并非俗人所说的买春或买笑。那几个女孩,冰雪聪明,似乎天生就是唱曲的,什么曲子教上一遍两遍,便都会唱了。每逢梁辰鱼写了得意之作,就来到栖凤楼,吹响曲笛,跟她们唱唱,哪儿需要打磨,哪儿还得增删,心里都有数了。

　　然而,胤昌离去后,世间的一切都失去了对他的诱惑。栖凤楼的呖呖莺声亦是如此。张四妈知道他心里郁闷,很想让他留宿,可梁辰鱼推说身体不适,仍然怏怏地走了。

　　这天午后,天气燠热难忍,梁辰鱼百无聊赖,独自枯坐在厢房的官帽椅上读张凤翼的《红拂记》,一边细细思忖,怎么用中州音来演唱,把那些曲子唱得愈加动人。为了这中州音,他竭精殚虑,不知耗费了多少心血。不过,功夫不负有心人,总归是有所领悟。

　　张凤翼这个人,从小就有些特别,五岁了仍然不会开口说话。有一天,他看见祖父在扫地,突然对奶妈说,你应该去帮他扫。听见的人无不惊诧。这孩子出奇的聪明,根本不是不会说话啊!

　　然而,长大成人后,他科考连败,三十八岁才中举,会试却又落第。后来受命去山东青州历练,任学正一职。不久又调任宛陵知州。或许是他生来缺乏功名利禄之心,不擅逢迎之术,喜欢自由自在,在官场政绩平平,不过当了三四年,就辞官回乡了。这跟胤昌有很多的相似。倒是写了《红拂记》、《祝发记》、《灌园记》、《窃符记》、《虎符记》那五种传奇,四处流传。梁辰鱼尤其推崇他的《红拂记》,看这一段:

　　　　〔前腔〕〔生〕骤然惊见喜难持。百岁良缘顷刻时。侯门如海障重围。君家闺合非容易。
　　怎出得羊肠免得驷马追。
　　　　〔前腔〕〔旦〕杨公自是莽男儿。怎会得红粉丛中拔异姿。奴今逸出未忙追。我与你呵。
　　正好从容定计他州去。一笑风前别故知。

　　梁辰鱼沉浸其间,不由击节哼唱。

　　李靖神采飞扬地向杨素直抒安邦定国的胸臆,杨素却早已听得不耐烦。他口口声声礼贤纳士,不过是邀买人心罢了。这时候,朱帘启处,飘然走进一位手执红拂的少女,李靖顿觉满室生辉。她献上香茗后,侍立在杨素身旁,一双流盼的明眸向李靖投来敬慕的秋波。

　　原来,李靖侃侃陈词,红拂女隔帘听得分明,深为李靖的襟怀抱负所感动。她借献茶之机一睹神采,见他翩翩少年,气概不凡,于是顿生倾慕之心。

　　李靖尚未察觉。他怀着愤懑的心情起身告退,忽然看到红拂女明眸顾盼,送来深情的一瞥。李靖回到客馆,难以成寐。脑海里浮现出红拂女的身影,令人意迷神驰……

　　在张凤翼的笔下,红拂女对李靖一见倾心,甘愿冒险只身投奔,并且跟他奔赴太原寻访友人刘文

明刻本《红拂记》

静。她并不是一时的心血来潮。在《侠女私奔》这一折中,开头她就有一段内心告白:

> 自怜聪慧早知音,瞥见英豪意已深。侠气自能通剑术,春情非是动琴心。奴家自从见那秀才之后,不觉神魂飞动。我想起来,尘埋在此,分明是燕山剑老,沧海珠沉。怎得人出头日子。若得丝罗附乔木,日后夫荣妻贵,也不枉了我这双识英雄的俊眼儿……

红拂的侠义,更多是出于对自己处境的深彻了解。在这一点上,张凤翼确实是很高明的。

说来也巧,正读《红拂记》读得入神,张凤翼登门拜访。

梁辰鱼赶紧出厢房相迎。心有灵犀一点通,谁说

不是?!

"嗬嗬,今天怎么如此安静啊?"人未到,张凤翼的笑声先到,"伯龙兄,真佩服你,能在家里闷得住!"

"伯起,多日未见,这一向可好?"

"我总是老样子,到处寻点乐趣。轻舟一叶,往青山绿水飘然而去,也是人生快事啊!"

"是啊,哪天我们也结伴而行?"

"你果真想出行?"

"这段时间,快把人闷煞了!"

"嗬,伯龙,我正是来邀你出行的。笼中之鸟若不放飞,翅膀安能不薦?"听得出,张凤翼话里有话,只是怕引起梁辰鱼伤感,才收住了。"过几天,我们一起去茅山游历一番。"

"茅山,倒是一个不错的去处。"

"那是道教圣地,我们可以去道观拜访朋友,也可以无牵无挂地欣赏山水景色。"

梁辰鱼没有拒绝,却叹息了一声道:"人生不过是一场梦啊!再美好的东西也会转瞬即逝……"

"既然这样，你也不必太难为自己啦。"

张凤翼察觉到他内心的隐痛，劝慰了几句。

梁辰鱼黯然道："咳，想起胤昌，岂能不哀伤？"

他们由胤昌之死引发，谈起《红拂》与《红绡》，又谈起梁辰鱼前些年的东南游历，渐渐地有了更多话题。伯起知道他正为如何用好中州音发愁，也给他出了几个主意。

说话间，张凤翼忽然想起了什么，从衣袖中取出一把折扇，打开以后才郑重地交给梁辰鱼。

这是一把泥金折扇，扇面上，他特意书写了梁辰鱼《江东白苎》中的一则散曲。张凤翼写得一手好字，求之者甚众。弃官回家以后，他少了俸禄，难免会遇到捉襟见肘的日子，于是写一些中堂扇面拿出去换钱，买来柴米油盐。但他并不愿意靠书画盈利，假如口袋里有了几两银子，宁可结伴外出游玩。

泥金扇面写得很有功夫，愈加惹人喜爱。梁辰鱼想起，王世贞对张凤翼的字评价很高，在他的《艺苑卮言》中说："伯起平生临二王最多，退笔成家，虽天略小竭而规度森然。"

王世贞，字元美，年少之时，就才气横溢。六七岁时能读文书数十万言。十八岁秋闱中举，二十二岁赐进士出身，试政大理寺。二十三岁时，已授刑部主事。

说起来，出生于娄东的王世贞虽然比梁辰鱼小七岁，论辈分却是他的表叔。不仅在弱冠之年考取功名，在文坛上也是堪称领袖，被誉为"后七子"之首。世贞写信给梁辰鱼，劝慰他努力读书，将来定有通达之时。梁辰鱼见了书信，深感表叔之恩，想想自己比表叔年长，人家进士及第，光宗耀祖，而自己却屡试不第，心里很不是滋味。

记得那年赴往金陵，在江南贡院应试，梁辰鱼本来信心满满。苦读了这么多书，不正是要大显身手吗？

在狭小的号舍里坐定，摊开试卷，心里总觉得有些异样。按照惯例，考试要做两篇文章、一首诗。考题均出自《四书五经》。一会儿，从考场外走出一位手提灯笼的人。灯笼罩上有一张白单子，上面写着"己百之"三个黑色大字——这便是试题。灯笼里点亮蜡烛，把三个字映照得清清楚楚。提灯笼者把灯笼举得高高的，在考棚之间的甬道上来回走了几次，以免考生看错题目。

梁辰鱼略一思索，就知道这三个字的出处，是在《中庸》。中庸曰："人一能之，己百之；人十能之，己千之。"后面好像还有两个句子："果能此道矣，虽愚必明，虽柔必强。"他暗忖，这样的句子是教人谦虚好学。人家学一次就会了，我不会，就学一百次；人家学十次会了，我不会，就学一千次。咳，想不到竟然是如此庸俗的题目！不由得暗暗失望。当今国事不宁，北有俺答作乱，南有倭寇骚扰，既然招募英才，就应该发些对策论之类的题目，让人畅述靖宁天下、治世太平之论。只拿书中死板的学问来作文，有何趣味?

纵然梁辰鱼满腹诗书,一篇文章从头到尾,死板地套用格式,如牯牛落在了水井里,浑身的才华学问根本用不上。

又有一个题目下来,却是《大学》里面的题目,依旧是八股文。他只能按照圣人阐述的义理,遵循格式规范,填充出文章来。倒是写诗文时,只凝神构想片刻,便思如泉涌,文章辞藻全从胸臆中来,如海奔涌,如江纵横。看纸笺写得没有空白,仍意犹未尽。

这样的应试,怎么能金榜题名呢? 辜负了表叔王世贞的一番好意,也是无奈。

后来,梁辰鱼沉迷于散曲诗词,无心科考。前些年,他把自己写成的《浣纱记》请王世贞过目。王世贞啧啧称赞,说梁辰鱼实在是奇才,把吴越春秋写得如此精彩,甚至为他写下了"吴闾白面冶游儿,争唱梁郎雪艳词"②这样的诗句。一时,梁辰鱼名声大振……

此刻,梁辰鱼把折扇拿在手里欣赏了一番,收拢思绪。他明白,前些时候送了一只凤凰鹨,伯起这算是回礼。

张凤翼虽然有一些家产,但坐吃山空,不能不以笔墨为生。他在文起堂前贴了启示,写道:"本宅缺少纸笔,凡有以扇其楷书满面者,银一钱;行书八句者三分;特撰寿诗寿文,每轴各若干。"很多人前来求字。但贵人达宦想要结交,他往往白眼相向,弄得他们只好辗转托人来买。

这折扇,确实惹人喜爱。不仅送来习习凉风,也真是让人的心头感到熨帖呀!

楼船箫鼓

差不多过去了半年,张凤翼与梁辰鱼的茅山之约,才算成行。

　　这么多年间，梁辰鱼也游历过不少地方，吴越旧地、齐鲁山川、荆楚异景，足迹一一踏遍。无论名山大川、崇山峻岭，还是小桥流水、松竹茅屋，都能触发诗情。但，茅山给他别一番感受。

　　茅山，道教上清派的发祥地，人称"第一福地，第八洞天"，享有"秦汉神仙府，梁唐宰相家"的美誉。主峰大茅峰，似绿色苍龙之首。山内风景秀丽，景色宜人，素有九峰、十八泉、二十六洞、二十八池之胜景，众多星罗棋布的厅岩怪石，形成了一种奇特而又美妙的大自然风格。东晋时的葛洪，齐梁时的陶弘景，隋唐时的王远知、吴筠和五代时的王栖霞、朱怀德等等，都是茅山高道。

　　梁辰鱼他们登临茅山，一边欣赏美景，一边口占诗句。清新秀雅的山林，四处溪水潺湲，绿树参差。正是天高气爽的季节，山路两旁，红菊烂漫，茅草丛密，浓阴苍苔，绿雾流光。峰峦叠嶂间，又深藏洞府，洞府各有洞天。华阳洞、青龙洞还洞中有洞，奇险幽晦，千姿百态，让久居水乡平原的梁辰鱼和张凤翼一行，流连忘返。

　　这一日，他们到达山顶，万籁俱寂之际，忽听山中道观里传来仙乐。那声音幽雅神妙，不禁飘飘然有出世之感。行行止止，说说笑笑，平日里的那些烦恼忧愁全都被抛在了脑后。

　　在山巅临风远眺，梁辰鱼不由感慨道：

　　"此间何以是道教圣地？令人忘却尘俗啊！"

　　张凤翼答道："令人忘却尘俗，方是道教圣地！"

　　一行人都笑了。

　　梁辰鱼忽然想起，几年前，也是这样的初秋季节，王世贞一行，也有过昆山的游历。

　　那次，他是特意陪同汪道昆、徐中行、戚继光等人一起来访的。娄东虽然没有山林，却临江靠海，水面宽阔，自有不少好去处。然而，朋友们一心想听曲。王世贞纵然有家班，听听便罢。而魏良辅终究年纪大了，一双眼睛几乎失明，南码头也有一些唱得好的，听了一遍两遍，也已经足够。还不如去昆山，听听梁辰鱼的。

　　孰料，梁辰鱼不在城里石幢弄，而是去了澜漕。

　　于是，他们乘了船，匆匆奔澜漕而去。

　　澜漕离城有十几里，距阳澄湖却并不多远，是一个幽静安谧水乡村庄。梁家很早以前就建有邸宅，历年精心修葺，始终保持阀阅之家的气派。此刻，河边停泊着一艘宽敞富丽的楼船。王世贞他们的船儿还在河港里行驶，已听得丝弦笙簧从水面传来。分明是一群歌姬在那里歌唱。远远看去，但见伫立船头的梁辰鱼身披鹤氅，头戴鹖冠，手持一支一丈长的锡杖，杖头银丝锡环，缠络成云彩的花样，如仙

似道。

梁辰鱼由三五个年轻美貌的歌姬簇拥着,在楼船上神采飞扬,不知在说些什么。或许是他的连珠妙语逗乐了那些女子,顿时一片莺声笑语。而他沉醉其间,愈加得意自在。

王世贞、汪道昆、徐中行、戚继光等人在一旁看了,都赞叹不已,说:"伯龙真是神人啊!"

梁辰鱼在调笑中也远远看见一艘陌生的船儿驶来,知是客人,却不在意,依旧和那几个歌妓嬉戏游乐。他历来有一个习惯,纵情唱曲的时候是任何人都可以不理睬的。澜漕远离尘嚣,平日很少来人。只有他带着歌姬率性唱曲。他自管端坐楼船中,俯仰高歌,旁若无人,犹如金石发声,在云水间四处漾开。其实何止在这里,江南的歌儿舞女,哪儿不在唱着他的雪艳词呢?

戚继光还是第一次来到澜溪,见梁辰鱼挥洒自如,悠然自得,不由看看王世贞,赞叹道:

"江南多俊秀之才,难怪元美兄要写下'争唱梁郎雪艳词'这样的佳句啊!"

"伯龙确实有才华,吹拉弹唱,样样都精。几部传奇更是令人叹为观止……"

自从胡宗宪出事后,戚继光一直承担抗倭重任。他率部在福建福宁大败倭寇,与俞大猷一起,最后扫清了福建境内的倭寇。迫使余倭仓皇逃往广东。这时候,福建倭患才算基本平定。屡立战功之时,戚继光略作休整,得闲四处走走,也想结交各路英才。

梁辰鱼唱完了,才在歌姬们的簇拥下,与诸位俊彦见面,拱手道:

"诸位,伯龙未及远迎!失敬,失敬!"

王世贞说:"知道你的脾性,不需要空客套。快摆开船宴,让远道而来的客人大快朵颐吧!"

"表叔所言极是。伯龙遵命!"转眼看见戚继光,忙说,"这位是戚继光戚将军吧!久仰了!"

"幸会啊,伯龙兄,我早就拜读过你的《浣纱记》啦!"

一会儿,梁辰鱼便在楼船上设下丰盛的酒席,招待诸位朋友。碗碟中,全都是阳澄湖的虾蟹鱼蚌,在别处尝不到的水鲜。酒足饭饱之后,他又把众人请到自己精心构筑的太白池畔亭榭里,品茶饮茗,赏风饮月。作诗唱曲,当然是少不了的。

初秋,是阳澄湖最美的季节。恰逢朗月疏星,云翳飘浮,掠过湖面的风送走溽热,显得分外凉爽。气候宜人,又有美貌的歌姬左右陪伴,拍曲侑酒,一个个都玩得十分尽兴。

戚继光饮了不少酒,脸色酡红,忍不住叹道:"伯龙如此高才,不为朝廷所用,真是明珠闲抛啊!"

梁辰鱼端起酒杯一饮而尽,哈哈笑道:

"戚将军过奖了!有了你这样的将才,天下才太平呀。梁辰鱼本来是要为朝廷效力的,却命途多

舛。不过,这也不算坏事,你看我闲云野鹤的日子,不是很自在?夫复何求?"

"这倒也是,宦海从来多险风恶浪,一不小心就要翻船。"

"别人不说,你看那胡宗宪胡尚书,便是一个真正的英雄,为抗击倭寇立下何等战功!可是最后却身陷囹圄,以致在狱中含冤自尽。我等还有什么可说的呢?"

"是啊……"

戚继光随即陷入了沉思。梁辰鱼所说颇有道理,读书人并非都该当官,也不是当官者都能善终。考取功名已经千辛万苦,这乌纱帽不被狂风吹落,又怎么不该千方百计?

事实上,此刻梁辰鱼的心弦也被拨动了。确实,朝堂之上,旦夕祸福,瞬息万变。表叔王世贞年少负有盛名,仕途坦荡,令多少人为之仰慕。然而,他又何尝能一帆风顺?

所有的一切,跟杨继盛案有关。杨继盛实在是一条硬汉子。行刑前,有一位同僚送给杨继盛一副蚺蛇胆,告诉他,用此物可以止痛。杨继盛却回答一声:

"我自己有胆,用不着这个!"

夜半时分,他用碎碗片割去腿上的腐肉,连带到筋脉,就咬牙截断。在一旁的狱卒掌灯察看,差点儿昏厥过去。

这样的硬汉谁不钦佩?

杨继盛出事以后,周胤昌、王世贞、王世懋、徐中行等人赶赴刑场,挥泪为他送行。胤昌不知掩饰,大哭痛绝,冒犯了严嵩,被贬为武冈同知,徐中行也被贬为汀州知府,一时间被贬的竟然有三十多位朝廷大员。也许是考虑到王世贞的父亲王忬是滦河一带边疆大臣,为皇帝所信赖,严嵩才暂且不敢公开贬斥。

梁辰鱼知道,表叔为人高傲,不肯屈服权臣,严嵩必然会伺机报复。严嵩喜好玩弄权术,结党营私,凡是不肯归附他权门之下的,一律视为政敌,一旦遇有时机就横加迫害。王世贞弱冠之年进京,才华非同一般。严嵩很想拉拢他。然而,王世贞绝不愿作权门走卒,使自己的操守声名受到污损。严嵩怎么可能对他有好脸色呢?不仅是他,连他所交游的文坛"七子",也一个个受到压制。

江浙名士沈炼,由于弹劾严嵩,被贬到了地方。前几年,王世贞亲自去慰问过沈炼。两人还有不少书信往来。谁知严嵩一不做二不休,竟然设法将沈炼弄下了监狱,并且将沈炼正法。

偏偏是祸不单行。王世贞的父亲王忬,因为边庭突然变乱,也无奈引祸上身。

王忬数十年来战功赫赫,很受嘉靖皇帝的器重。此时正任蓟辽总督,身负重大责任,护防着京畿与河北一带的安全。明朝和蒙古俺答部落的关系是时好时坏，王忬在任上，设法和俺答一位聪慧的夫人，名唤三娘子的达成和约，双方互不交战，保持和平。和约签下后，汉蒙双方边民互市，边关太平无事，呈现繁华安定景象。谁料想，俺答部有一个叛将，无端地违背和约，声东击西，乘虚攻入了河北开滦一带，大肆掠夺民众，令民众怨声载道。明军来不及防范这个突发事件，陷于被动。皇帝闻听此事，十分震怒，指责王忬指挥失误，保护不力。严嵩暗中做了手脚，竟迫使皇帝下旨将王忬抓捕下狱。

王世贞立刻辞官回到京城，和弟弟王世懋一起跪在严嵩门首，请身居要职的严嵩在皇帝面前说情，救父亲一命。严嵩听说王世贞兄弟来跪门，也故作姿态，亲自到门外扶起王世贞，一再表示，无论如何想办法救助他们的父亲。

然而，奸臣严嵩十分虚伪。他和王世贞积怨已久，非但不肯救助，反而暗中使坏。嘉靖皇帝不分青红皂白，将边庭之乱归咎于王忬，交由刑部法司处理。王忬很快被定下死罪。

王世贞与王世懋回天乏力，只得流泪护丧回家。在娄东旧园中为父亲守孝。他心里无比痛恨严嵩，从此以后，任何官职都不愿做了，一心在家里静养。

后来，坊间出现了一部传奇《鸣凤记》，讲述的正是以杨继盛为代表的一群忠臣，与宰相严嵩及其党羽斗争的故事，流传很广。传奇《鸣凤记》究竟是谁所作？历来颇有些争议。一说是王世贞，一说是王世贞的门人唐仪凤。

认为是王世贞所著的，颇有理由。严嵩刚刚失败，就能上演反严传奇，可以想见严嵩专权时，剧本已经在写作之中。只有掌握高层倾轧斗争情况的，才会写得如此曲折有致。门人怎么能够了解这些呢？《鸣凤记》不唯"《法场》一折是弇州自填"，王世贞参与全剧创作的可能性也非常大。民间流传的故事说，剧本甫一写成，王世贞亲自调教家班排练，并在家中设宴，还邀请当地县令一同前来观看。县令欣然前来，落座之后，才发觉竟然是抨击严嵩父子的戏，吓得他脸色都发白了，急忙起身告辞。王世贞拿着朝廷邸报，笑着告诉他说："严嵩父子已败矣！"县令恍然大悟，才重新入座看戏。

但，也有人认为是唐凤仪写的。唐仪凤是娄东双凤人，才而艰于遇，弃举学业，撰《鸣凤记》传奇，表椒山公（即杨继盛）等大节。后来，是王世贞用四十石白米的代价，从唐仪凤手里买下了《鸣凤记》。这部传奇自有其特殊性。署名唐仪凤，不可能流传。如果署名王世贞，肯定会流传。这并非掠人之美，恰恰是成人之美。

　　唐仪凤是不是看在四十石白米的分上，答应了这笔买卖，后人已不得而知。

　　梁辰鱼想，世人都盼功名显达。像我表叔这般，虽然少年得志，尚且终日如履薄冰，如临深渊。真是人生难料，福祸叵测啊！再说那个严嵩，似乎权倾天下，在官场飞横跋扈，不可一世，可是他又有什么好下场？还不是落得个遗臭万年？

　　看看自己，满腹文章，曲律精熟。但前些年为了功名汲汲奔走，却只换回一身的尘土。百年之后，世人该如何评说？咳，与其哀叹怀才落拓，不如将这满腹辛酸，化作锦章妙曲，以文章传之千古，方才对得起自己满身的才华。

　　天生我材必有用。功过成败，且由后人评说罢！

　　王世贞他们几个，已经去屋内歇息了。梁辰鱼让那帮歌姬也各自散去，不要像鸟儿一般聒噪。借着酒兴，他与戚继光又聊了很久。一个是在沙场上指挥千军万马，一个是在勾栏间摆布吴王越帝；一个是戎马倥偬却柔情满怀，一个是书生意气而热血澎湃，全然是气概不凡，气吞山河，气象万千。虽然初次晤面，彼此却十分投契，把这些年遇到的人与事，拣两人都熟悉的，评说了一遍，从中悟通了许多人生的道理，直至一轮下弦月斜斜地挂在天边……

凤凰鹨

　　茅山之行，让梁辰鱼重又拾回豁达的心情。

　　时光荏苒，转眼间，过去了十几年。不管是怎么思考，生活中的每个人总是按照自己的逻辑，描画出不同的轨迹。

明刊本《浣纱记》

　　梁辰鱼无法改变自己,也不愿改变自己。他觉得这些年来过得很自在,很快活。这样的自在和快活,不是功名、金钱、权势、富贵等所能替代的。在别人看来,或许他只是游手好闲,无所事事。率性而为这么多年,热衷于与俳优伶人为伍,沉醉于虚拟世界,除了几部传奇、散曲,没有任何足可称道的建树,根本不像是一个官宦子弟。可是,伯龙我行我素,听见了只当没听见。

　　他只是想为自己活着。

　　是啊,凭什么要为人家活着呢?

　　人,也像是一只只鹞子。燕子鹞、瓦爿鹞、蜈蚣鹞、蝴蝶鹞,当然还有凤凰鹞,林林总总,五彩纷呈。迎着风,就飞上云霄。每只鹞子跟每只鹞子都不一样。但,是鹞子谁不喜欢春日暖阳、和风吹送?而且每只鹞子都必须有鹞线牵着,牵得越紧,飞得越高。一旦鹞线断了,松了,鹞子也就摇摇晃晃地坠落下来……

　　岁月不饶人,梁辰鱼终于感觉到自己年事渐高。

　　对于他,衰老似乎并不是皱纹网络,牙关松动,视力模糊,腰腿僵硬,而是外出游山玩水的兴致减退了,酒量也大不如前。想当初,别人饮酒八斗,已经醉了,他喝光了一石,仍然谈笑风生。

昆山人王伯稠曾经给他赠诗,诗中这样写道:"彩毫吐艳曲,粲若春花开。斗酒清夜歌,白头拥吴姬……"喝了酒,他愈加喜欢与梨园伶人拍曲唱和,将水磨腔唱得丝丝入扣。他精深的技艺,被誉为"香象搏兔"——即便是细小部分也全力以赴认真对付。所以,不管是鸡鸣狗盗之徒,还是世出世间之士,都愿意追随他。

《浣纱记》以昆山腔上演,声名鹊起。被誉为"谱传藩邸戚畹,金紫熠爚之家,而取声必宗梁辰鱼氏"③。一天,他去青浦游玩。县令屠隆自然是盛情款待。屠隆为人放荡不羁,常与许多名士纵酒吟诗。所创作的传奇《彩毫记》,将高力士脱靴、杨贵妃捧砚、李白醉写《清平调》的千古佳话,写得十分传神。

席间,屠隆特意让优伶演《浣纱记》。不过有约在先,听到伶人演唱佳句,所有人都必须畅饮一杯。伯龙爽快地答应了。他本来有酒量,心情又舒畅,佳句连连,豪饮不辍,激起了阵阵喝彩声。谁知道,在演到《出猎》一则时,屠隆忽然说:

"不行,这几句'摆开摆开'写得很恶俗,你应该受罚!"

随即让人把预先准备好的泔脚水灌了三大杯,逼着他喝下去。伯龙无奈,硬着头皮将泔脚水喝进肚子,顿时哇哇呕吐……

如今,这一切都只在梦里。亲朋故友之间的走动越来越稀少。梁辰鱼常在家里扳着指头计算,给谁谁的书信寄走了多少天,何以至今没有收到复信;谁谁有几个月不曾见面了,不知近日有何新作;谁谁的家里出了一些变故,能否否极泰来?

偶尔,他会想起徐渭徐文长。

徐文长写出了传奇《四声猿》——包括《狂鼓史》、《雌木兰》、《玉禅师》和《女状元》,被认为是"明曲之第一"。

最令人称道的是《狂鼓史》。写祢衡和曹操死后,两人同在阴间,曹操已被贬为囚犯,祢衡应玉帝之请预备升天作修文郎。临行前,判官请他来面对曹操的亡魂,重演当年击鼓骂曹的场面。于是,祢衡得到机会,开始历数曹操的平生罪恶。"小生骂座之时,那曹瞒罪恶尚未如此之多,骂将来冷淡寂寥,不甚好听。今日要骂呵,须直捣到铜雀台分香卖履,方痛快人心……"

被祢衡痛骂的曹操,理屈词穷、心虚胆怯、狼狈不堪。而祢衡居高临下,痛骂中夹杂斥责,嘲笑里兼带戏弄,鼓声与骂声如暴风雨倾泻而下,叫人难以阻挡。

祢衡气概超群、才华出众,却抑郁失意,只得借助《狂鼓史》宣泄由巨大的压迫所带来的精神痛苦和

礌砢不平之气。这其实是徐文长自身际遇的写照,也是他惊世骇俗、桀骜不驯个性的显现。他自己也说:"我则祢衡,赋罢陨涕……"

豪情万丈,哪怕连连遭受戕害,终究是那么令人敬仰!

厅堂里的曲子,梁辰鱼倒是一直唱的。将一支暗红的曲笛奏响,口风依然急缓自如,抑扬顿挫,他双眉舒展,目光炯然,一股潇洒倜傥年月的精气神仿佛又回来了。

这一天,明晃晃的暖阳照上窗棂,驱散了连日阴霾,让人的心情也敞亮了许多。童仆有报,说有贵客自华亭来。

迎出门去一看,来的是画家莫是龙。

莫是龙年少就有神童之誉,十四岁补郡诸生,十六岁作《秋山无尽图卷》,其跋云:"每登名山,常思作图,竟未可得。今日张伯起从舟中游新江,遥望山川嶔秀,岩壑幽奇,因展箧中所藏黄大痴《秋山无尽图》把玩,心境顿开,颇合吾意,参其法度,遂为作之。"这种成熟的口吻,远远超越年龄。

但,莫是龙却是仕途坎坷。他曾多次上京都赴考,无不折戟沉沙,这对他的刺激是很大的。四十六岁时,莫是龙赴京赶考,再次落第。此时,他已经完全心灰意懒了。

这一年的隆冬,莫是龙在长安旅邸秉烛兀坐,对人生作了深刻的思考,写下《笔尘》一文:

> 人生最乐事,无如寒夜读书,拥炉秉烛,兀然孤寂清思,彻人肌骨。坐久佐以一瓯茗,神气益佳,尔时闻童子鼻息,是当数部鼓吹,或风生竹树间,山鸟忽唶,倦魔都尽,往往徘徊达曙,强就枕席。晚凉箕踞,临池数酌,设笔墨摹古帖一二行,援琴而鼓之,神游羲皇矣。

远离尘俗,逍遥物外的心绪溢于言表。

梁辰鱼很早就结识了莫是龙。隆庆六年(1572),他与华亭莫是龙、常熟孙七政、嘉定殷都、武进吴嶷等人在金陵鹭峰禅寺结成"鹭峰诗社",邀集四方文学诸君,吟诗填词,以寄磊落不羁之情怀。

仕途的不幸,成了莫是龙艺术上的大幸。相似的遭际,也使得梁辰鱼与他有很多的共鸣。想起来,已有一些日子没有聚谈了,彼此经历了多少世事冷暖啊。

"伯龙兄,久违啦!"

听闻莫是龙的声音,梁辰鱼真是喜出过望,赶紧向门口走去。

谁曾想，莫是龙已经出现在天井里，手中竟提着一只风筝。那风筝足有一丈余长，羽翼飘摇，金丝闪烁。

好一只凤凰鹞！

梁辰鱼忽然明白，这凤凰鹞还是好几年前送给莫是龙的，居然保管得仍像新的一样。莫是龙真是有心人，特意把它从华亭拿来，内中的深意，也只有伯龙才能体味啊！

是啊，一年容易又是春。有一段时间闭户不出，朝夕蜷缩家中，竟不知东风劲吹，岸柳吐绿，大地回春，彩鸢纸鹞也该放飞云霄了。看我，真是有点老迈了，差点儿辜负了大好春景！

午间，梁辰鱼与莫是龙叫了几位好友，一起来到玉峰山下，那一片平川之上，择一花木繁茂的向阳处，兴高采烈地摆开了酒桌，把酒言欢，真是比过节还要热闹。童仆们则抬了凤凰鹞，伺候在一旁。

东风骀荡，熏气日蒸。童仆们或向上托起风筝，或拿着线轴飞奔，或在一旁助威呐喊。那风筝看似庞大，骨架上却用裱糊绢绡，轻俏而又坚韧，随着一阵呼哨，一举而上，风筝线慢慢松动，风筝乘着风势飘飘扬扬地升空，越飞越高。远远看去，彩色的凤凰在苍穹的背衬下，霎那间有了万般灵性，昂首举翼，悠然自得。

人们纷纷为之吸引，抬眼观看，只见明媚的春阳照射着凤凰的金丝银缕，五彩缤纷，闪烁不止。风筝翅翼下的骨哨，迎风发出了悦耳的声音，在云中久久回荡。

梁辰鱼看得兴起，不由引吭高歌。几个朋友也纷纷随之放歌。那些童仆将凤凰鹞放入半空，锁住线轴，插入泥土间，任它贴在蓝天，凝止不动。于是也跟着纵情唱起歌来。歌声直上云霄，凤凰鹞仿佛也听得高兴，更加抖擞精神，展翅飞扬。

就在这时候，奇异的景象出现了。

天空中，不知从哪儿飞来了鸟儿，先是七八只，然后二三十只，乃至上百只，竟围绕凤凰鹞上下翻飞，左右盘旋。鸟儿们啁啾鸣唱，久久不肯离去。百鸟朝凤的情景，仅在传说之中。此刻却活生生地呈现眼前，蔚为壮观，众人无不称奇。

梁辰鱼和莫是龙也看到了。

梁辰鱼十分得意，大笑着，让众人只管放声歌唱。歌声随凤凰鹞飞上云霄，那些鸟儿越聚越欢，绕着彩凤鸣唱，轻盈地盘旋不休。

莫是龙不由感叹道："像当年舜帝弹奏箫韶，其音至美，其音至纯，有双双凤凰前来朝拜，随着音乐翩翩起舞,看来声音之道与天相通,此言不虚啊!"

"是啊,声音之道,与天相通啊!"

梁辰鱼点头称是。且看天空之上,百鸟簇拥着巨大凤凰,在云端翻飞,七彩斑斓,金光四耀。凤凰鹭的哨音、鸟儿的鸣叫、人们的歌声和欢呼声,交相融汇,构成了无限神奇的景象……

他凝视苍穹,思绪也如空中的风筝,飘向云霄之上。这样的情景,可遇而不可求,记得还是当年四处传唱《浣纱记》的时候,有过一两次。那时年富力强,意气风发,活力四射,总觉得是自身的造化。没想到,如今接近古稀之年,百鸟朝凤的盛况又不期而遇。令人欣悦,令人快慰,令人自豪,也令人思忖。

遥想自己自幼在苦读之余,浸淫于音乐。"我有双笛,藏之百年。振声云霞,追随烟水。"古琴,清笛,昆腔,短剑,几十年陪伴左右,从无倦怠之意。偏离科考宦海,得以潜心习学元曲,通晓唐律,精制宋词,谩做小令,融汇百家各派,自成一脉。《江东白苎》传播江南江北,《浣纱记》竟成千古华章。而今,已年近古稀。伯龙此生有了这般成就,也算是做了一件流传千秋的事业。

立德立功,伯龙不能;立名立言,伯龙成矣!

看今日彩凤展翅,百鸟朝贺,景象万千,这绝非梁辰鱼的造化,而是苍天的惠赠。上天给了他一身才华贤能,他也没有辜负苍天之意,与诸多亲友日日研制昆腔,改良曲调,虽千回百折而无愧乎碌碌此生!人间的高官厚禄荣华富贵,何足羡矣!胤昌兄因无颜告慰先祖而英年离世,实在是太可惜了。他也应该很有作为啊!

莫是龙见梁辰鱼沉思不语,知道他已心骛八极,神游万仞。众人的欢歌笑语,满眼喜悦热闹,都是由这凤凰鹭引发的。如果说魏良辅是曲圣,梁辰鱼就是曲神。他的身上永远笼罩着神异的色彩。

可是,有谁能体味凤凰鹭的孕育者、制作者,此刻有着何等繁复的心情?不,不仅是此刻,他的一生都是如此啊。

二十几年前,莫是龙从华亭来昆山,曾经给梁辰鱼作过一幅澜溪雅集图,梁辰鱼依韵作过一首诗,首句便是:"寂寞坐长夜,萧森翰墨林。"真是一语成谶。梁辰鱼的一生,优雅清静,自在快乐,远离烦器,更多的却是寂寞坐长夜,萧森翰墨林……

莫是龙伫立在梁辰鱼身边,注视百鸟朝凤的胜景,默然沉思。

踏雪放歌

明万历十九年(1591),除夕。

入夜,新旧交替之际的昆山城万籁俱寂。家家户户吃过了年夜饭,正闭门守岁。

梁辰鱼睡下了,阖了一会眼,却又睁开。他没有睡意,总觉得心里有什么东西在涌动。抬头看看窗外,并不如平常那样漆黑一片,而是白蒙蒙、雾沉沉,似乎有些异样。于是问:

"外面是不是下雪了?"

家人开门出去看了一番,告诉他,是下雪了。漫天遍野,纷纷扬扬,正飘舞鹅毛大雪。

梁辰鱼一听,十分欣喜,立刻披衣起床,再也不肯睡觉。

他吩咐童仆,赶快出门邀请诸位好友,游城赏雪。童仆知道他的癖性,此刻已经更深人静,飞雪路滑,他自当作大白天,阳光灿烂。整座昆山城,哪里还有当年好友? 死的死,病的病,知己旧游已所剩诸几。即便身体还康健的,谁还愿意在凛冽的寒风中出门撒野?

不过,终究有一群学子,听从伯龙的召唤,从热乎乎的被窝里跳出来,到了石幢弄梁家门口,竟然也有一二十个。

梁辰鱼吩咐童仆带上酒壶酒樽,呼啸而出。

这一帮狂生,在飞飞扬扬的白雪中,一边纵情放歌,一路踏雪如飞,绕着昆山城足足奔跑了一圈。

梁辰鱼已经整整七十岁了。正德十六年(1521)是龙年,所以出生时,父亲给他取名辰鱼,字伯龙。由于喜欢斗酒诗百篇的李白,所以号少白,他也确实很有李太白的那般潇洒狂放。哪怕是到了古稀之年,仍然白发童颜,银髯飘拂,身体似乎永远充溢着年轻人才有的激情,不知疲倦,更不知老之已至。

学子们跟随在他身后奔跑,不觉有些气喘吁吁。只见梁辰鱼一边饮酒,一边唱曲,声若金石,根本看不出因为年迈而气短力衰。于是,大家抖擞精神,跟着和歌,任鹅毛大雪降落在身上,一个个银装素裹,都变得像是雪人似的。

比梁辰鱼晚出生几十年,跟他孙子梁雪士交往很密切的文学家张大复,在《昆山人物传》卷八中,曾经详细地记述了他的一则轶闻:

> ……公性善酒,饮可一石,大梁王侯请与决赌,左右列巨觥各数十,引满,轰饮之,侯几八斗而醉,公尽一石弗动。时有梨园数辈,更互奏杂调,公漪而和之,其音若丝,无不尽态。

只要喝得下酒,他就能永远激情澎湃。他也很能写酒,《浣纱记·宴臣》一出中,范蠡与勾践推杯换盏,借着酒力,大胆地提出将西施作为魅惑吴王夫差的间谍送至吴国。将心爱的人作为政治筹码,送入敌手,范蠡表面上看起来无动于衷,内心却是异常复杂。酒话与计谋,负义与真情,臣服与驾驭,纠缠在一起,似乎扑朔迷离。范蠡手中的酒杯里,斟满了梁辰鱼无限的情怀……

此刻,梁辰鱼引颈喝了一口烧酒,不由高声笑道:

"你们看,这些白雪银玉,是天公专门为我们而降的,天公对我们是何等的厚道!我们不去尽情享用,难道要等天亮以后,由那些无知之辈去践踏吗?"

众人纷纷拍手称快:

"先生说得很对,我们要尽情游玩!"

"江南罕见大雪,这样的际遇,平生能有几回?"

"是啊,踏雪而行,先生真有汉魏遗风!"

"让我们也终生难忘……"

已是夜半。偌大的一个昆山城,寂静无声,玉峰山下,古娄江畔,全然是一个银装素裹粉砌雪雕的世界。梁辰鱼一行在夜色雪光里行走踏歌,兴致越唱越高。倦乏入睡的人家被吵醒,听见是优雅的昆山腔,揉揉眼睛,呢哝几句,复又安然睡下。

行走到丽泽门边的时候,梁辰鱼忍不住翘首朝西边望了望,雪舞迷蒙中,什么也看不见。他不由想起了澜漕,已经好久不曾回去了。什么时候,邀集学子们去澜漕唱上一天曲子,那多有意思啊。那部《江东白苎》,何时能够刻印,该请伯起作序才对啊!

绕城一周,放歌无数,梁辰鱼这才感到有些疲倦,与学子们尽兴分手,回家酣然入睡。

谁也没想到,这次除夕雪夜踏歌,是他最后一次雅兴。

没有多久,他便沉疴不起,断断续续拖了三年。

临终前的那些日子,擅长于拍曲唱歌的梁辰鱼梁伯龙,竟然是口不能语……

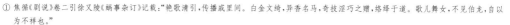

① 焦循《剧说》卷二引徐又陵《蜗事杂订》记载:"艳歌清引,传播戚里间。白金文绮,异香名马,奇技淫巧之赠,络绎于道。歌儿舞女,不见伯龙,自以为不祥也。"

② 明王世贞《嘲梁伯龙》:"吴闾白面冶游儿,争唱梁郎雪艳词。"

③ 明张大复《梅花草堂笔谈》记载:"梁伯龙闻,起而效之。考订元剧,自翻新调,作《江东白苎》、《浣纱》诸曲。又与郑思笠精研音理,唐小虞、陈梅泉五七辈,杂转之。金石铿然,诸传藩邸戚畹,金紫熠煜之家,而取声必宗伯龙氏,谓之'昆腔'。"

盲人细看大世界
挚情抒写真文章

文学家张大复小传

　　以《梅花草堂笔谈》传世的张大复，是一个盲人文学家。家在昆山兴贤里片玉坊(今南街)。失明以后，他把四十岁以前设馆、作幕、出游的见闻通过口述，记录在整整十四卷《梅花草堂笔谈》中，包括著名人物的言行，家乡的风土人情，灾荒与兵寇，水利沿革以及复社的兴起与发展等。由于生活在昆曲的发源地，与诸多推进昆曲艺术发展的人物关系密切，他怀着极大的兴趣，从独特的视角记载昆曲的渊薮，这在《笔谈》中显得尤为珍贵。

　　与张大复有不少交往的汤显祖，在一封信札中说："读张元长先世事略，天下有真文章矣。"

从未晤面的挚友

结识汤显祖时,张大复已双目失明。

他个子矮小,穿着落拓,双眼一片迷蒙,终日蜗居于古城昆山西南的片玉坊。片玉坊,充其量只有一里多路,他却觉得太长,长得走不出去。这么多年来,除了到过一次北京和一次杭州,出远门的机会几乎没有。他也不想有。眼睛看不见自是最大的障碍,身体也很不争气,常常会有偏头痛与伤寒,一年中还要发作好几次肺炎,咳嗽咳得心颤,只能躲在家里,以病居士自诩。

然而,在片玉坊的老宅梅花草堂里,生活在黑暗里,他并非别人想象的那么垂头丧气,愁绪满腔,也很有些朋友。

比如,汤显祖。

尽管,他们从未晤面。

他非常清楚,汤显祖是一个才情横溢、清傲率直的人,年轻时很想成就一些事业,偏偏命运多舛。三十三岁时,考中了进士,先后辗转于雷州、遂昌、南京等地任职。官当得很认真,但或许是太认真了,他的仕途并不顺利。显然是性格使然,接二连三地碰了许多钉子,又不愿意改变,终于被迫弃官回乡。

来昆山作客,很偶然,也是一种机缘。

明万历十一年(1583)癸未科,江西临川汤显祖为第三甲第二百一十一名,直隶昆山徐应聘为第三甲第二百一十二名。两个人不仅在榜上名次相邻,仕途也有相似的坎坷。徐应聘于万历二十一年弃官回籍,五年后,汤若士也离京还乡。由于志同道合,他中途来到了昆山,一度居住在徐应聘家的太史第拂石轩中①。

张家的梅花草堂与徐家的拂石轩,都在一条片玉坊上,且近在咫尺。偶尔的,元长会去走走。侧砖和花岗石铺成的街巷是平整的,只有檐下出现些凹凸。那是雨水长年累月下滴的结果。街巷是狭窄的,也没有任何车马经过,即使书童不搀扶,他也走得很自在。拎在手里的盲杖,只是做做样子而已。

毕竟来来回回走了四五十年。

汤显祖苦心孤诣、于路日撰的《牡丹亭》,又称《还魂传》,已经快要杀青了。片玉坊的幽静安谧,让他心无旁骛,日夜沉浸其间。何况,片玉坊上每天有多少人在演习昆山腔,各路名家云集。传奇写成后,究竟是用宜黄腔,还是用昆山腔演唱,也不妨一试。玉茗堂四记中,《牡丹亭》是他最费心思的一部。

蹊跷的是,张大复竟然与汤显祖先生失之交臂。

说不清是什么原因。

或许是汤显祖太专注于自己的传奇了,来去匆匆,顾不上结交更多的朋友;或许是因为来往拂石轩的俊彦很多,而病居士张大复根本不起眼。但他们彼此都知道有那么一个人。

平心说,张大复真想和汤若士贪夜长谈。他的传奇写得太好了,简直令人佩服得五体投地。能让张大复佩服的人,真的不多。从晋代二陆算起,昆山可算一个人杰地灵的地方,但是除了梁辰鱼的《浣纱记》,没有什么能值得夸赞的。即使郑若庸,他写过《玉玦记》,堪称骈绮之派的大将,也相去甚远。

他还想问问,玉茗堂的玉茗花究竟是什么样的,眼睛好的时候尚且没有见过,不用说是失明以后了。据说玉茗花足以与琼花媲美。张大复倒是见过银盏摇曳、璀璨晶莹的琼花,它被人称作二月轻霜八月冰。那真是天下奇卉啊!

可是,他终究有些怯意,不敢太冒昧,就把时间一天天拖了下去。在片玉坊,时间的流逝是容易的。

予于歌无所入,但征声耳。然听《还魂传》,惟恐其义之不晰;听《西厢》、《拜月》,则按节了然。岂初盛盛初之说乎?汤先生自言,此案头之书,非房中之曲。而学语者,辄有当行未当行之解,此真可笑也。诸君会歌于元越西第,酒醒后,耳中犹自作响。(《梅花草堂笔谈》卷六)

张大复几乎每天写书。一部《梅花草堂笔谈》,足足写了十几卷。一个什么也看不见,什么也做不了的读书人，只能写书。但他是真心喜欢书，也希望每个人都喜欢书。在自己点点滴滴日积月累的《笔谈》中，他记载了曲家们在片玉坊与汤若士一起会歌听曲，并且向之讨教的情景——很多东西他是听来的。只要觉得有趣，回家后就用笔记录。参加曲家们的聚会，他坐在一旁，丝毫不引人注目。他们有时候也兴致勃勃地饮酒作乐。不过，对于张大复来说，水磨腔的《还魂记》似乎更加浃骨入髓。酒醒以后，耳边依然余音缭绕……

汤显祖在昆山暂住，除了与徐应聘友善，还有一层心意，是想拜访恩师，请他给自己即将完成的传奇作指点。恩师王锡爵官居首辅，当年假如不是他的知遇之恩，自己不会从万千应试的举子中脱颖而出，也就不会有今天——尽管今天并不心随意顺。他雅好昆山腔，这些日子告病闲居娄东，远离政事，每天只与梨园弟子们朝歌夜舞。

等到张大复下决心去拂石轩，拜访汤显祖时，他已经写完《牡丹亭》，放在衣袖中，从昆山乘船去往娄东，恭恭敬敬请王首辅过目了。

娄东离昆山很近，不过一个时辰的水路。哪儿想到，王首辅一见文本，便哈哈笑着，对汤显祖说：

"我早已熟读啦！"

原来，他听说汤显祖在写《牡丹亭》，派人来到片玉坊，暗通他的随从，偷偷地抄写后拿回娄东，交给王家家班排演，居然已经唱了几天。这让汤显祖又惊又喜。

这段故事，张大复也是从别人那儿听来的。

张大复不能去娄东看戏，也不能看唱本。他很想扶着继子张桐的肩膀，笃悠悠地去拂石轩，与汤显祖闲聊。他有太多的时间闲聊，闲聊是他最拿手的事情。也想把自己写的书，津津乐道地讲述一番，可惜失之交臂，汤显祖已回到江西临川。张大复怅然若失。很多机会失去了，想要补回来，往往很难。

就细细读显祖先生的传奇吧。

《牡丹亭》是由张桐一折一折读给他听的。他迷蒙着眼睛，听得很仔细，很有味道。听完了，忍不住击节感慨：

"啊哈，这样的文字，哪儿还是人间语言啊？天下能有几个人写得出来呢？"

张大复终究是一个行家，他用心听了《牡丹亭》，听了一遍又一遍。对于这部传奇的理解，似乎比用眼睛读更深一层。汤显祖笔下的爱情故事，曲折离奇，缠绵悱恻，不能不令人折服。那些情窦初开的女子们，尤其会被他迷住。

是啊，他的文字纤巧至极："停半晌，整花钿。没揣菱花，偷人半面，迤逗的彩云偏。步香闺，怎便把全身现……"明明是杜丽娘在照镜子,却说是菱花镜在偷看她,害得她慌忙中把发卷都弄斜了。躲在闺房里打扮,羞涩的她怕人家看见,又很想让人家看见。"你道翠生生出落的裙衫儿,艳晶晶花簪八宝填,可知我常一生儿爱好是天然,恰三春好处无人见。"可惜,青春的美丽犹如这三春美景,被关闭在庭园里,无人欣赏,不能不感到苦闷……

> ……情不知所起,一往而深。生者可以死,死可以生。生而不可以死,死而不可复生者,皆非情之至也。梦中之情,何必非真,天下岂少梦中之人耶!(《牡丹亭题辞》)

汤显祖先生在题词中的这番话,讲得何其好啊!人生若梦,能做一个好梦,一个有情有义、一往而深的梦,生与死就非同一般了。

张大复仔细品味着。他觉得,天下有那么多的人写书,写诗,写传奇,可是能流传的知有多少?汤显祖的《牡丹亭》,实在是跟庄子的《逍遥游》、东坡居士的《赤壁怀古》、罗贯中的《三国演义》一样,是古往今来书中既可读,更可传的啊。

昆山城里谁不知晓,张大复是个有学问的人。双目失明更让他的学问与众不同,声名远扬。

他出生于明世宗嘉靖三十三年(1554),书香门第。最初的学问,来自父亲张维翰的耳提面命,日夜传授。自幼,他读书就很有灵性,也肯钻研。塾师金思斋在昆山也算是很有点名声了,对张大复颇为赞赏,曾经对别人说:

"元长早慧,十岁的时候,他《论语》的功底,就可以反过来做我的老师啦!"

十二岁以后,张大复愈加懂事,开始刻苦攻读,准备参加科考。张家祖祖辈辈五代人都竭尽全力,参与科考,结果无不以失败告终,没有谁能获得一官半职。张家全部的希望,就寄托在张大复的身上了。大家都清楚地看到,他有天生禀赋,更有超乎寻常的勤奋。到了十七岁的时候,不仅汉唐经史已经读得很深透,他的文章声名也渐渐在苏州一带四处传播,这让做父亲的十分骄傲。于是特意陪着他先后拜访了江南一带的名公硕儒,使之大开眼界。

俗话说,三岁看到老。这么聪明的人,自然前程无量,数年后取得功名必定易如反掌。他的家人、亲戚、朋友,全部是这样想的,连昆山知县程省吾与苏州学使陈晋卿,也对他赞赏有加。

他自然也信心满满。

然而,命运与他开了不大不小的玩笑。

　　直到三十四岁那年，张大复才勉强考中了秀才。这对于才华横溢的他，未免太晚了。"刚肠难忍英雄泪，死地谁堪儿女怜？"一派落寞情怀，促使他含泪写下了这两句诗。没想到，更沉重的打击还在等待他——考中秀才几个月，始终寄予厚望的父亲，来不及看到他金榜题名，因为病重，突然撒手人寰。

　　他像一下子被丢进了冰窖里。

　　幸而，远近闻名的才情与渊博的学识，帮了他不少忙。城里一些诗礼人家，争相以重金延聘，请他去教授学子。那一年，在朝中当官的顾升伯竟专门为他修筑了一座飞鸿亭，将张大复请到京城，设馆训导儿子。这让更多的人不敢小觑。

　　他的最终目标当然不是做教书先生。

　　每年春秋两季，张大复仍然参加郡试。心里始终埋藏着强烈的愿望，期待着成功的那一天。

　　说起来，很多事是命中注定的。

　　那年，张大复刚刚满四十岁，正在乡绅周元裕的府上任家庭教师。一席教职，聊以维系家人的日常开销。他明白，这不过是权宜之计，但眼下也只能如此，油盐酱醋茶总是要用银子来换的。什么东西都不会从天上掉下来。想快活，就与朋友们找地方攧笛拍曲。片玉坊这样的场合并不少。沉浸在悠扬的乐曲中，所有的忧愁就烟消云散了。昆山腔对于他不啻是疗病的良药、充饥的食粮。

　　转眼间过了新年，接着便是上元节。天气已经回暖，又遂心地晴朗。晚上，早早吃过晚饭，他陪着周家的孩子去玉峰山下的城隍庙看一场灯会。月色下，兴高采烈地穿梭于熙熙攘攘的人群中，那些扎成了十二生肖、二十四孝、天官赐福的彩灯，以及无数莲花灯、走马灯、手提灯，在夜色下分外明亮，令人眼花缭乱，目不暇接。

　　最吸引人的自然是状元灯，孩子们都围着不肯离开，张大复也是看得心驰神往。但万万想不到，看了不多一会，他突然发觉异样——眼睛像是撒进了麦芒，一阵阵刺痛。费力地睁开，却是迷炬一片，怎么也看不见灯，也不敢再看，只好扫兴而归。

　　第二天，一双眼睛变红发肿，再也睁不开来。

　　扳着指头算算，二十天后，就是一年一度的春闱——春季考试日期。他心里不由焦急起来，强令自己服了几帖药，又闭眼睡了两天，觉得眼睛稍稍有些好转了。不管怎么样，春闱一定要去。即使是睡梦里，他也在奋笔疾书。

　　张大复勉力前往。

　　不料，老天不帮忙。他刚刚走进考场，找了自己的座位，铺开试卷，正想动手时，忽然间眼前一阵发

黑,抬起头来,竟然不辨天日,试卷上雾蒙蒙的一片,比上元节那天更加厉害。满腹诗书,满腔热忱,满心期待,一瞬间全都结成了冰块。

"老天爷,我的眼睛啊!……"

他急疯了,只觉得天昏地暗,拼命捶打脑袋,却无济于事。真是喊天天不应,喊地地不灵。考官赶忙上前来,将他扶出了考场。他蜷缩在地上,泪流满面。

张家祖辈六代的梦想,就此毁于一旦。

一连好多天他不思茶饭。该失去的都失去了,该得到的却没有得到,而且再也不可能得到了!对于一心想求得功名的元长,还有什么比这更大的打击?

他明白自己已彻底坠落到了黑暗的地狱里。

家道早已中落,一个穷书生,两手空空。他先后娶过两位妻子,一死,一病。没有显赫的功名,没有曲折的爱情,没有金银田产,也没有彝器古玩——不,曾经是有过的。先祖传下来的宝贝,细数有好多件:晋唐小楷、褚遂良夫子庙碑、麻姑仙坛记、元青花瓷器……每一件都足可称道。然而,由于自己双眼昏黑,被人偷窃而去,什么都没有了。连什么时候丢掉的都弄不清楚。再说,弄清楚了又能怎么样?

话也要说回来,有一些祖传的字画,是典卖掉的,为了请江湖游医铁鞋道人医治眼睛。铁鞋道人说他是青光眼,尚存一线微弱的视力。不得已,他又典卖掉了祖传的良田。一边医治青光眼,一边仍坚持著述,以挣钱养家。然而,江湖郎中空口说白话,他的眼疾并不见好转,最终连一线视力也消逝了。

如今,所剩余的,只是活生生的一个人,脑子里丝毫也不迷糊,而且是肚子越饿越清醒的一个人。

但张大复毕竟是张大复。悲愤懊恼之后,他渐渐缓过劲来,丝毫不减自己的书生意气。他还有梦,可以生活在自己构筑的梦境里,然后在梦里写书,用独特的方式写书——一边口述,一边让继子张桐记录。日积月累,竟也有厚厚的一摞。

在书中,他自嘲地说:"每除夕,吾家无所不无,今又无二:笼无香,炊无水。"(《梅花草堂笔谈》卷十)

往年的除夕,家家户户团团圆圆,他却是无所不无。如今又缺少了两样东西,祭祖的香烛、做饭的水。到了这种地步,他仍不肯放下大家子弟的身架。一有机会,就与朋友们撅笛拍曲。

所幸,他还有许多朋友。

汤显祖是其中之一。

如果细说起来,那还是万历三十六年(1608),江阴狂生李至清因为仰慕汤若士的名声,特意赶往江西临川拜访。在闲谈中,他以十分敬重的口气提到了张元长。汤若士顿时想起,在昆山片玉坊也听徐应聘多次讲过这位病居士。彼此神交已久,可惜无缘识荆。

李至清给张大复传递了信息,让张大复很高兴。大约在三年以后,张大复特意委托常州推官王命新写信给汤若士,附寄了自己的文集《嘘云轩文字》,请求指正。汤显祖读了张大复的文字,觉得很有灵性,于是欣然为他写了一篇序文。

从此,他们之间有了许多书信来往。

仅有书信来往,始终缘悭一面。

因书信之交而熟识,熟识到说话没什么忌讳。汤显祖在信札中,真诚地劝告张大复不必耗费精力于八股文,还不如多多留意《老子》、《易经》和《太玄》等经典。他说:

"它们的篇幅不大,却是意蕴无穷,靠你的灵性,完全可以演绎或阐发成一家之言。"

张大复让书童细细读了汤显祖的信,又一字一句地口述了自己的回信。他的眼睛看不清楚,心里却很明白,并非死抱住八股文不肯放,然而八股文是"糊口之策",任何时候都无法抛弃。

他说:"多谢汤先生的一番好意,但愿得到先生的理解!"

汤显祖读了信,很有些感慨。文人们无不熟习八股文,也养成了习惯,不管什么文章都会写成八股文的熟套,长此以往性灵就被埋没了。张大复却与众不同,他当然也很熟习八股文,但是写作时不拘一格,他依仗的是灵性。灵性让文章变得生机盎然。

事实上,汤显祖的写作,跟张大复有很多共通之处。

他们就这么交往着。他们的交往,从来没有超过文字与书信之交。在某种程度上是彼此理解,加上一点惺惺相惜。理解人或者被人理解,本来就并非易事,对于博学清傲的人尤其如此吧。

那一年,张大复自觉年逾五旬,到了知天命的年月,人生已无太多变数,于是静下心来,整理了一份《张氏先世纪略》,把张家几辈子来的变迁,详细地作了叙述。

张大复突发奇想,打算把书稿寄给远在临川的汤显祖,想请求他写一篇序文。或许,能给黯然的张家增添一份亮色吧。

想是这样想,仍没有多大的把握。他问张桐道:"你说,若士先生会答应作序吗?"

张桐犹豫了片刻:"说不准,也许……"

《玉茗堂四梦》在朝野上下都获得了广泛的声誉,汤显祖手里事情不少,酬应也不少。是不是有空作序,真的谁也说不准。

信件和书稿寄出后,他就把心思放下,像往常一样去丽泽门城楼跟朋友闲聊了。很多事是强求不得的。随缘吧。

可他心里毕竟存在一些梦想。假如连梦想都没有了,这日子过得还能有什么滋味?

独坐息庵

片玉坊很短,也并不显得宽敞,却是金贵之地。东面通向朝阳门内大街,出脚很方便;西面靠近府学,僻静安谧,只有琅琅书声相伴。石幢弄、西寺弄与之相交。如果再往西走几步,便是兴贤坊,靠近丽泽门了。那是嘉靖年间修成的城门。

梅花草堂,在片玉坊居中,与城河靠得很近。张大复拥有七间祖传的平房老屋。除了一株老梅,它与这里别的民居没有大的差别,粉墙黛瓦,飞檐高翘,蠡壳窗透射着光亮。屋旁有一口官井,水质清冽。人们喜欢来井台洗涤衣物,顺便讲讲山海经。

说起来,这还是曾祖父张唐文创下的家产。张大复生于斯,长于斯。在他的文章中,亲切地称之为苏斋、息庵、闻雁斋,他常常阖目独坐息庵,让思绪漫无边际地飘散。

月亮是什么颜色,水是什么味道,触不到的风有什么声音,快要燃尽的香又有何种气息?

独坐息庵的他,默然思索着。

或许,眼睛明亮的人不会想这些,即使想了,也不会想得如此细腻,如此深透。大千世界让人感到新鲜的事情太多了。

病居士似乎只能想着自己能够触及的事。但他的内心世界并非人名想象的那般凝滞，而是十分活跃的。他心骛八极，梦游千古，一点儿也不虚妄。万物静观皆自得，世上有许多事物，往往在静观中，在无意间，会得到哲理的启迪呢。

双目失明的人，触觉、听觉和嗅觉果然比别人显得愈加灵敏。哪怕老屋内药气蒸鼻，愁声溢耳，僵卧床上如同坐在釜甑中，还有蚊蚋撩绕，只要走到庭院里，感觉到曙光初露，太阳即将探头，他的心里就感到非常高兴。尽管他明白，家里早已是"粟无徵君之瓶，薪无怪魁之山，庭无高安之菊"。

很多时候，张大复什么也不做，自管在窗前品茶。他是一个品茗的行家。可以没有鱼肉，却不能没有茶。他不仅知道怎么选茶，怎么沏茶，怎么品茶，还能讲出一大套的茶理。他说，名茶必须用名泉之水相配。凡是善于饮茶的人，无不十分讲究沏茶的用水。八分的茶遇到十分的水，茶也会有十分；但是八分的水试用十分的茶，茶也只有八分了。

书童见他双手捧起紫砂茶壶，品咂间摇头晃脑，哼然有声，知道他又有什么心得了。赶快拿来了笔墨纸砚，在一边伺候。

果然，张大复思忖片刻，令他立即记载：

> 天下之性，未有淫于茶者也；虽然，未有贞于茶者也。水泉之味，华香之质，酒瓿、米糗、油盎、醯醢、酱罂之属，茶入辄肖其物……盖天下之大淫而大贞出焉。世人品茶而不味其性，爱山水而不会其情，读书而不得其意，学佛而不破其宗，好色而不饮其韵。甚矣，夫世人之不善淫也！……（《茶说》）

真是别出心裁！以贞与淫比喻茶性，还没有人这样说过。仔细想想，却不无道理。淫者，乱也。茶性极易吸气，遇到梅花则香，逢见鲍鱼则腥。如果封藏不严，百味皆杂，就很难守住它的本真之味。如此看来，天下没有一件物品会像茶叶这般轻佻的。然而，茶不仅能解荤腥，祛除烟酒之毒，更被誉为"百病之药"。尤其是在头昏脑涨，精疲神倦，百节不舒时，饮一杯清茶，足以令人神清气爽，身心舒泰。

看来，大淫是茶的表象，大贞才是内质。

贞者，正也。

"等一等，你再读给我听一遍……"张大复说，"不对，这里怕要改一改的。"

　　书童按照他的意思改了，还得交给张桐看过。有时候一段文字要反反复复弄好久。

　　写书的时候，他手舞足蹈，滔滔不绝地讲述，随时会间断一下，纠正自己或者纠正张桐。哪怕是坐上整整半天，既没有偏头痛，也很少咳嗽，精神出奇地好。他觉得自己心里亮堂堂的，以前经历过的许多事，听说过的那些人物，无不栩栩如生，历历在目。他不再孤独，也不再愁苦，什么也顾不及。

　　"九十日春光，半消风雨中，春光正自佳，笑世人不能领取耳！"

　　他得意洋洋，摇头晃脑。在息庵享受的春光，别人是难以体味的。

　　不过，优雅归优雅，却不能不食人间烟火。

　　这天早晨，妻子起床烧早饭，洗净了镬子，问他要米。元长挠挠头皮，瓮中空空如也，哪儿还能找得出一把米？

　　事实上，他没有去找，只是嘟囔道：

　　"息庵中没有米，有的是学问。有了学问，还怕什么？不就是没有米吗，等一会儿再出去想办法……"

　　妻子白了他一眼，无可奈何。这样的日子她已经过惯了。她不愿意继续下去，可是又有什么办法？

　　张大复丝毫也没有感觉。他从来不为琐事发愁。没有米烧早饭这种区区小事，何足挂齿？进入万历后，世道纷乱，水灾频仍，即使是一向富庶的江南也很不太平。苏州一带，在万历年间发生了十几次水灾与蝗灾，很多农田颗粒无收，缺衣少食太寻常了，不是饿殍遍地就算幸运。

　　他说，读书人最理想的人生，无外乎这些要素："一卷书，一麈尾，一壶茶，一盆果，一重裘，一单绮，一奚奴，一骏马，一溪云，一潭水，一庭花，一林雪，一曲房，一竹榻，一枕梦，一爱妾，一片石，一轮月，逍遥三十年，然后一芒鞋，一斗笠，一竹杖，一破衲，到处名山，随缘福地，也不枉了眼耳鼻舌身意随我一场也……"（《泗上戏书》）真是一个彻头彻尾的理想主义者。似乎阖目一想，所要得到的就全都会呈现在眼前。

　　事实上，他的理想只停留在纸上。

　　早饭没有粥，饿着肚子，他提起盲杖，哼着曲子，沿片玉坊朝西，走向丽泽门。城楼上，会聚集很多晒太阳的闲人，他们天南海北地聊山海经，或者当众表演自己的特技绝活，也会有很多人唱曲。

　　他最喜欢听梁雪士的曲子。

　　雪士是梁辰鱼的孙子，完全是祖父的遗风，纤徐委婉中透出潇洒豪迈。咳，转眼间梁辰鱼也离开人

世几年了。

果然,雪士已经在了,老远就打招呼:

"元长伯伯,早啊!"

"早,早!"张大复说,"几天没见你啦!"

"怎么,又偏头痛?"

"是啊,老毛病,只好躲在家里。今天你有什么故事讲讲?"

"有的,就等你来呀!"

"好极,好极!"

不待他坐稳,梁雪士就讲了一个故事。

一位名叫俞二娘的少女,极其偶尔地从父亲那里得到了一本《牡丹亭》。她最初只是随便翻翻,不料却被传奇中叙述的故事深深吸引住了,不仅爱不释手,读了好几遍,还拿起笔来,用蝇头细字,在传奇的纸页边作了许多批注。

她写的批注,发自肺腑。她深深感到自己不如意的命运也像杜丽娘一样,甚至还不如杜丽娘。你看,杜丽娘毕竟在生生死死中找到了柳梦梅,她付出过,也得到过。而自己,已经十七岁了,却像是关闭在牢笼中,如同一只失去翅膀的鸟儿,根本无法飞翔。

她终日郁郁寡欢,以泪洗面,觉得身边的一切都索然无趣。最后,竟然断肠而死。

临终前,从松开的纤手中滑落的,正是一本《牡丹亭》。

一个多么感人的故事!

张大复有些不相信,瞪圆了毫无神采的眼睛:

"你说的是真的?"

"怎么会有假呢?"雪士拍着胸脯。为了证明自己,又说,"俞二娘的那本《牡丹亭》,我都亲眼看见了。读来令人动容啊!"

"那……"张大复大感兴趣:"能不能让我也看看?"

雪士一愣,看了看他,未置可否。

"哈哈,你是欺负我这个瞎子,不肯拿来给我看? 我看不出,终归有人看得出呀!"

"那,我想想办法……"

在张大复的一再逼迫下,雪士只得把那本《牡丹亭》找来了。

张大复让张桐确认无误,想了想,决定把它寄给汤显祖。自然,他附了一封信,把俞二娘的故事原原本本地告诉了汤显祖。

他明白,这个故事汤显祖也会听得津津有味的。

张大复,除了读书唱曲,就是生病;除了生病,就是与朋友披襟长谈。听到动人的故事,一天便算没有白过。然后,在息庵独坐静思。他听来的东西不比别人少,脑子里想的又比别人多。所谓学问,不就是见多识广吗?

也许正是这样,这位病居士的文章远近闻名。

片玉坊东是宣化坊,很多年前,这里的百年老屋"项脊轩",曾经出过一位文章大家震川先生归有光,他可是被称为"明文第一"的。自从归有光以后,能够掰得上手指的,就只有张大复了。有人不太相信,故意把他的一些文章,例如《记容城屠者》《济上老人》《东征献俘》等等,夹杂在归有光的文集里让人读,居然有不少读书人难以分辨,连钱牧斋也甚为叹服。

说起钱牧斋,他出生于常熟书香门第,家庭的熏染、自身的勤奋使他年纪很轻时就满腹经纶。在研究诗词的同时,他还研读兵书,常和人谈兵说剑。万历三十八年(1610),他进京赶考,最终进士及第,被授予翰林院编修。踌躇满志的钱牧斋进入翰林院后,憧憬着自己的大好前程,孰料官场上的许多事远非设想的那么简单,难免蹭蹬。

常熟与昆山相距并不远,乘船前来,不过是两个时辰。在没有去京城当官时,钱牧斋也经常来片玉坊作客,与朋友们撅笛拍曲,与元长天南海北地闲谈。他的交友很广。在他的笔下,梅花草堂的几间平房是"席门蓬户,轩车往来无虚日"。

事实上,张大复的古文一直师法归有光。后来,他与归有光的儿子归子慕相结识,始终保持着密切的关系。子慕是震川先生五十八岁时生的,比张大复小了十岁,交情却很深。子慕从宣化坊过来,只消片刻工夫。他是梅花草堂的座上宾,常常在一起品茶,然后天南海北地聊天,一聊就是半天。张大复很能与他沟通,觉得子慕比别人更理解自己的精神、才华、一生的伤痛,以及道德文章。

可惜,双目失明的张大复,只能以自己口述,请继子或书童记录的办法写书。

他多想自己动笔啊!哪怕不是写文章,饱蘸墨汁,信马由缰地在纸上挥洒,也那么令人神往。

张大复学过书法,也是很懂得书法的。他说,楷书生行书,行书生草书。真如立,行如行,草如走。从来没有谁还未能行立,就能够走的。必须苦练正楷,渐渐领会到了写字的玄妙,才可以学写草书。然而，如今不少人急于求成，提起笔来率意为之，还自以为是"天放"，这样写，怎么可能有书法的意趣呢？

这天，他独坐息庵，取过粉板，试写了手掌那么大的几十个字。张桐啧啧称赞，他却摇了摇头。

这样的写法，假如打一个比方，就仿佛是一个壮士被人用绳索囚缚。愈是要让他规矩，他愈是要挣扎。想得入神，不觉哑然失笑。"壮士囚缚，愈法愈野"，这不正是书法的法度吗？可惜眼睛不争气，要在砚台里舔笔，都找不准位置了。

谁也不会想到，这些年间，在黑暗中摸索的元长，心思很长，不仅仅是写下了《张氏先世纪略》，竟然还写下了《嘘云轩文字》、《昆山人物传》、《昆山名宦传》等等好几种书。《梅花草堂笔谈》竟然有整整十四卷。最值得夸耀的自然是《梅花草堂笔谈》。四十岁以前他设馆、作幕、出游的见闻，长长短短，林林总总，有八百五十多则。上自帝王卿相，下至士庶僧侣，树木花草，飞禽走兽，红尘梦境，他悉数记载，无不生动有趣，耐人寻味。

他的文字中，也有不少和钱谷、屯田、漕河、海运等等有关，这倒是与震川先生的"忧道"、"惠爱"一脉相承了。

震川先生离开人世很久了，梁辰鱼先生也在前些年仙逝了。时光荏苒，物是人非，一切都在变化，唯独昆山腔依然婉转如水。除了汤显祖，梁辰鱼无疑是张大复最钦佩的一个人。他打听到了梁辰鱼的许多故事，一一记载在自己的书里。

《梅花草堂笔谈》书影

梁伯龙风流自赏，修髯美姿容，身长八尺，为一时词家所宗。艳歌清引，传播戚里间。白

金、文绮、异香、名马、奇技、淫巧之赠,络绎于道……(卷五)

……梁伯龙闻,起而效之,考订元曲,自翻新调,作《江东白苎》《浣纱》诸曲。(卷十二)

其教人度曲,设大案西向坐,序列左右,递传叠和,所作《浣纱记》,至传海外。(卷八)

那时候,有很多人不远千里前来拜访梁辰鱼。尤其是那些歌儿舞女,得不到梁辰鱼的指点,心里慌慌的,总觉得没有底。

片玉坊,是诸多词曲家和优伶的聚集之地。来往于此的,有陈继儒、张凤翼、赵瞻云、王怡庵、李季膺……还可以说出一连串名字。他们在这里清喉婉转,弦索相应。元长也时常参与其间。对于度曲,他懂得不比别人少,体味尤深:

"喉中转气,管中转声,其用在喉管之间,而妙出声气之表……"

昆曲历来推崇没有烟火气,唱法极其讲究技巧。与书法所主张的"壮士囚缚,愈法愈野",有异曲同工之妙。在某种程度上,昆曲更讲法度,更有束缚,也就更难精深。

这天早晨,连绵的阴雨收停了,久违的阳光照上窗棂,让人的心情也舒畅了许多。张大复起床后,正慢吞吞地洗脸,张桐走过来,俯在他的耳边,颇有些神秘地说:

"昨晚……叔叔来了!"

"谁?"张大复不由一怔。

"世长叔叔啊!"

没想到,张桐是说前些时候刚逝世的弟弟。

"世长……他托梦给你了?"

"嗯。"

"他说什么了?"

"他说……"

"你快讲呀!"

"他让我早点起来,洒扫庭除,有贵客光临呢!"

"真的?"

张大复摇了摇头,暗忖:"寥落的梅花草堂真的会有贵客光临吗?"

他不相信，叹口气，又摇了摇头。

唉，这里倒是常有一些人来往。然而，谁是期待中的贵客呢？

玉茗花香

临川古城香楠峰下，有一个雅静的去处名曰沙井巷，汤显祖的玉茗堂，就建在巷内。说起来，这幢房屋从万历二十年到二十九年，差不多建了十来年，才算完工。

汤显祖与无数读书人一样，走的是科举之路。十四岁成为秀才，二十一岁中举，可谓少年得志。从二十二岁起，他就向着进士的目标冲刺，然而考了四次，都名落孙山，饱尝了酸甜苦辣。当时，他在诗坛已备受关注，诗集的刊行使他名播天下。首辅张居正看重他的文名，为遍招海内名士，扩大政治势力，也为使儿子在进士考试中名列前茅，两次派人延纳汤若士，许诺让他与儿子一起高中。出人意料的是，汤显祖拒绝了，他不愿意就这么被人们牵着鼻子跑。

第五次科考，终于以较后的名次入选。新一任内阁权臣申时行、张四维招他入幕，承诺让没有资格参选庶吉士的他参选，以便顺利进入翰林院，他却拂了他们的美意，宁肯去南京谋了一个闲职太常寺博士。继而又任詹事府主簿和礼部祠祭司主事。

万历十五年到十七年（1587—1589），发生了全国性的大灾荒。万历十八年，西北边防洮州失事，申时行竟与边将通贿，使明军无心战守。这一切让汤显祖十分忧虑。读书人，心地像一张白纸，容不得污垢。目睹官僚腐败，他再也克制不住，愤而上了《论辅臣科臣疏》，弹劾大学士申时行，并且抨击朝政。他太糊涂了，皇帝岂是能够触犯的？待到醒悟过来，已经被贬为徐闻典史。那一段岁月不堪回首。后来调任浙江遂昌县知县。一任五年，勤于政务，成绩斐然，却又因压制豪强，触怒了权贵而招致非议，终

于万历二十六年愤而弃官归里。

俗话说,一年清知府,十万雪花银。然而他当了几年官,自是两袖清风,什么积蓄都没有。在亲友的资助下,才渐渐建起了玉茗堂。从此居住在那儿潜心写作。

院内,载了一株玉茗花。

玉茗花,也就是白茶花,原来产于临川麻源之谷。它与扬州后土祠的琼花一样,稀少而有灵性。方志记载,北宋雍熙至康定年间,临川县城东院发现过一株,其他地方不复可见。

汤显祖的居室旁也曾栽有一株玉茗树,绿叶茂盛的枝桠虽然高于屋檐,却总是不见开花。

待汤显祖完成了传奇《牡丹亭》,四处流传,声名鹊起,仍然是这棵玉茗树,花儿竟悄悄绽放了,赢得人们纷纷前来观赏。从此,每年都开放得很盛。

原来玉茗花是有灵性的。

定神细看那一树玉茗花,黄心绿蕊,花瓣层叠,色泽光洁,精致得如同用丝绢裁出一般。她花形俊美,风姿卓然,格韵清雅,而且兼有牡丹之姿、水仙之魂、寒梅之骨,每一个花瓣都是那么的清新脱俗,恍若一位位白衣素裙冰肌玉骨的女子,仙姿神态,翩然起舞。用白璧无瑕,纤尘不染来形容她,只觉得过于肤浅。

命中注定,汤显祖当官是不长久的。他只得潜心于传奇写作。闲暇时,便伫立在玉茗树下,在不绝如缕的馥郁花香中,任思绪像天空中的云絮,漫无边际地飘浮,飘浮。

有一天,妻子喊他吃饭,没有任何回音。于是屋内屋外到处寻找,却怎么也找不到。后来,终于发现他卧伏在庭院中的柴草上,正掩袂痛哭。妻子十分惊讶,不知他为何如此伤心,急忙问他原委。汤显祖这才察觉自己有些失态,说:

"我正写传奇,《忆女》一出,春香思念死去多年的小姐,唱'赏春香还是旧罗裙'一句……我,实在是抑制不住……"

万历四十一年(1613),玉茗堂不慎发生火灾,汤显祖的藏书和所著文集都惨遭损毁,所幸房屋尚存,人也没有受到伤害。所有人都明白,这是玉茗花神在护佑……

在沙井巷玉茗堂,时不时地,汤显祖在案牍劳形之余,会想起远在娄江畔的片玉坊梅花草堂,想起那个双目失明的张大复,想起病居士的那些著作。尤其是改良后的昆山腔日渐风靡,远远盖过弋阳腔、余姚腔、海盐腔,流丽悠远,听之最足荡人的时候。然而,终究交通不便,他无法常常去往昆山,听曲友们拍曲,只能依赖鸿雁传书。

有时，一封信会在路上走一两个月，期待是需要足够耐心的，但如愿以偿的欣悦，却无以替代。

玉茗堂时常有客人拜访，家在浙江嘉兴的许重熙，家在湖广石首的王启茂，不远千里前来向汤显祖求教。为了就近从学，广东的钟宗望甚至带了家小在临川城里寄居了三年。

访客中，也不乏奇人怪人。

万历三十四年（1606）的一天，中午时分，突然来了一位身穿袈裟的男子，操着江南口音，浑身透现豪侠气概，在门口说要求见汤先生。

汤显祖将他请进客厅，入座聊天，随即留他用午餐，还特意准备了素斋。谁知，他哈哈笑着说：

"如果有酒，不妨斟上一碗！"

汤显祖禁不住笑了。

言谈中，汤显祖才知道他名叫李至清，别号超无，为江阴人氏。果然是一个非儒非释非侠的奇人。他说，自己二十岁时，曾经跟从钱谦益隐居于常熟虞山破山寺，足足待了三年。以后去苏州尧峰削发为僧，但不久又还俗从军。

李至清的奇情异彩，让汤显祖大感兴趣。

他却是自来熟，开口就问汤显祖，哪些人是他的师友，在茫茫人海中遇见了哪些有名人物。

汤显祖思忖片刻说，这些年间，自己只过着平平常常的日子，也没有遇见什么奇人。我的师长是罗汝芳先生，达观禅师则是自己的朋友。但他们都已经作古了。达观禅师很有侠气，在当今世界学他，恐怕行不通，只有走罗汝芳先生那条路了。

李至清默默点头称是。随即，毫不犹豫地去往南城从姑山，叩拜了罗先生的遗像。

第二年九月，当他再次从江南来到临川拜见汤显祖时，已是一派武士装束，腰里佩带长剑。并且拿出了一部诗集《问剑》，请汤先生写序——答应要写，不答应也要写。

他忽然想起了什么，说道："我有一个朋友，真正是个奇人。他也想请你写序呐！"

"哦，"汤显祖笑了，"比你还奇，是什么人呀？"

"他杂病缠身，又是盲人，却写了好几种书，能说不奇？他满肚子的学问，能在朋友的衙署里做幕僚，又能做塾师，能说不奇？更奇的，是他精通昆山腔……"

"你说的是张元长张大复？"

"你认识？"

"元长的名字，作客昆山片玉坊时，就听说他才华横溢。很多人都推崇他，确是个与众不同的人物。"

"他有一部《嘘云轩文字》,想请先生指点……"李至清取出了元长托他带来的书稿,恭恭敬敬地递上。"元长说,假使不是失明,他真想亲自登门临川。"

"容我抽空拜读。"汤显祖忙双手接住,说道,"读完了,我会给元长去信的。"

"那我代他谢了!"

在汤显祖的眼里,张大复是奇,李至清则是怪。你看,这个浪迹江湖的书生,狂放不羁,竟然醉倒在临川妓馆的大路旁。有人告诉汤显祖,把他搀扶回玉茗堂,仍浑然不知,醒来后什么都不在乎。他有了钱就放开喉咙喝酒,喝了酒口袋里就没有钱了。有好几次,因为肚子饿得不行,不免干了些偷鸡摸狗的勾当,不料被人察觉,抄起棍棒追打过来,他赶紧拔腿就逃,才算没有受伤。

汤显祖听了李至清的讲述,哈哈大笑。不得已,给了他一把刀,让他有所自卫。

在汤显祖面前,李至清像是一个规规矩矩的书生,什么话都肯听。然而走出玉茗堂,却是什么事都做得出来。他在江湖上放任惯了,总是口无遮拦。在家乡江阴,常当街唾骂富人,说他们都是些养肥的畜生,积攒了一辈子金银,看起来财大气粗,无非是替大盗作看守。

说来也纯属偶然,某一天,恰好有一家富户被盗,丢失了许多金银珠宝。李至清因通匪嫌疑而被捕,他大呼冤枉,可是跳进长江都洗不清,谁让他整天乱说乱讲呢。

偏偏那个江阴知县许达道,又是以雷厉风行缉捕盗贼而出名的。到了网里的鱼儿,岂能让你游走?

无奈中,李至清在监狱里向汤显祖求救。

汤显祖很同情,急忙告诉他,你无论如何要约束自己,改掉坏脾气,改邪归正。不要因为外面有人为他求情而有恃无恐。与此同时,他写信给南直隶常州、镇江那儿的官员,为李至清说情,甚至还写信给知县许达道的至亲求援。

可惜,江阴知县许达道一意孤行,丝毫不给情面,汤显祖不遗余力地斡旋,竟并没有免除李至清的死刑。延缓了一段时间,他还是被砍头了。这让汤显祖黯然神伤。

李至清不在了。他举荐的张大复,却与汤显祖经由书信往来频繁,成了很好的朋友。

那天,收到了张大复寄去的家史书稿,汤显祖顺手搁在一旁,心想有空了一定仔细拜读。他太忙,太累,心绪也乱纷纷的。三天两头有各种各样的人来拜访求教,还有那些不想参与的应酬。自己终究也有许多的文字要写。最恼人的是《牡丹亭》接二连三地出现了许多改本,可是没有哪一本能让他满意。偏偏有人还振振有词,说不改怎么能用昆山腔演唱?

他很恼火，谁说不能演唱？

搁在旁边的那堆稿纸，冷落了好多天，几乎被遗忘了。

这一天，整理书案时，无意中把一堆书稿碰落在了地上。捡起一看，发现是张大复的家史。他一怔，想起了自己答应过的事，赶快拿起来细读。一读，却再也放不下了。

张大复用一种带着淡淡的愁苦笔调，来描述自己的家史。原来，张氏世祖的籍贯并非昆山，因为家境贫穷，才入赘到了女家。按照昆山民间习俗，做上门女婿，地位是不高的。恰恰张家又几代单传，家丁不旺。子孙们，有的很早就病死了，有的一辈子苦读，却始终没有出头之日。张大复只是仍然活在世上的一个。

自从双目失明后，他听得见母亲的声音，却看不见她的容颜。年迈多病的母亲卧床不起，他在床边，伸手抚摸她形销骨立的身体，忍不住潸然泪下。母亲也很伤心，一边拭泪一边安慰他说：

"可惜你看不到娘，娘哪儿就会死呢？"

但，母亲终究撒手离开了他。

谁知，母亲逝世不多久，创伤还没有平复，元长的女儿和弟弟又相继病故。雪上加霜啊！

这样的痛苦实在叫人难以承受。

汤显祖读完了《张氏纪略》，很不平静，连夜提笔写了序文。

他说，我给自己定了规矩，六十岁以后就不读悲伤的文字，怕心中难以承受，过早衰弱。然而，《张氏纪略》拿在手里，却不忍不看，看完还舍不得放下。坐在椅子上，常常是把它收起来了，一会儿又摆放在书桌上。脑子里想的，全都是张家的那些事……

也就是过世的弟弟托梦给张桐的那个早晨，贵客果真临门了。

光临梅花草堂的，是汤显祖的信，以及一篇珍贵的文章《张氏纪略序》。从江西临川千里迢迢寄往昆山片玉坊的信件，比贵客光临还令人欣喜！

汤显祖真的视元长为知音。

素雅的信笺上，分明飘散着玉茗花的馨香。张大复眯缝成狭线的眼睛里，不由渗出了泪水，一切都模糊了。转而，他朝妻子喊道：

"赶快去买鱼，我今晚要喝酒！"

盲者的心灵

张大复有一条游船,名曰息舫,默默地停泊在城河岸边。

像主人一样,船已经老旧了,舱里常常渗水。如果盛夏季节不让人用麻丝油灰修补,就不敢驶出去了。

以前,每逢春秋佳日,只要身体不太跟自己过不去,他总喜欢在朋友的陪同下驾船出游。

记得还是万历四十四年(1616)春天,张大复扶病启程前往杭州。对于他,这可是一次长途的出行。假如不是为了商定《梅花草堂笔谈》的刊刻事宜,他还不敢如此贸然呢。

乘坐小船息舫,他们走的是水路。出昆山城河,沿娄江往西,去往苏州娄葑,然后沿着古运河缓缓南行。朋友韩止修、陆子玄,以及书童一路上照料他的起居。

在路上走了好多天,一向搭浆的身体居然没有插蜡烛,病居士像一个孩子似的高兴。

仁和知县周季候,读了张大复的书,也成为他的一个崇拜者。他特意在西湖的一条游艇上,热诚迎接远道而来的元长。张大复不仅受到周季候的款待,品尝到了闻名遐迩的西湖醋鱼,喝了绍兴黄酒女儿红,还欣赏了周季候准备的精彩剧目。戏,由浙中名伶李九官领衔主演,他着实过了一把瘾。嘀,比起在片玉坊听的那些,味道到底不一样。

那晚,他醉了。因酒而醉,因戏而醉,更因醇厚的友情而醉。很久没有如此醉过了。

尽管旅途劳顿,他终究感觉到了偏头痛,但实在是不虚此行。

回家以后,他又重新进入那由粉墙黛瓦、绿树修竹构成的安谧中。

独处息庵,对于他是一种宿命。

一鸠呼雨,修篁静立,茗碗时供,野芳暗度。又有两鸟咿嘤林外,均节天成。童子倚炉触屏,忽齁忽止。念既虚闲,室复幽旷,无事坐此,长如小年。(卷二)

鸠鸟的悠然鸣叫,童子酣睡时断断续续的气息,碗里飘出的缕缕茶香,野花氤氲散发的气息,都衍化为形象逼真的文字,一一记载在他的书里。他的耳朵太灵敏了,不仅能听到无声的竹林正静静地伫立在那里,还能分辨出不同的鸟鸣,近处是一鸠呼雨,林外远处却是两鸟咿嘤,鸣叫得那么动听。

双目失明的盲人的生命,呈现着沉静之美。他在沉静中独坐,思索的却是别人不容易想到的人与事。

至今他仍清晰地记得,万历三十四年(1606)十月十六日,一年中月色最皎洁的夜晚,万籁俱寂,凉风吹拂。他和一群文人在月光下游历常熟虞山破山寺。行行止止中,好友邵茂齐的一句话"天上月色,能移世界",突然冒了出来。

果然是这样。你看,那些假山、石头,山间流出的泉水小溪,佛寺园亭,房屋竹木……在月色下呈现别样的景象,令人陶醉。

是啊,一切常见的东西,有了月亮照耀,就显得很深邃,月亮覆盖其上就显得洁净透明。金黄和碧绿的色彩,有了月光就显得很醇厚;惨悴的容貌,有了月光就显得很奇特。在秋日的月光下,深浅浓淡的色调,假如依照它画成图画,屡屡有变化,无疑是一幅佳作。"河山大地,邈若皇古;犬吠松涛,远于岩谷;草生木长,闲如坐卧;人在月下,亦尝忘我之为我也。"(卷三)因为月色而忘却自我,这样的境界,怎么不让终日忙得晕头转向的人羡慕呢?

失明后的张大复,有超乎寻常的听觉和嗅觉。但他更用心灵来感受兰花的品韵。他认为,兰花该是周文王、孔夫子、屈原大夫的同类,不可以亵玩,又是不能一日无此君的。他说,兰花的香气,不是逼近就能闻到的。是在似有似无,忽远忽近,时断时续之间,纯粹以情韵取胜,弥漫飘忽,所以被看作吉祥的芳草。兰花兼有各种颜色,但她的色彩素淡清纯、含蓄温润,决不是姹紫嫣红、艳丽炫目的,使人能够得到无穷的视觉愉悦和心灵的感受,却又难以用语言表达。

他也喜爱水仙花。每年冬初,必定买一盆放在书斋里,再三低回,不忍离去。他觉得:"顾虞美人叶不敌花,断肠草不耐秋冷。夫至于水仙花无上矣。叶如剑,茎如兰,房如黄冠,根如夜合。绿如芭蕉,然沉郁;白如轻罗,然芬泽;香如腊梅而温,如芙蓉而冽。宜冉冉风,宜溶溶月,宜睡室,宜净榻,宜咏,宜

觞,亭亭叶表,森森华外,其神浮昱而不定,细缊而自如。"《别水仙花说》这一连串文字,构成了情文并茂的水仙礼赞。一旦水仙离别而去,哪怕只是一枝也让他悲怆万分。

但在张大复看来,最能令人心醉的,并非玫瑰,也并非水仙,而是梅花。他说:"玫瑰,花之最浓艳者,而好腴壤。得壤则香,韵尤绝人。多笑之此不然,若耶溪上浣纱女,三三两两,曾有几夷光否?凌寒耐瘦,古今之品,独梅花耳。水仙花虽凌寒,已不耐瘦。"(卷六)字里行间,似乎能令人体悟他的孤芳自赏与自叹自怜。

在张家所在的片玉坊,那祖传的七间老屋庭院中,栽种着一树梅花。当花儿怒放时,"朝来霁色可喜,花亦烂开如雪,阵阵游蜂作深夜箜篌声。戏取昨岁赠语,令倩丝杂歌之,命酒再酌。僧孺夸吾山头万树,何如此三尺地一番香雪也"(卷六)。乃至,他把书斋称为"梅花草堂",最得意的作品名曰《梅花草堂笔谈》。

自然,除了梅花,他也喜欢蔷薇、十姊妹、菊花等普通的花卉。十姊妹,是乡间对一种草本花卉的俗称。花朵不大,盛开时却簇拥成团。张大复觉得那是花中小品,"而貌特媚,嫣红古白,袅袅欲笑。如双环邂逅,娇痴离落……"(卷七)真的像是一群活泼可爱的姐妹。梅雨季节,折取它的柔枝,插在泥土里,很快能成活,第二年就可以开花。

不过,如此好活,又让他嫌十姐妹生性流艳,早熟。

呜呼,尽情欣赏美景的日子,一去而不复返了!

盲杖,笔砚,清淡与冥思,以及继子张桐和朋友的陪伴,几乎构成了元长生活的全部。他是认命的,不再有什么非分之想。用悠扬的水磨腔抚慰自己孤寂的灵魂,或许就是无上的享受了。尤其是在摇头晃脑拍曲,唱得那么入神时,谁还会想到他双目失明,什么也看不见呢?

常常会有很多朋友前来拜访,陪他一起喝茶,消磨漫无边际的时光,让他的寂寞变得有滋有味。

松江陈继儒就是一个。

陈继儒绝意科举仕进,隐居在小昆山之南。他广搜博采奇书逸册,甚至亲手抄校,藏书十分丰富。他学识广博,诗文、戏曲、书法、绘画无不擅长。对于经、史、诸子、术伎、稗官与释、道等等书籍,无不研习。这让元长十分钦佩。

喜欢与三吴名士来往的陈继儒,不止一次地来到昆山,拜访梅花草堂,跟张大复聊昆山腔,聊传奇,聊丝竹,聊一些家长里短。聊得最多的是读书,他对元长说:

"读到从未见过的书,如似得到最好的朋友;读到以前曾经读过的书,好比与老朋友重逢。"

张大复也想读书，而且想读奇书。可惜眼睛不争气。

他忽然想起了一件事，笑着说："眉公先生见多识广，可是有一个吃甲鱼的方式，或许没听说过。"

"哦，是吗？"

见陈继儒颇有兴趣，便讲了起来。有一家官宦子弟喜欢吃鳖肉，吃的方法与众不同。先让人把活鳖放进铁锅里，加水后，慢慢用文火煮。铁锅盖上留有几个小孔，煮了一会儿，鳖受热难忍，就把头从孔中向外伸出。这时候，厨子用调好的佐料喂它们，直到把鳖完全煮熟才停止。这样的烹饪，鳖味自然十分佳美。

陈继儒笑了，说："秀才不出门，能知天下事。这话一点都不假！元长你听到的比我多啊！"

听见他的赞赏，张大复颇有些得意，忙让张桐把这些天来写的书稿，拿出来给陈继儒看。

这一篇，写的竟然是自己的女儿。

> 沈声远门之甫毕，复为邻火延烧其家，老少子女争保囊物而吾孝伯独移二稚避火竹林下，
> 动止如常，斯亦不愧吾家女也，人言贫累重乃不知以处忧患，故独轻。（卷七）

那天，片玉坊上忽然发生了火灾，人人都争着保住自家的财产，而他的女儿孝伯却丝毫也不慌乱，动止如常，把两个小孩都救了出来。如此临危不惧，镇定自若的女子，世上实不多见。难怪元长自豪地说，这才不愧是吾家的女儿啊！

还有一篇，写的是为人处世的哲理。

> 世间会讨便宜人，已是世间曾吃亏过者。何也？会讨便宜的人，灵利玄通其于天下一切
> 情形，精徽透脱，无不照瞭，然后熟审便宜所在而力就之。如老聃冯道之徒，胸中垒块无所不
> 抹杀，故无所不便宜……（卷五）

他借用别人的话说，最讨便宜的，那还不如那种没有孔窍的人，饥食渴饮，夏葛冬绵，胡乱醹醹醉，随地昏昏睡。

陈继儒读得很认真，一边读，一边感慨道："对于世相的讽刺，实在是一针见血！"

转而，他又对张大复说：

"你看,大地周遭,其实也是一个大梨园啊。伶人们在台上演的戏,往往是先离后合。人生却并不是这样,父母妻子乃至骨肉齿发,刚合即离……"

光是这一番话,由浅入深,就足够元长品咂好几天了。自然,也会写进他的《梅花草堂笔谈》。元长是不会放弃任何机会的。

正是如此,他的《梅花草堂笔谈》,打算请陈继儒作序。他没有请汤显祖,不能太多麻烦汤显祖。

陈继儒高兴地答应了。他在序文中说:

"张大复虽然因贫穷不能优待客人,却很好客,虽然没有钱买书,却非常喜欢读异书。年纪大了,不能纵横天下却喜欢经世济时。我们只要读其书,就可以知其人。"

话,说在了点子上。

痴情人间

仲春季节,玉茗花又如期开放,雪雕银砌似的。淡淡花香在暖风里氤氲,不绝如缕,招来许多蜂蝶翻飞。

汤显祖却没有心思欣赏。

这些日子,有不少人跟他过不去,令他颇有些不愉快。

昆山腔正四处流传,人们无不以唱昆山腔为荣。身为江西临川人,汤显祖却一直习惯于用宜黄腔、乐平腔、弋阳腔来写他的传奇。然而,那些人并不赞同。尤其是《牡丹亭》声名鹊起后,江南的许多地方都迫不及待地用昆山腔上演,招徕观众。为了方便演出,不少人改编了他的剧本。沈璟、冯梦龙、吕天成、臧懋循、硕园……改编的人,名字可以说出一大串来。

　　这些人以昆山腔的尺度来衡量《牡丹亭》，说这部传奇好是好，可惜曲辞不合规律，腔、板绝不分辨，衬词、衬句凑插乖舛，唱起来简直是会拗折人们的嗓子。

　　听到这些，汤显祖十分恼火。他并非自视过高，然而为了这部传奇，终究是拿出了自己的全部智慧与情感，像婴儿似的孕育。所有这些改本，统统不为他所认可。哪怕改编者有不小的名头，也嗤之以鼻。他坚持要让人们按照自己的脚本去上演。即使是将原来的曲牌增减一两个字，依然不依不饶。

　　理由很简单，这样做，与他原来的意趣大不相同了！

　　最初，是好友吕玉绳给汤显祖写信，并寄来了沈璟的书稿。沈璟是吴江才子，著有《南九宫十三调曲谱》，在江南一带享有盛誉，年龄与他相仿。他头脑机灵，勤于探索，精熟音律以至苛求的地步。但，汤若士对他的做法根本不赞同，尤其不赞同他随意改动自己的《牡丹亭》。一部好的戏文，重在意趣神色。音律当然也很重要，但是必须服从于文辞。假如一定要按字摸声，恐怕一句戏文都写不出来了！

　　好友孙如法也寄来了一封信。他与沈璟也是熟识的朋友。信上，同样地劝说汤若士要讲究音律。

　　这让汤显祖烦恼中增添了烦恼。

　　想到了自己呕心沥血的传奇脚本被人乱改，他愈加动了肝火。咳，演唱传奇，曲谱自然是要有的。可用韵之类，本来就是容易懂的事，何必弄得如此繁琐不堪呢？这个沈璟偏偏还振振有词，似乎世界上只有他才懂！其实，曲调的流变和体式，倒是应该认真加以考核。然而你看，沈璟的曲谱纷纭杂乱，乃至无格可循，闹出几多笑话。还不如以曲意为主，自成声律呢！

　　汤显祖提笔写了回信，狠狠地加以批驳。

　　他的话语，辗转传到了沈璟的耳朵里。

　　没想到，汤显祖先生对于至关重要的音律，竟然会如此漫不经心，这不能不引起沈璟的不满。自己苦心经营曲律，积多年之经验，才有了《南九宫十三调曲谱》，让传奇演唱有板有眼，十分动听。谁知道，汤显祖根本不当一回事，一下子抛到九霄云外。可是，你看看他的曲词，假如用昆山腔来演唱，不正像钝锯子解木板？天下人的嗓子都要被拗折掉了！这个人很固执，别人帮他修改了，他还显得很不高兴，仿佛是在太岁头上动了土。哼，实在是岂有此理！

　　沈璟毫不掩饰自己的鄙视与激愤。

　　他的话，很快出现在孙如法和吕玉绳等朋友的信件上，飞越关山，传到了玉茗堂。

　　汤显祖没有跟沈璟见面，彼此也从未争论过。然而，来来往往的信件，每一封都充满了火药味，在无声地冲撞。

一场笔墨官司,就这样打了起来。②

吕玉绳也好,沈璟也罢,依据音律修改汤显祖的《牡丹亭》,不仅大大损害了他的自尊心,更像刀子一般揭刺了他的痛处。纡徐委婉的昆山腔日臻成熟,超乎其他诸腔之上,迅速流布各地,深入人心。《牡丹亭》不也正是因为借助于昆山腔,才被越来越多的人喜欢的吗?然而,汤显祖不能不承认,毕竟他是江西人,熟悉的是宜黄腔、乐平腔、弋阳腔,与昆山腔隔了一层。

他在写给一位友人的信中,打了一个比方说:

"有人批评王摩诘的冬景芭蕉,觉得应该割蕉加梅。冬天是冬天,然而已经不是王摩诘的冬景了。"

言下之意,不难理解,他的《牡丹亭》与王摩诘王维所画的冬景芭蕉一样,是撇开了日常生活中的情理,排除了世俗浅薄的见解而写成的,是一种独创。难道艺术不该独创吗?如果用吴歌来演唱,方便是方便了,却不再是汤显祖的《牡丹亭》了。

这样说,似乎还嫌不够,他又直接写信给演员,斩钉截铁地说:

"上演《牡丹亭记》,一定要依照我的原本。吕玉绳他们改的,切不可遵从!"

他的脾气本来就倔。一个连申时行都敢顶撞的人,还有什么可畏惧的?此刻,在朝野上下纷纷赞赏《牡丹亭》时,他愈加自信,愈加不肯改变自己。咳,你沈璟说我的唱词会拗折天下人的嗓子,那不妨就这么挠喉捩嗓下去吧!

沈璟拿他没有办法。

他暗忖,一个人在火头上,难免讲出一些过激的话,做出一些过激的事。冷静下来想想,汤显祖终究也是懂得音律的,尽管他的脚本有不少违逆之处,但是并没有到无法上演的地步。经过一番调整后,配以宫谱,唱起来仍声声入耳。

沈璟不想缠住不放,汤显祖也不愿再跟沈璟争论下去。孰是孰非,或许永远没有结论。他感到累了,把精力消耗在无谓的争辩中,无异于自杀,不如做点别的事。

这天傍晚,汤显祖恰好收到了张大复的信。

哦,张大复有一段时间没来信了,第六感告诉他,信中一定会告诉自己重要的东西,于是他迫不及待拆开细读。

信中复述了雪士先生的故事,附寄了俞二娘批注的《牡丹亭》。读着少女心声,汤显祖不由感慨万分。晚上,睁眼躺在床上,他怎么也无法入睡。

这个张大复,似乎也知道了自己跟沈璟的争论。俞二娘的故事,不必再作渲染,已比任何道理都来

得清楚。意趣神色，自是传奇的命根子。音律，仅仅是一具躯壳，一件外衣啊。

无独有偶，恰好在这时候，杭州也出了一件事，伶人商小玲扮演杜丽娘，上演《寻梦》一折。她入神地唱着："一时间望眼连天，一时间望眼连天，忽忽地伤心自怜。知怎生情怅然，知怎生泪暗悬？……"情致来时，竟悲伤过度，在戏台上气绝而亡。她在别人的梦里流尽了自己的泪，也洒尽了自己的血。

还有一个故事：广陵女子冯小青，读了汤显祖的传奇《牡丹亭》，十分震惊。她发觉自己苟且活着，已经没有任何意义。于是写下了一首绝命诗，撒手人寰：

　　　　冷雨幽窗不可听，挑灯闲看牡丹亭。
　　　　人间亦有痴于我，岂独伤心是小青。

汤显祖的心绪很复杂，复杂得难以名状。既为之深深遗憾，又感觉如愿以偿的慰藉；既有不可言喻的痛楚，又浮起一股融融暖意。他一时不知道自己该颔首感叹，还是该仰天长啸……

不知什么时候，汤显祖迷迷糊糊睡着了。睡梦中，竟看见了自己的女儿詹秀，正款款地向自己走来。他喜出望外。女儿离他越来越近，越来越近。他想大声叫喊，嗓子却丝毫也出不了声。他急了，赶快伸出手，想抓住女儿，不料扑了个空，顿时醒了……

他半天回不过神来。

詹秀天真活泼，聪明伶俐，活脱脱的一个美人胚子。从牙牙学语开始，就总是像一只小猫似的，缠绕在汤显祖的膝边。这孩子又爱读书，教给她的那些诗词，很快就能背熟。这完全是继承了汤若士的禀赋，怎么能让人不喜欢！

怎么能料到，七岁那年，詹秀患天花死去了。

至今仍清楚地记得，詹秀离开他的前一日，他带着孩子，到祖祠拜谢。女儿穿着绣花连裙衣裳，说不尽的活泼可爱。可是因为患痘症，她发烧不退，脸色赧红，举止有些呆滞，费力地解开贴身的红衣裳，在祖祠正立。汤显祖注视着她，眼前模糊一片。

拜谢祖祠，竟然是与祖宗永别。

第二天，詹秀便离开了人世！

汤显祖的内心非常悲伤，痛哭了一场，连茶饭都显得那么苦涩。人生的无常，总是令人猝不及防。老天爷对我也真是太不公平了！

夙夜起坐,他又含泪在灯下写下了《平昌哭殇女詹秀七女二绝》:

死到明姑也不辞,要留人世作相思。

伤心七岁斑斓女,解着褴红别祖祠。

古梦吞星即有灵,当今织女是何星。

心知不合飞流去,泪洒苍茫河汉青。

女人,你是弱者!

动情于殇女,他强抑悲痛,拭干泪水,坐在了书桌前。读书人回天乏力,还可做什么?全部的希望,只能寄托于诗文之间。于是开始构想一部传奇,笔下很快有了太守杜宝之女杜丽娘。这位官宦人家的女儿,读《诗经》,唱乐府,然而她不明白,识字恰恰是人生不幸的起点。渴望拓宽视野,使一贯顺从的她产生了小小的叛逆心理。于是随丫环春香走进了花园,从若隐若现的游丝窥见春消息,继而与梦中情人相遇,并与之交欢,开始了生命的历险。

"情不知所起,一往而深。生者可以死,死可以生。生而不可与死,死而不可复生者,皆非情之至也……"

汤显祖深彻地懂得这个道理。

有了杜丽娘与柳梦梅的爱,内心的创伤才渐渐消减。

如今,没想到又有女子为了杜丽娘而殉命。她才十七岁,比詹秀离世的时候大了十岁,像玉茗花蕾般的青春年华刚刚开始。红颜薄命,因情而殉,天下有谁能将她拯救?

苍天啊!

汤显祖陷入了极度的痛苦之中,心潮久久难以平静。头脑发胀,再也无法阖眼,重又披衣起身,在灯下沉思良久,挥笔写下了五言绝句《哭娄江女子二首》:

画烛摇金阁,真珠泣绣窗。

如何伤此曲,偏只在娄江。

何自为情死？悲伤必有神。

一时文字业，天下有心人。

写完了，丢下笔，任泪水顺着脸颊悄然滑落。

汤显祖难以预料，《牡丹亭》问世后，杜丽娘的命运始终牵扯着无数少男少女的心弦，联想起自己渴求而不得的爱情，令他们夜不能寐、食不甘味。即使是他也离开了这个世界，仍然出现了许许多多催人泪下、发人深省的故事。

大约在汤显祖逝世后一百五十年，与他同为江西人的蒋士铨，写了一部《临川梦》，在勾栏演出。有趣的是，这部传奇竟然以剧作家为主角，分上下两卷，共二十出。传奇中多次出现俞二娘。第四出《想梦》，写俞二娘耽读《还魂记》，《还魂记》中的柳生和杜丽娘竟出现幻影。第十出《殉梦》，写俞二娘读《还魂记》断肠而死。这与张大复告诉他的故事一模一样，没有什么差别。

可是到了下卷，情节的变化超出了人们的想象。

《寄曲》一出，写俞二娘死后二十多年，她的乳母将俞二娘批点的《还魂记》送到了汤显祖的手里。《访梦》一出，写俞二娘的亡魂打算拜访汤若士。《说梦》一出，写汤显祖长子死而归天，与淳于棼、卢生、俞二娘、霍小玉等人在天王前相会，论世事皆梦。最后一出，则写汤显祖在玉茗堂睡觉，睡神引俞二娘的灵魂进入汤显祖的梦中，与之相会。汤显祖感其知己。淳于棼、卢生、霍小玉等人也来相见……

自然，这些都是后话了。

这一天，汤显祖把自己所写的诗句，寄给了张大复，并且附了一封短信，热忱地向他问候。

张大复读到汤显祖的诗句，也歆歔不已。

论年龄，张大复比汤显祖小四岁；论资历，他只是一名生员，在进士面前，只可算是晚生；论境遇，一个是落拓的病居士，一个却因为《牡丹亭》而名声显赫。然而，汤显祖始终以同辈相待，一点也不轻慢。读了张大复所著的《梅花草堂笔谈》，他说了这样一句话：

"天下有真文章矣！"

这句话，让张大复心底热乎乎的。

他唯一能做的，是把所有这些写在自己的《梅花草堂笔谈》里。

见证历史，有时并不需要眼睛。

张大复于七十六岁逝世时，已是万历末年。他绝没有想到，三四百年以后，他在《梅花草堂笔谈》里

记载的那些故事，或者片言只语，成为昆曲研究者们最可信赖的珍贵史料。著名的文化人周作人与钱锺书，甚至还为《梅花草堂笔谈》引发过一段笔墨官司。

周作人的《中国新文学的源流》一书出版后，当时才二十岁出头的钱锺书读到了，随即撰写了书评。他对书中忽略了张大复的《梅花草堂笔谈》深表遗憾，钱锺书认为，张大复是足可以与张岱媲美的。三年后，周作人写了《梅花草堂笔谈等》一文，给张大复以贬语，捎带着把钱锺书的书评驳回去。

这，也算是文坛上的一桩趣事。

---

① 《昆新两县续修合志》卷十三载："太史第。太仆寺卿徐应聘所居，在片玉坊，有拂石轩。注：应聘与汤显祖同万历癸未科，显祖客拂石轩中作《牡丹亭》传奇。国朝张潜之诗：梦影双描倩女魂，撒将红豆种情根。争传玉茗填词地，幻出三生拂石轩。"

② 明代曲论家王骥德在《曲律》中，曾形象地描绘了"汤沈之争"的状态："临川之于吴江，故自冰炭。吴江守法，斤斤三尺，不欲令一字乖律，而毫锋殊拙；临川尚趣，直是横行，组织之工，几与天孙争巧，而屈曲聱牙，多令歌者咋舌……"

声色双甲红颜秀
冲冠一怒繁华尽

歌姬陈圆圆小传

　　明末，吴门歌姬所交游的，大多是文人名士。在长期的耳濡目染中，她们都掌握了诗词书画之类的技艺。演唱昆山腔、弋阳腔，更是技艺娴熟。作为其中的佼佼者，陈圆圆具有的文学和艺术修养已达到不可小觑的程度，格外让文人名士为之倾倒。一旦丝竹响起，便歌喉扇影，满座尽倾。

　　陈圆圆在舞台上，容貌娟秀，风韵清雅，光彩照人。然而，"声甲天下之声，色甲天下之色"，不仅仅给她，也给社稷江山带来了难以料想的命运逆转……

结识冒辟疆

陈姬明白,自己注定了要被男人迷恋。

她也明白,他们的迷恋,恰恰是自己的声名所本,衣食所依。迷恋的人越多,越发让人高兴。乃至有名士按捺不住地赞叹道:"玉峰歌姬,声甲天下之声,色甲天下之色。"这话,当然也传到了她的耳朵里,她淡然一笑。浮狂的公子哥儿们,甘愿在山塘街一掷千金,不过是迷恋自己的声色。他们只会迷恋声色。在他们的眼里,一个寄身梨园的女子,假如没有了声色还能有什么?犹如一个阳山水蜜桃,失去了红艳的皮色和饱满的形态,谁还愿意品尝呢?

唯有她安之若素。

思想起,离开玉峰山下古娄江畔的盆渎村,西行苏州,已有好几年。懵懵懂懂的毛丫头,摇身一变,居然芳名鹊噪,声色倾动姑苏,连她自己都觉得意外。这些日子的历练,无疑是辛苦的,唱曲、填词,以及妆容、茶道、待客之类,让她迅速脱却乡野的稚嫩,日渐娴雅清纯,引人瞩目。

但,没有人知晓,在这香氛世界里她并非沉湎词曲,心如止水。十八岁的青春女子,难免会悄然浮起一种热切期盼,尤其是在弦歌稍停、灯影暗淡的时候。

纷至沓来的恩客们从她那儿获得了欢愉。她在登场唱曲的同时与之周旋,见识了不少人,也试图透过他们的言谈举止,抵达他们的内心。然而,这几年间几乎没有谁能够让她怦然心动。他们只不过

是一群口袋里有几个钱的公子哥儿。

直到一个不速之客的出现……

春三月,正是栀子花飘香的季节。那天,她像往常一样坐在了镜子前,独自梳头,描眉,抿唇,再淡淡地涂一抹腮红。身上,穿一袭浅黄色湘裙,仿佛云霭中孤单的黄莺,煞是惹人怜爱。抬起头来,一双脉脉含情的眼睛在镜子里顾盼生辉,不由嫣然一笑。

根本没想到他会来。

听说,他是随着母亲,从家乡如皋出发,去往衡岳探望父亲。船儿渡过了长江,走水路南行,安稳舒适,却晃晃悠悠,很是缓慢。坐在舱里,除了看书,时间不知该如何打发。途经苏州七里山塘时,他终于登岸小憩,与友人会面。友人备了便宴招待。席间,兴奋地告诉他说:

"此地有一个玉峰歌妓陈某,擅梨园之胜,颇有些名声,你难得过来,不可不见呀。"

昔日盆渎村已难以找到影踪

"是吗?"

他想,回船上也太寂寞了,不妨去看一看吧。

于是来听了她唱的曲子。

鸨母特意告诉她,这位风流倜傥的冒公子冒辟疆,是"复社四公子"之一,他不仅出手很大方,更是饱读诗书,才华横溢,性格正直不阿,敢于向阉党的那些人叫板。有很多女子愿意跟他亲近,嫁给他,乃至甘心给他当小妾。可是他绝非拣在篮里的都是菜,至今尚未成婚。

说这句话的时候,鸨母丝毫不掩饰憧憬的神色。

她不由认真地向冒公子看了一眼。与那些来来往往于山塘街的名士们相比,他的举手投足很儒雅,眉宇间更是透现别一种神采。究竟是什么? 一时还难以捉摸。

　　不知为什么,那晚一开场,班主没有让她唱昆腔,而是以弋阳腔唱了《红梅记》。接着,才唱了几曲最拿手的昆腔。她咿咿呀呀的唱腔,在曲笛点化的氛围中弥漫,如青云出岫,如珠玉在盘。那婀娜轻盈的身段与姿态,将戏台变成了瑶池琼台,要不迷恋都难。

　　一曲唱罢,所有的人都禁不住喝彩。

　　一开始,冒公子随意地听着,有些不在乎。但渐渐地入神了。听到后来,竟然忘了喝彩,忘了饮茶,忘了自己究竟来这里是干什么的。他的心整个儿被陈姬的声色攫住了。是真是幻,一时间竟难以分清。或许真个是在梦中?

　　她是敏感的,从冒公子的神色变化中察觉到了他的痴迷。心里暗忖,这个人斯斯文文的,不像某些轻狂的富家子弟,眼里只是有酒色二字,他还真懂得几分昆腔。

　　哪儿料想,待她唱完几个曲子下来,冒公子已经与鸨母讲妥,请她去自己的船上饮茶叙谈。

　　她感到很吃惊,迟疑着,不知道该拒绝,还是该顺从。

　　"轿子已经在门外等候了。"冒公子笑着说,"放心吧,怎么接你去,还怎么送你回来!"

　　"我……"

　　"去吧!去吧!你看屋里这么多的女孩,谁不想结交冒公子这样的名士呀?"

　　经不住鸨母再三劝说,她颔首答应了。

　　靠在码头上的冒家船儿,宽敞,洁净,安谧。舱内的长案掌起灯火,照亮了四周堆放的书籍。丫环上了茉莉花茶就退出了。在灯影茶香里,他们漫无边际地聊天。

　　出门时她就有了打算,稍稍坐上片刻,然后找一个理由离开,否则太没礼节了。谁知道话匣子一打开,就收不拢。冒公子侃侃而谈。他似乎什么都懂,也会唱昆腔,言谈举止很有些磁性。她不由被他的风采吸引了,暗暗告诉自己是找到了知音,刚上船时的拘谨也随之消散殆尽。

　　谈谈说说,竟忘了时间。

　　蓦然间,他们感到了船身在起伏晃动。仔细听去,阵风卷起雨点,哗哗地扑打在船篷上,犹如炒黄豆似的,势头还很猛。

　　"哎呀,时辰不早了,我该回去啦!"

　　"还早呢!"冒公子却毫无倦意,"再坐一会儿吧!"

　　"不,不,"她觉得风雨也是在催促自己,"我从来没有在外面这么久,该回去了!"

　　"那……"

见她执意要走,冒公子有些无奈。拉住她的衣角,却不肯松开手。两相分别,不知道哪天还能会面?

"你去了衡岳,不是还要回来嘛!"

"回来是要回来,可……"

"等你回来,我们一起去吾家山看梅花,好吗?"

太湖边的吾家山,遍栽各色梅花。假如在早春时节,暖阳下恰是赏梅的好去处。届时,漫山遍野疏影横斜,暗香浮动。点点红梅似殷红之血,片片白萼如圣洁之雪,一派孤傲的君子气派,真是有"遥看一片白,雪海波千顷"的意境。

"好啊,太好啦!"

望着她明亮的双眸,冒公子心头热热的,分明感受到了那份真情。可是,转念一想,复又犹豫起来。他把母亲送往衡岳以后,不出半个月还要去接回,然后返回如皋,加之手里有不少事情要做,时间很紧,赏梅怕是难以践约。

"那,你做事要紧,"她十分善解人意,"我们不妨再约佳期。"

冒公子思忖了片刻,说:

"不如干脆等到八月中,我专程再来苏州,我们一起去虎丘赏桂。怎么样?"

"好啊!"她一口答应,"赏桂,赏月,唱曲,虎丘的千人石是再好不过的地方!"

可是,性急的冒公子没有等到八月中。对于他,几个月的期待太漫长了,他没有这个耐心。相信陈姬也会如此。半个月之后,他把母亲接回来,再次途经苏州,赶紧去半塘见陈姬。

怎么会料到,陈姬被豪强抢走了。

鸨母告诉了他这个信息。

他瞪圆眼睛,神色仓皇,无论如何也不敢相信这是真的。

"咳,佳人难再得! 我是没有艳福啊!"

他顿足垂首,一再叹息。陈姬,这仙眷似的女子,是上苍给我的恩赐啊,可是我居然轻易地将她错失了。真后悔那晚自己太斯文,太规矩,竟没有能一亲芳泽……

他百无聊赖地在山塘街徘徊了许久。也算是天遂人意,找到了上次劝他去见陈姬的那个朋友。朋友见他一副失魂落魄的样子,感到很纳闷。冒公子说,陈姬被人抢了,岂能不令人痛惜! 朋友却摇摇头,随即把他拉到一边,告诉他说:

"你呀,真是个傻瓜! 被抢走的是假的!"

"你不骗我!?"

"我要骗你,天诛地灭! 告诉你,真的陈姬所藏的地方离这里很近,我可以带路,陪你去看她。"

"走,马上就走!"

冒公子喜出望外,请朋友立即陪他去见陈姬。

于是,冒公子与陈姬得以再次相逢。

她没有想到,冒公子这么快就来找自己,真是喜出望外。前几天,确实是有豪强想娶她为妾,她哪儿肯答应? 更何况刚刚遇到了冒公子,两人长谈到子夜,又有虎丘赏桂的约定……

幸而有不少人帮忙,以李代桃僵的办法,使她逃脱了虎口。她躲在一个僻静的住所,没有谁来骚扰,受到惊吓的心渐渐得以平复。可是无尽的孤独感又盘桓不去,令她倍感凄凉。冒公子的到来,不啻是拨开云翳的一道阳光。

"冒公子,是你呀!"她雀跃着迎上前去,笑笑说,"你快请坐,我就去沏茶。"

"不忙。我……坐一会就要走的。"

"怎么刚来就说走,这么匆忙?"她故作愠怒状,"我有事跟你相商,今天,你不妨作彻夜长谈。"

她想彻夜长谈? 冒辟疆不由一怔。他是一个聪明人,立刻颖悟她要相商的是什么事。她艳丽无双,可以说在他所有结识的年轻女子中,没有谁能比得上的。正是如此,才魂牵梦萦,怎么也丢不开,途经苏州,匆匆又来找她。然而,看眼下的情势,她是很有谈婚论嫁的意思。这,倒是没有心理准备。

"母亲还在船上等我呢!"他呷了一口茶,就有些坐不住了,"车船劳顿,她毕竟上了年纪,身体有点不适,我放心不下……"

"那也是。老人家的康健很要紧。明天早晨我去船上向她请安,也算是有个礼节。"

"不,这倒不必的。"冒辟疆没想到她如此热切,"你安生在家,免得不小心招惹了谁……"

她嫣然一笑,什么都不在乎。

冒公子跟她天南海北地聊了一个时辰,说终究放心不下母亲独自在船上,不便久留,匆匆回去了。

第二天早上,陈姬果真细细化了妆,专程前去山塘街码头看望冒辟疆的母亲。她其实不像人们想象的那么标致,上唇左边有一颗黑痣,鼻梁微微中陷,不过她很擅长妆扮,加上开腔唱曲时,艺惊四座,足以让人忘却她相貌的缺陷。

老夫人是见过世面的人,很能把握分寸,对于这位颇有名声的欢场女子,不卑不亢,不骄不矜。在作为书房的船舱里与她简单地聊了几句,接过侍女送来的汤药,就到内室去了。

　　在简单的对话中，她已经知道，冒公子母子一行并不急着回如皋，还将在苏州逗留几天。

　　她邀请冒公子今晚再去她家。

　　时间与机会是明摆着的，一旦失去了，就不复回还，她只想抓住不放。她那真诚而热切的目光，投射过来，让人难以拒绝。冒辟疆找不到任何理由不去赴约。

　　月光清冷似水。似水的月光仿佛是从她的眼睛里流淌而出。他当然完全能读懂。可是，此刻他的内心充满了矛盾。当初，他是多么想捕获这道明澈得足以穿透一切的目光——不正是为此，才到苏州山塘街的吗？事实上已唾手可得。然而，事到临头，却又浮起莫名的担心，担心她会给自己带来想象不到的麻烦。作为一个男人，他必须有所承担，可是真的要承担，不免踌躇。

　　但陈姬并不踌躇。

　　月光下，她敞开心腑，讲了很多的话，每一句都含情脉脉，向冒公子传递了托付终身的意愿。

　　他打着手势，希望阻止她往下说，她却仿佛没看见，自管喃喃地表达着很难表达的意思。她发觉自己积聚了太多太多的话，想一下子都对他说出来。

　　没想到他有些不耐烦了：

　　"我……咳，实话告诉你吧，这次去衡岳才知道，父亲正陷于起义军的包围之中，局势紧迫，举步维艰。我哪儿还有心思？现在根本不是时候啊……"

　　"这不急的。"她似乎很有预料，"只要冒公子有这份心，我还担忧什么呢？"

　　"可是，可是我到半塘，只是途中太无聊，来寻求消遣罢了。你又太认真了，让我感到唐突……"

　　"认真有何不妥？我就是不想遇见那些浮华之辈……"

　　话，已经说得像小葱拌豆腐——一清二白了。冒公子进退两难，谁让自己也像别的书生一样，迷恋上这位玉峰歌妓的呢？然而，他的脑子并没有彻底糊涂。趁着还有回旋的余地，他必须快刀斩乱麻，告诉她赶快打消念头，以免耽误了终身大事。

　　"我要告辞了。你看，月亮早已升到半空。"

　　他轻轻地拉开搭在自己腕上的一只纤手，站起身。

　　"终身大事"四个字，像刀子一样刺痛她的心。

　　听听，冒公子完全是用局外人的口气说话。是啊，终身大事，难道你就不想着自己的终身大事吗？可她不能硬逼着他，未免有些沮丧。与此同时却又发现，他在试图跟自己拗断的时候，口气并不是斩钉截铁地硬。也就是说，冒公子的门没有关死，还留有一点点缝隙。只要有一点点缝隙，风就可以钻进去。

于是，从他的腕上，收回了自己的手。她明白，心急吃不得热白粥。任何迷恋都是有分寸的。

"那好。我等你，不管到了哪一天，我都等你……"

她的目光凝视着冒公子。真诚，热切，也含着几分哀怨。

冒公子发觉自己被清冷的月色笼罩了，也被她的目光笼罩了，难以摆脱。满是爱怜地朝她看了又看，言不由衷地说：

"好吧。你等我，我会再来找你……"

"果真？"她欣喜若狂。

"果真。"他淡淡回答。

"不骗我？"

"不骗。"

看她这种无怨无悔的痴情，任何一个正常的男子都不忍心拒绝。然而，他告诉自己既不能利令智昏，也不能随口敷衍。终于，期期艾艾地答应着，赶紧与她告辞。

她知道，无法用一根绳子拴住他，留在身边，于是提出了一个条件，请冒公子写一首诗。想念他的时候，用昆山腔吟唱，不管是什么样的寂寞都可以排遣掉。

对于大才子冒辟疆，这还不容易吗？他当场就诗兴大发，写了一首绝句赠送给她，转身走了。

留给陈姬的，是长夜里无边的寂寞。

吴梅村取名

陈姬是前几年被人变相卖给了苏州阊门兰馨堂的。

那是一个烟柳人家。沦为歌姬的原因很简单：父母亲先后亡故，收养她的姑父姑母也离开了人世，她孤身一人，生活失去了依靠。学艺时，便改用母亲的姓。才十八九岁，名声就越来越响亮。原本的邢姓，人们早已忘记得一干二净……

当声色场的潮水退去，一切都显得空落落时，她把冒公子的诗句放在一边，拥裘而卧，不免思想起自己的身世。

她家原籍常州金牛里，父亲名叫邢三，读过几年书，脑子聪明，肚子里有些东西。但命运不济，最后成了一个挑货郎担的，一年四季总是在外面游荡。他喜欢唱曲，货郎担挑到哪儿，就唱到哪儿。曲子唱得动听，他的货郎担也就受人欢迎。

因为遭遇水灾，在常州的日子过得越来越艰难。唱曲换不到柴米油盐酱醋茶，父亲挑着货郎担，从常州金牛里一路往东，走了三天三夜，迁徙到昆山盆渎村，寻找族亲——她的姑父姑母，租借一处房屋落下脚来。昆山历来是膏腴之地，或许以后能有好日子过。

居住在盆渎村的日子，清贫而又安逸。不久，母亲在盆渎村一间低矮的平房里生下了她。①

盆渎村紧靠娄江，开门见水，她是第一个孩子，便取名邢沅。

渎，本是指河沟、小渠。像盆一样的渎，无疑显示这里地势低洼。盆渎村，一片乡村景象。推开她家的门扉，就可以看到田间种植的蔬菜稻麦，河面上漂浮的菱藕茭叶，柳荫下的那座石拱桥。城河的水很清澈。父亲常常把一只蒲鞋用草绳拴着，扔在河埠下。第二天清晨拉起来，蒲鞋里会躲藏着几尾活泼泼的塘鳢鱼，用它们炖蛋，鲜得简直会脱掉眉毛。

从小她就是一个讨人喜欢的女孩。在襁褓里，父亲就一边抱着她，一边哼唱曲子。父亲唱得很动听。听到曲子，一双乌溜溜的眼睛瞪得圆圆的，眸子晶亮晶亮。

她正是在柔美似水的曲子里渐渐长大。

从小，圆圆就喜欢与淘伴们一起走过城桥，去西面的桑园里捉迷藏。桑园在丽泽门外。早春，当桑树吐露明绿的嫩芽时，她们会偷偷地采集一大把，拿回去喂蚕宝宝。用棉絮裹住蚕籽，放在胸口最暖和的地方，焐上半个来月，黑黑的蚕蚁就爬出来了。

圆圆稍稍懂事，却去城河北岸的片玉坊玩。她是被随风飘过城河的笛声吸引过去的。那笛声悠扬委婉，将人的心弦撩拨。在片玉坊，她喜欢站在大户人家的厅堂外，听他们在笛声的伴奏下咿咿呀呀地唱曲，大半天不肯离去。

记得有一次，她走近太师第，听得很入迷。黑漆大门敞开着，厅堂里聚集了不少人。人们见她一个毛丫头依傍在门楣跟着哼唱,居然很像那么回事,拉她进去,也唱上一段。

她有些害怕,想拔腿逃走。但是被大人们拦住了。既然进了厅堂,就没啥可怕的了,稍作忸怩,就随口唱起了《浣纱记·泛湖》一折中的［南浆水令］:

采莲泾红芳尽死,越来溪吴歌惨凄,宫中鹿走草萋萋。黍离故墟,过客伤悲。

说实在的,唱词所讲的黍离之情,她并不是太懂,曲牌却唱得颇有些味道,让人听出了西施心里的凄苦。

人们无不为之惊讶。纷纷问她:"你是谁的学生?"

她有点不知所措。谁也没有教她,这个细娘丫头的曲子是耳濡目染,无师自通。在吃奶的时候就听惯了笛声。

片玉坊,房屋鳞次栉比,街头人来人往,十分热闹,几乎天天都会有很多人唱昆山腔。老人们以一种怀念的神色说,一百多年前,魏良辅、梁辰鱼他们,就是在片玉坊把昆山腔唱得天下闻名的。现在说来,就是祖师爷啦。坐着轿子出入于太师第的,都是些名头很大的人物。好久以前,这里就养成了传统,细娘丫头长到十来岁就开始拜师唱曲,尤其是那些家境贫穷的。只要唱得好,以后就再也不愁吃穿。

她暗暗想,看来自己也是要唱昆山腔的。

那天,是中秋刚过,丹桂馥郁的香气四处弥漫。

翰林学士吴梅村回原籍太仓省亲,返京时路过昆山,顺便探望县令杨永言。杨永言,乃浙江义乌人氏,与他是崇祯同科进士,不觉到昆山任上也已有三年。

得知吴梅村光临,杨县令夫妇特意去娄江码头迎拜,并且用官轿把他送往县衙后院歇息。一切安顿妥当后,又说:

"明天我们一起登临玉峰山。永言在翠微阁设宴,为大人接风。"

"我们是同道,不必太兴师动众。"吴梅村一路上欣赏古城景色,显得很轻松,"不过,如果有曲子听,那就更如意了!"

杨永言笑道:"来到昆山,岂有不听曲子之埋? 梅村先生是行家,在京城也是常常曲笛盈耳吧?"

"永言兄,当个小小京官,哪儿有你这般自在呀。实不相瞒,一年中能听个两三次,算是很不错啦。"吴梅村摆摆手,戏谑道,"再说,在北方怎么可能听得如此原汁原味呢?"

"只怕你在昆山听得不满足啊!"

"哈哈,在老兄你的治下,什么都是遂心的。"

一夜无话。第二天早早起身,好学的吴梅村先是闭门读了半天书。昆山历来是人文荟萃之地,民间藏书颇丰。几个大户人家所藏的典籍,有不少在京城都难以寻觅。他可是有备而来,早就写信托杨永言搜集了好几种,读得兴味盎然。

玉峰山,半入昆山城区的一座小山。百里平畴,一峰独秀,因而闻名于世。漫步山下,但见松竹苍翠,曲径通幽,亭榭兀立。坐落于山腰的翠微阁,四周林木围拥,曲院回廊,雕梁画栋,显得小而精致,与山巅慧聚寺的黄墙浮屠相映衬,别有一番情趣。

吴梅村夫妇在杨永言夫妇的陪同下,拾级而上。

翠微阁厅堂不大,却布置得古色古香。墙上所挂的几幅画,描摹的正是玉峰四时景色。

一桌酒宴早已摆好。

杨永言知道,吴梅村见多识广,在京城做官,什么样的山珍海味未曾品尝?便特意让人准备了一味土产——燋鸟。

果然,吴梅村感到很新鲜,毫不客气地夹了一筷:"这东西,倒是从来没有见过。"

杨永言忙说,这叫燋鸟。燋鸟出自昆山北部低洼区。由于湖荡遍布,芦苇茂盛,杂树丛生,那儿栖息着各种各样的野鸟。农民闲来用土铳装上散弹,四处打鸟。随后把鸟儿去毛洗净,放在燋锅里,投入七八十来种中草药,花费时间慢慢燋制。燋成的鸟儿,色泽暗红,飘散异样的香气。咀嚼时,唇舌间会有不可言状的好滋味。

"嗯,不错,不错。"

吴梅村一边品尝,一边连连点头。

在陆续上了浓汤鳜鱼、清炒鳝丝和油爆虾之后,侍者又端上来一盘烧熟成金红色、蒸腾着热气的阳澄湖大闸蟹。

杨永言挑了一只饱满的雌蟹,递到他面前:

"秋风响,蟹脚痒。也真巧,阳澄湖大闸蟹刚刚开捕。九月初的雌蟹,已经脂丰膏肥。"

"我可真是有口福啊!"

吴梅村嘀嘀笑了。他是吃蟹的行家了,熟练地去掉蟹脚蟹螯,掰开后盖,露出已显结实的蟹黄,便大快朵颐。桌上摆放的姜丝酱醋,根本不用。他说这才是原汁原味。

品蟹,自然离不开黄酒。杨永言让人端来一坛女儿红,说这酒还是从家乡带来的陈年老酒,还没有开坛。今天恰好畅饮一番。

吴梅村品尝了一口,咂咂嘴说:"好酒,好酒!"

随即端起酒杯,一饮而尽。

杨永言笑道:"吴大人,可真是好酒量啊。"

吴梅村说:"我其实不嗜酒,今天是心情好,才放量饮上几杯。所谓酒逢知己千杯少,不是吗?"

他已经迫不及待地等着听曲。

或许是从顾阿瑛的玉山佳处起始,私家女乐持续盛行。苏州、昆山一带,很多达官贵人在家里蓄养童伶,延师教习,为家庭演戏宴客之用,称之为家班。家班一般可分为女乐、优僮和家班梨园,多数为女乐。一百多年前的嘉靖年间,曾任吏部尚书、中极殿大学士、内阁首辅的申时行醉心于昆曲,晚年辞官回苏州闲居,所蓄养的戏班与张岱家班齐名,由于擅演《鲛绡记》,甚至被称为"申鲛绡"。蓄养家班的风气,从那时起绵延至今,似乎从未中断。

昆山县衙也蓄有一个昆曲班子,十来个女孩子,平时经常演唱,遇到贵客登门,也让她们唱曲侑酒。

杨永言抱着歉意地说:

"说来也有些不巧,这几天我们的唱曲班子去了苏州,参加虎丘曲会,尚未回来。不过,我家女儿有个陪读姑娘,聪明伶俐,曲子唱得不比班子里的那些女孩差,我已经让她过来。"

吴梅村一边剔着蟹肉,一边说:"好!好!"

这陪读姑娘,不是别人,正是邢沅。

说起邢沅当陪读姑娘,也是纯属偶然。有一次,衙役上门,要她的姑母带着她和几个女子去县衙缝制衣服,一连做了几天。杨永言的夫人见她面目清秀,聪明伶俐,手脚也勤快,一下子就喜欢上了。衣服做完以后,舍不得放她走,将她留在县衙中,给自己的女儿伴读。父母亲双双亡故后,她无依无靠,既然衙门里让她去,也不能推辞。心里暗暗有一个主意,让自己陪读,不是也可以借机读点书吗?

果然,她凭着天生的聪慧,一边照料县令的千金小姐,一边偷偷地读书识字。塾师见她很有才华,特意叫她作诗填词,她竟然学得津津有味。写了几首小令,蛮像是一回事。

这里是昆山腔渊薮,盛行拍曲之风,杨永言自幼喜欢余姚腔,到了这里却不能不附庸风雅,办了一个班子,让她们在后院唱曲助兴。邢沅天生丽质,有一副圆润的嗓音,更从父亲那儿继承了唱曲的兴趣,在陪读之余,也常常听她们排演。完全是耳濡目染,久而久之也就学会了唱曲。

杨永言在无意中听到了她唱的曲子,觉得别有韵味。于是让班头请来了拍先——教授拍曲的先生,为邢沅教习指点。邢沅领会得很快,又肯钻研,不多久就有了名声。

此刻,邢沅手里提着一把琵琶,轻移莲步,出现在了厅堂门口。

吴梅村斟满一杯酒,正想向杨永言回敬,谢谢他的热情款待,抬起头来,看见了邢沅,不由得怔住了。只见她衣着朴素洁净,却衬托出超凡脱俗的容貌。瓜子型的脸蛋,白嫩得有如珍珠般光滑油润,染着淡淡红晕。一双眼睛明亮清澈,似乎是会说话的,却低垂眼睑,端视脚下,全然是青春少女羞答答的神情。

万万没想到,在玉峰山竟能见到似天上仙女般美丽的女孩。吴梅村有点神魂颠倒,端着酒的手腕,悬在了空中。

"邢姑娘,快过来见过吴大人。"

邢沅走前两步,向吴梅村施了万福之礼。

"吴大人是当今的大才子,写得一手好诗。来到昆山,令玉峰山蓬荜生辉啊。"

"永言兄过奖了。"吴梅村转过脸说,"邢姑娘请坐。"

邢沅后退一旁,怯怯的,不敢坐下。

杨永言笑问:"仁兄爱听散曲,还是爱听戏曲?"

吴梅村说:"凡是邢姑娘愿意唱的,我都爱听。"

"邢姑娘,那你就先弹一曲宋人的词牌吧!"

邢沅颔首,微微一笑。

随即,她将木椅轻轻往后一挪,偏过身子,只在椅子的边沿坐定,将怀中的琵琶褪去布套,伸出葱嫩般的手指,灵巧地调好弦音。丹唇微微启动,清脆而又柔美的声音,便如水一般流淌:

> 一片春愁待酒浇,江上舟摇,楼上帘招。秋娘渡与泰娘桥,风又飘飘,雨又潇潇。何日归家洗客袍?银字笙调,心字香烧。流光容易把人抛,红了樱桃,绿了芭蕉。

她一开唱,吴梅村就知道,这是蒋捷的小令《一剪梅·舟过吴江》。好词啊!在秋风送爽的季节,持螯赏菊,把盏听曲,看"一片春愁待酒浇",何等的耐人寻味啊!这是倦游思归的愁,也是春光易逝的愁。春光,果真是让人追赶不上啊!

弦音戛然止住。邢沅龛拢嘴唇,欠动身子,向宾客施礼。厅堂内,余音似乎仍萦绕不绝。

吴梅村听得入神,不由击节称赞道:

"真是妙不可言!难得听到如此美妙的曲子,永言兄,今番到昆山,不虚此行啊!"

"吴大人只要有空,随时都能来昆山听曲啊!"杨永言说,"邢姑娘聪慧秀丽,却命运不济,自小父母双亡,靠姑母带大,前些时候姑母又亡故,无依无靠,暂时在衙内陪小女读书。"

"哦……"

吴梅村若有所思,却没有多说。

这时候,在外间等候的几个乐师,走进门来,手持板鼓、曲笛、弦琴,摆开了阵势。邢沅站起身来,轻舞长袖,微摆柳腰,唱起了《西厢记·听琴》一折中崔莺莺的一段:

　　[天净沙]

　　莫不是步摇得宝髻玲珑?

　　莫不是裙拖得环珮叮咚?

　　莫不是铁马儿檐前骤风?

　　莫不是金钩双控,吉丁当敲响帘栊?

　　[调笑令]

　　莫不是梵王宫,夜撞钟?

　　莫不是疏竹潇潇曲槛中?

　　莫不是牙尺剪刀声相送?

　　莫不是漏声长滴响壶铜?

　　潜身再听墙角东,原来是近西厢理结丝桐……

一曲终了,吴梅村已经是如痴如醉。他情不自禁地赞叹道:

"啊哈,阳澄湖大闸蟹鲜美无比,怎能比得过姑娘的吴歈雅韵。真可谓此曲只能天上有,人间难得几回闻哪!"

邢沅绯红着两颊,不知该说什么,显得有些羞涩。

吴梅村目不转睛地看着她,看得她愈加不自在,随即又问道:"姑娘,未知今年芳龄几何?"

邢沅轻声回答:"初度二八。"

"嘀,正值妙龄。你曲子唱得很好,又有相貌身段,假如有名师指点,前途不可限量啊!"

杨永言有些感慨,说:"邢姑娘唱曲,也是无师自通,仅仅耳闻目染,就学得这么好。我看她眼下尚是一块璞玉,倘若精雕细琢,确实能令人刮目相看。"

他当然不笨,早就发觉吴梅村对邢沅产生了浓厚兴趣。你看,有滋有味的大闸蟹、女儿红,此刻全都被他撂到了一边,眼睛里只有这个脱俗的妙龄少女。

"邢姑娘,请问你的芳名?"

邢沅不知就里,迟疑着没回答。

杨永言忙替她说:"她名叫邢沅,字畹芬。"

吴梅村笑道:"邢姑娘嗓音圆润甜美,不如改一个名字,叫作邢圆圆,好吗?"

"吴大人给邢姑娘起名字,太好了!"

邢沅抬起眼睛,望了他一下,说:"我父亲姓邢,母亲姓陈,我喜欢母亲的姓。"

"噢,这是为什么呢?"

"唱曲的女孩都有艺名。我想,假如圆圆是艺名,就改用母亲的姓,叫起来更响亮。"

杨永言说:"想不到邢姑娘真有主见!确实是陈圆圆这名字响亮,要谢谢吴大人呀!"

"谢吴大人赐名!"

"不用道谢。"吴梅村摆摆手,思忖了片刻说,"我倒是有一个想法,我与夫人都迷恋昆山腔,如若圆圆姑娘能常伴左右,即便远在京城,离家千里,也能时时听得乡音,就仿佛始终身在江南了。"

他的夫人在侧厢用餐,一直由杨夫人陪伴左右,这番话也被她听见了。尽管不便说什么,却皱了皱眉头。

杨永言笑着说:"吴大人有这个心意,再好不过,让圆圆姑娘随大人去京城便是了。"

"不知圆圆姑娘可否情愿?"

"我……"

她嗫嚅着。她毫无心理准备,面对这突如其来的变化,一时乱了方寸,脸色绯红,不知如何回答。

心想,父母双亡后,自己跟着姑母学女红,时而进县衙,给夫人小姐做衣服。姑母突然患病逝世,又在县衙陪小姐读诗书,学琴棋书画,学唱昆山腔,这几年一直过着随遇而安的日子。似乎没什么选择,心里也没什么念想。转眼间就长到了十六岁。突然间出现了这个吴梅村,听了一次曲子,便想让我去遥远的京城,在京城唱曲。这让她感到十分惶惑,长到这么大,还从来没出过远门。不是舍不得江南古城的小桥流水,而是对未来生活一片茫然。

她发觉,自己仿佛是一条小船,颠簸在汹涌奔流的波涛里。这浪涛忽而把小船推向浪尖,忽而又把小船扔向波谷,无法预知前面等待着自己的究竟是什么,让人不知所措。

然而,她不能给自己做主。从小她就是听从别人的。

她并不知道,眼前的这个太仓人吴梅村,考取进士后当上了京城的官员,也是诗人。他的诗歌,一派唐人的格调,长于七言歌行,尤其喜欢写那些跟时事有关的古诗,有人说他的诗歌是"诗中有史"。他还很能写传奇,陆续写出了《秣陵春》《通天台》《临春阁》等很多部,对于昆山腔的迷恋,超过一般人。

"圆圆,你就跟吴大人去吧!"

面对这种情形,杨永言没有犹豫,代替邢沅作出了决定。跟随吴梅村去往北京,在他看来,无论对吴梅村,对邢沅,还是对自己,这都并不是一件坏事。

她悄然垂下头。

吴梅村拱手道:"多谢永言兄馈赠圆圆姑娘之恩!"

"吴大人如此,永言担当不起。圆圆姑娘跟你去了,好比一脚踏进了米囤里,我都为她高兴啊!"

玉峰山翠微阁的一场宴席,得到如此戏剧性的结局,倒是出乎大家的预料。

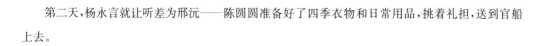

回　绝

第二天,杨永言就让听差为邢沅——陈圆圆准备好了四季衣物和日常用品,挑着礼担,送到官船上去。

当吴梅村的官船离开昆山时，他与夫人、女儿都去娄江码头，既是给吴梅村送行，也是跟陈圆圆告别。

船儿离开昆山，沿娄江向西，往苏州方向行驶。

直到这时候，陈圆圆才有机会仔细端详一下吴梅村。

昨天在玉峰山只顾唱曲，唯恐唱错了，丢了杨县令的面子，连回答他的问话都是垂下眼睑。再说，一个小姑娘盯住人家京城官员看，总归不太像样。此刻，坐在官船的船舱里，吴梅村缠住她，不停地问这问那，她也不能不打量他一番。

布满心头的惆怅和懊悔之意，像娄江里的水波悄然漾起。咳呀，昨天不该真的听从杨永言，就这么把自己作为一件礼物送给吴梅村。可是，来不及多想，已经上了他的官船。那可该怎么办呢？

自己年方十六，而吴梅村已经是四十来岁，仔细分辨，他的鬓间似乎已钻出几茎白发。一个是如蓓蕾尚未绽放的少女，一个是已经显出富态的中年人，论年龄完全可以做自己的父亲，彼此的差别太大了。再看看，吴夫人的脸色丝毫不活络，丈夫娶妾，她也无奈，可从此与她相处，难免龃龉。受点窝囊气，还是小事，对自己而言，随随便便给这半老头子做妾，岂不像一只鸟儿关进了金丝笼，看起来挺漂亮，却再也没有自由。青春年华就这么葬送了？

她越想越是不甘心。

不甘心，又该怎么办？

灵机一动，忽然间有了主意。

眼看船儿已经快驶近苏州，她忙对吴梅村说，姑父在苏州阊门外的大人家做饭头，很想去与姑父作一个告别。在江南，自己也就只有这么一个亲人了。

吴梅村觉得她的话有道理，不答应，就太不近人情了。便让官船沿娄江进入苏州城，在阊门外山塘街码头停靠。他也想顺便上岸看看，买点苏州的丝绸、刺绣和团扇，带回京城，给上司、同僚作礼物。

"你快去快回，两个时辰后，就要开船的！"

"晓得，我不会拖延的。"

"路上小心！"

"噢！"

话音未落，陈圆圆已经匆匆跳上岸。

很快，她在浣花里找到了姑父。

姑父前几天受了风寒，正发寒热躺在床上，不停地咳嗽，无法出去干活。与前些时候相比，他是明显瘦弱了。见到陈圆圆匆匆赶到，姑父不免有些讶异。

陈圆圆忙把这两天遇到的事和自己的来意讲了一遍。

姑父毫不含糊地告诉她说："圆圆，你可千万不能去京城。去了，就回不来哉！"

"是啊，我也是这样想的。"陈圆圆焦急地说，"可是，又有什么办法回绝他呢？"

"你这样，也会得罪了杨县令。看来，昆山县衙是不能去了。我看，你不如留在苏州，留在姑夫的身边，免得再受人家欺负。"

"留在苏州？"圆圆一怔。这一点，她还没有想过。

"姑父是孤身一人，不管是在昆山还是在苏州，只剩下你这个小辈。你过来了，我们也好相互照顾。"

姑父的话，说得很动感情。圆圆想了想，默默点头应允了。是啊，姑父也是花甲之年了，身体有病，也需要有人照料他。

见她答应了，姑父很高兴。但是随即又皱拢眉头："只是……怎么回绝吴大人呢？"

"姑夫，你不要急，我有一个办法的。"

她轻轻说出了自己的打算。

姑父觉得有些不踏实，又无可奈何，说："事到如今，也只能如此了。试一试吧。我在这里等着你回来……"

比约定的时间稍稍晚了一会，陈圆圆才回到山塘街码头。吴梅村在官船上等得有些焦急了，船夫已经收好跳板，解开缆绳，用竹篙勾住缆船石，催着她快快上船。

陈圆圆却收住脚步，不肯往船上跳。

"圆圆，你怎么啦？"

"我……我不能马上跟你走！"

吴梅村十分不解地望着他。

"我姑夫说，你是一个大文豪，满腹诗书，很了不起。不过，要把我带走，有一个条件。我出个对联，你若是能对上，二话不说就跟你走，若是对不上，我就不能跟你去。"

吴梅村没料想她会提出这样的要求，沉吟片刻，爽快地说："好！就依你所说，你出上联吧！"

陈圆圆微微一笑，瞟了他一眼，胸有成竹地说出了上联：

"酒坊通河无不利。"

"这……"

吴梅村怔住了。

这些年，不知写了多少诗句，对了多少联句，可是她的上联出得如此突兀，一时竟让他思路堵塞，脑子里空白一片。

吴夫人拉拉他的衣袖，说："好啦，我们就上路吧！"

吴梅村一脸无奈。

一直到了十年后，已经辞官回到太仓的吴梅村，游娱于诗词曲赋，又多次来到昆山。他不仅寻访了盆渎村，也走过了城里许多街巷弄堂。陈圆圆跌宕起伏的命运，促使他写出了长诗《圆圆曲》，为他赢得了很高的声誉。但，直到那时他才明白，陈圆圆给他出的那个上联，原来是昆山三座桥的名字——酒坊桥、通河桥、无不利桥。只要用三条弄堂——果老弄、管家弄、东太平弄的弄名联成一句，"果老管家东太平"，就可以工整地对出下联了。

一切都为时晚矣。

他是后来才知道，陈圆圆能写得一手好诗词。

> 自笑愁多欢少，痴了。底事倩传，杯酒一巡时，肠九回。推不开，推不开。

他是从友人那儿读到了这首《荷叶杯》的。题头注有"有所思"，确实也能从中看出她落寞的情怀。还有一首《丑奴儿令》，描绘的是暮春景象，梅花纷纷被风雨吹打，碾落成泥，她却很懂得含蓄，没有直说，而是借此映衬了彼时的境遇。

> 满溪绿涨春将去。马踏星沙，雨打梨花，又有香风透碧纱。声声羌笛吹杨柳，月映官衙，懒赋梅花。帘里人儿学唤茶。

谁都不能不对她刮目相看。

吴梅村绝对不会想到，陈圆圆没有跟他去京城，后来却被另一个人弄去京城，与明末重要人物吴三桂、李自成、刘宗敏等人纠缠在一起，引出了一连串充满香艳和血泪的故事，成为家喻户晓的人物。当他知道这一切后，再也按捺不住内心的愤恨。咳，倘若那次跟他去了，也许她的命运不会如此跌宕起伏！

但，没有也许。很多事情的转折，往往出自某个极其偶然的因素。恰如一个伶人也能改变历史的走向……

作为诗人，他唯一能做的是把这一切用诗的语言记录。

兰馨堂

陈圆圆依靠自己的计谋，摆脱了吴梅村，留在了苏州。必须承认，吴梅村很有恻隐之心，他还是善良的，没有将自己强行抢去京城，而是给她放开了一条生路。

浣花里姑父的住处，被她清理得干净而又整洁。

陈圆圆住在里屋，姑父住在外屋，中间用一道板壁隔开。平日里，身为厨子的姑父去酱园烧饭，陈圆圆则在门口摆一个裁缝小摊，给人家剪裁、缝制衣服，借此维持生计。

姑父安慰她说，日子不富裕，但就这么平平淡淡地过，也还不错。几年后，找一个合适的人家嫁出去，生儿育女，即使贫贱，也总比去陌生的地方好啊。

她想，或许自己就是这个命吧？

然而，这样的日子并没有维持多久。

圆圆不仅心灵手巧，衣服做得漂亮，相貌更是出众，很快四邻八舍全都知晓了。不少人有事无事上门来，看看这个从昆山来的天仙般的女孩，让她给大家唱曲。反正也不耽误干活，圆圆从不拒绝，见人

们喜欢听,也就随口唱了。

听曲的,无不心醉神迷。

有一天,几个常来的老妇人终于撺掇她,不如去曲社唱曲。她们唧唧喳喳地说个不停:

"姑娘,你长得像天仙一般标致,躲在家里做缝纫,又苦又累,还赚不到钱。岂不是太屈才了?"

"你唱得这么好,她们都比不上你的!"

"去昆班唱曲,肯定要比你做女红强啊……"

"是啊,是啊,我要有你这样的容貌嗓音,老早就拔腿去哉!"

"去吧……"

圆圆十分犹豫。从内心说,她从小就很喜欢唱曲。那些纡徐委婉、美妙动人的曲子,能给人心头多少抚慰啊。然而,与此同时又颇有担忧。正是因为唱曲,引起了那些官员的关注,使自己的日子过得不安逸起来,还差点儿被人弄到京城去。不正是为了逃脱纠缠,才离开昆山盆渎村,来到苏州浣花里的吗?

她摇了摇头:"我……我就不去了吧。"

"嘿,傻丫头! 俗话说,一招鲜,吃遍天。像你这样有才华的小姑娘,红起来是很快的啊。"

"到时候,也就不必住在这么破旧的房子里啦!"

"还有钱给姑父看病……"

"是啊,勠心活腻腻,迟疑不决哉!"

"要不,先去试一试?"

她似乎有些被她们说得动心了。不妨去曲社看看,假如觉得合适,就留在那儿,假如不合适,回来还做我的女红。不是吗?

于是,陈圆圆在几个老妇人陪伴下去了。她们沿着曲曲弯弯的街巷,走了小半天,来到了阊门外山塘街的一条巷子。抬头看去,眼前是一幢粉墙黛瓦、飞檐高翘的老屋,看来规模不小,少说也有五进。黑漆大门边的墙上悬挂一块木牌,书有"兰馨堂"几个楷书大字。

隔着老远,在小巷里,她就听见了悠扬委婉的笛声。在板鼓和琴弦衬托下,那笛声仿佛是从层层叠叠的花瓣中钻出来的,又仿佛在沾满露珠的草叶间盘缠腾跃,不绝如缕。

她挪不动脚步了。

有人在唱曲。听得出是好几个人,有男,有女。在昆山县衙的后院,也常常会响起笛声,每逢这时,

她都会被吸引过去,跟着她们学唱。今天,这笛声似乎更加动听……

她觉得自己的嗓子痒痒的。

妆罢下红楼,笑折花枝在纤手,惹偷香粉蝶飞上枝头。捧霞觞琥珀光浮,敲象板宫商

迭奏。

洞天深处同欢笑,直饮到月明时候。

她听出来了,她们是在唱《连环记·小宴》。貂蝉的这一段唱,她不仅唱过很多次,甚至能讲出吕布与貂蝉的故事。

从小寄人篱下的貂蝉,善于察言观色。加上她生性聪慧,更有一种善解人意的特质。在东汉大臣王允家里,她的身份介乎小姐与侍婢之间。终于,有一天,当她在院中拜月时,俏丽的身影让一直在想着很多事的王允生出了计谋。随即,他们进了画阁,王允说出计谋,一番话吓得貂蝉花容失色。白发苍苍的王允忙跪拜在地,貂蝉一惊,也跟着跪倒。面对抚养自己长大的恩人,她发誓,万死不辞。

王允把吕布请到家里,设宴热情款待。当酒饮至七分醉时,光彩照人的貂蝉从内室款款地走出来,吕布的眼睛一下子就发直了。貂蝉的纤手端起酒杯,走近吕布,眉目间都是动人的笑意。王允故意找借口离开。于是,她唱了这一段[前腔]……

吕布无法不被貂蝉的美貌迷住。

陈圆圆却是被这悠扬委婉的笛声迷住。

她没有走进兰馨堂的黑漆大门,就已经被迷住了。

她想象着,这位笛师一定是长须飘拂,目光炯然,中气依然很足。在他的伴奏下,丹田之气全都运作出来,唱曲便成了一种美妙的享受。听曲的人当然也是享受。她相信,自己认真学几年,一定会唱得比里面的那些人好很多……

陪她过来的老妇人,似乎是熟门熟路,推开了兰馨堂的门。

班主应声迎了出来。

问过了姓名、年龄、学艺的经历,以及家里的种种情况,又让她试唱了一曲,没有费什么周折,班主就接受了她。

她光彩照人的相貌,有谁会愿意拒绝呢?更何况,她从小就学过昆山腔。亮开嗓子时,声音是何等迷人。父母双亡,除了姑父家里几乎已经没有什么亲人。班主盯住她,上上下下、前前后后看了又看,满意地舒了一口气,说:

"你是一个好苗子!这样吧,你今天先回去,与姑父说好,明天我派人来接你入班,拜师学艺。"

圆圆点了点头。

"不过,话也要说在前头,"班主顿了顿,瞟了她一眼,又说,"兰馨堂有兰馨堂的规矩,若是进来了,就不许随便出去。必须立好字据,再拜师入班!"

圆圆又点了点头。

陪她来的那几个老妇人纷纷说:

"没有规矩,不能成方圆,是该立字据的。"

"进了兰馨堂,以后就不必依赖姑父了!"

"是啊,说不定将来能成为名角呐!……"

"如果这样,就太好哉!"

她们的话,讲得丝毫也没有错,蛮合圆圆的心愿。圆圆嘴上不说,心里是赞同的。

于是,圆圆立好了字据,进兰馨堂学艺。

不久她终于明白,那几个老妇人是从班主那儿拿了银子回去的。自己像其他女孩子一样,是卖给了班主,将来要成为歌姬。到了这个地步,即使心里不愿意,也没有退路了。

或许是命中注定,恰好在这时候,姑父突然一病不起,药石无效,很快就撒手离开了人世。圆圆闻讯,不由为他痛哭了一场。如今,即便给她退路,她又能去哪儿?

这眼泪,有一半是为自己流的。

好在她天资聪颖,学艺刻苦,班主对她也很器重,光是衣服就给她做了好几身,登台唱曲时穿得尤其鲜亮。

从此,她在苏州步入了梨园。陈圆圆,果真成了她的艺名。她从未忘记自幼生长在玉峰山下、古娄江畔的盆渎村。当她声名鹊起之时,兰馨堂每晚的水牌上,常常写有"玉峰歌姬 陈圆圆"的字样,吸引四面八方的客人们纷至沓来。

她绝不会想到,这恰恰是自己悲剧人生的开端……

山塘河波澜

陈圆圆成了兰馨堂的"头牌"。

谁都不能不承认,她不仅有天分,也愿意勤学苦练。一首新曲子,只要教唱两三遍,就入腔入调了,当晚便能登台。唱得很动听,名声自然日渐响亮。客人来得多了,生意好了,班主自然笑逐颜开,也舍得给她脂粉钱,让她打扮得愈加出众。

其实,陈圆圆的相貌是有些高颧塌鼻,上唇还有一颗小小的黑痣,很难说十分标致。[②] 不过,这些缺陷被脂粉掩盖了,绝佳的扮相,加上谈吐文静,举止优雅,更擅长塑造形象。一旦丝竹响起,歌喉扇影,满座尽倾就成为一种必然。

有许多名士前来捧场,情不自禁地为她写下赞颂的文字。

但,她似乎并不快乐。

班子里的那些女孩子并不欢迎她的到来,更不喜欢她日渐响亮的名声,出于妒忌而阴损她、诋毁她。有好几次,她最喜欢的行头突然失踪了,每天使用的胭脂不知怎么的找不到了。她知道有人在背后唧唧喳喳讲自己的坏话,心里难免郁闷,却又无可奈何。好在她生来脾性好,遇到不顺心的事情,忍一忍,也就过去了。她觉得,在曲笛伴奏下尽情唱曲,是最舒心的。除此之外,什么都可以不放在心上。

一年过去了,又一年过去了。她发觉,自己在那些公子哥儿眼里越发艳若桃李,却越发寂寞如烟花。她可以驱散所有人的忧愁,自己的忧愁却积聚在那儿。他们掏出白花花的银子,来兰馨堂,不过是逢场作戏,寻找快活。散场走了,什么都不会留下。

内心深处,总是有些什么在涌动,在期待。她真的很想捕获一些什么,却捕获不到。犹如自己常常唱的,"流光容易把人抛",时光在一天一天地流逝,确也到了谈婚论嫁的年龄,那些迷恋自己的男人们,竟没有谁是值得依傍的。

苦苦追寻中,突然出现了冒辟疆冒公子。

她的眼睛一亮,不由自主地被冒公子的风流倜傥吸引住了。是啊,天上掉下来的冒公子,才是自己千百度寻觅的男子,足以将全部的情感和命运寄托的男子!

她要牢牢抓住冒公子,绝不愿意失之交臂。于是迫不及待地向他倾吐了心声。她相信冒公子跟自己是有缘分的,不管这缘分是深是浅,是长是短,她都不会放弃。只有她明白,冒公子对自己的称赞,跟别人完全不相同。"蕙心纨质,澹秀天然"③,这才是说到了我的心里……

从那天晚上分别后,她就默默等待。冒公子一定会来找自己,他会回来的。他说过不会骗自己,何况还有诗句为证。然而,他离去后,像断了线的鹞子,杳无音信,让她好不烦闷。

他的诗句,不过是纸上的几行字而已,岂能当真?

她开始对自己失望了。

有几次,她真想用尖利的指甲撕破自己的花容,留下满脸疤痕,然后离开这个地方,像任何一个丑陋的妇人,嫁人,生子,过着平平常常的日子。可是,她不敢痛下决心。即便脸上有泪痕,擦拭后重又化妆,依然一副笑容待客。

孰料,冒公子并没有失约。

第二年的早春二月,敌兵退了,父亲的处境改善了,没什么危险了,他很快恢复了往日的心情。他当然没有忘记陈圆圆,这些日子里,总是牵挂着这位非同凡响的玉峰歌姬。于是,特意去往苏州半塘寻访。

没想到,陈圆圆这次是真被人抢走了。

冒辟疆明白,自己迟了一步。只要早来十天,就不会发生这样的事。早知道只是这十天,纵然是天大的事也该丢在一旁啊。然而,阴差阳错,悔之晚矣……

正是在郁闷无比的状况下,他遇到了红颜知己董小宛,随即双双坠入了爱河。

但,冒辟疆是多情的,即使后来娶了名姬董小宛,仍然对陈圆圆念念不忘。若干日子以后,他在为纪念亡妻董小宛而写的文章《影梅庵忆语》里,作出了如此摹声状形的描绘:

　　其人淡而韵,盈盈冉冉,衣椒茧时背顾湘裙,真如孤鸾之在云雾。是日演弋阳腔《红梅》,

以燕俗之剧,咿呀啁折之调乃出自陈姬身口,如云出岫,如玉在盘,令人欲仙欲死。

即使在这种情况下,他的心里还牵记着玉峰歌妓。

确实,他内心的情感是复杂的,有几分惆怅,有几分惋惜,有几分留恋,也有几分炫耀。不管怎么样,天下第一美人陈圆圆曾经爱过我,很想与我永结良缘,我却没有怎么当一回事……

言下之意,我冒辟疆不愧为风流公子。

这一切,陈圆圆浑然不知。

她每天在阊门外山塘街唱曲,以声色与那些捧场的男人们周旋。日子过得波澜不惊。她努力把冒公子的相貌忘却,告诉自己那只是一个梦,从来就没有这个人。这个人只如消淡的烟云。然而,更深人静,难以入睡,辗转反侧时,又忍不住把他写的诗句翻出来,一遍遍吟诵。

醒来时,枕边沾满泪痕。

终于,静静流淌的山塘河水,又泛起了波澜。

这天,来了一个面目俊秀的客人,坐在厅堂安谧地听曲。听过以后,却不肯走了。他是江阴人,名叫贡若甫,说去看望他在浙江金衢道为官的父亲——这跟冒辟疆当初来山塘街的缘由差不多。他乘船出了苏州浒关,过七里山塘街时,显然因为沉闷,上岸来消遣。闻听陈圆圆的名声,非要见识一番不可。

见到陈圆圆,仿佛见到了天仙。

他当即就决定,拿出三百两银子为陈圆圆赎身。贪财的鸨母讨价还价了半天,答应了。

陈圆圆不能不答应。

怪只怪冒辟疆杳无音信。几个月过去了,她苦苦等待的冒公子,迟迟没有出现,或许早就把自己忘得一干二净了。只好嫁给贡若甫了,女人不嫁,又能怎样? 在很大程度上,这也是对自己痴情于冒辟疆的一种反叛,一种惩罚。

贡若甫觉得自己艳福不浅,满心欢喜地把声色俱佳的大美女娶回江阴家中做小妾。孰料,他想得太美了。陈圆圆的出现,顿时令家中河东狮吼,根本无法相容。贡若甫又有季常之癖,见老婆跟自己过不去,三天两头大发雷霆,闹得鸡犬不宁,束手无策,只得放任陈圆圆离去。

当初给了鸨母的三百两银子,连一个子儿都拿不回来,他只得自认晦气。

陈圆圆回到苏州,在山塘街重新张起艳帜。

无奈地嫁了一次人,丝毫也没有影响她的名声。客人们许久没有听她唱曲,纷纷前来捧场。有人

甚至愿意付出更多的脂粉钱。

有一个名叫周延儒的宜兴人,也来捧场了。他在崇祯年间曾两度成为首辅,权倾一时。然而,靠金钱和马屁当上的庸相,干不了什么大事。偏偏又劣迹斑斑,终因强夺民妇而臭名远扬。

这个荒淫无耻的酒色之徒,来到苏州,闻听陈圆圆的名声,仗着口袋里有几个钱,也召陈圆圆为他侍宴。席间,双眼盯住陈圆圆,露出了一副贪婪的馋涎欲滴的样子。崇祯年间,王公大夫和富家公子召请歌姬饮酒赋诗,本来是一件很寻常的事情,周延儒不仅如此,还利用自己的官职,让一些文人骚客为之赋诗,就未免太恶心。

陈圆圆去唱曲侑酒了。她不过是逢场作戏而已,绝不会把这种事放在心上。周延儒那样的糟老头,有点权势有点钱,千方百计寻欢作乐,可是在她的眼里,甚至还比不上贡若甫呢。贡若甫是个无能的男人,可他毕竟还有点儿才貌。从内心说,陈圆圆真的想找个人寄托终生,可惜贡若甫太不争气,只有一颗色胆……

只有遇上了冒辟疆,她方始动了真情。一辈子能让人不顾一切地去爱的人,能遇上几个?

然而,冒辟疆跟她只有开始,没有后续,更没有结果。

一切是那么的令人惋叹。

红颜薄命啊!

她不能不怨恨自己……

冲冠一怒为红颜

崇祯十五年(1642)春天,处理完家事的冒辟疆再次途经苏州,准备寻找陈圆圆时,才知道就在十天前,她已经被人强行买去了。

这一次是真的。

强买陈圆圆的人,并非普通的有财有势的豪绅,而是颇有点来头——皇戚田弘遇的门客。

陈圆圆很快被他们作为"大礼",送到了京城。

失去的往往是最好的。当冒辟疆弄清楚陈圆圆是被皇亲掳去的,心里怅惘无极。茫茫失落感自不必说,也很有些对她的抱憾。当初,她对自己深怀期待,自己也有所许愿,但事至如今,什么可能都没有了。

他只好安慰自己,为了患难的父亲而负心于一个女子,在心理与道义上,并没有太多值得谴责的。既然如此,也就没什么好说的,让一切随着时间流逝而流逝吧。

田弘遇居然指使门客强抢陈圆圆,做得实在霸道,人们却敢怒而不敢言。只因为他是皇亲。他的女儿田贵妃,不仅长得标致,而且识文断字,性格也十分机灵,深受崇祯皇帝的宠爱。身为国舅爷的田弘遇自然身价百倍,官至右都督。仰仗女儿得宠,他的气焰很张狂,四处窃弄威权,整个京城没有一个人敢得罪他。

然而,花无百日红。美色恩宠不会永恒,建立在这个基础上的权势总归是不牢固的。果然,不久就发生了变化,大太监曹化淳从江南一带掠来了不少美女,供崇祯玩乐。崇祯被女色迷住了,竟几个月不再与田妃相见。女儿渐渐失宠,田弘遇的心里很不好受。崇祯的欲壑是填不满的,但假如不填,自己的末日便随之而来。

其实,田贵妃并非他的亲生女儿,而是养女。既然能有一个养女,为啥不能再有一个?

他很快有了主意。

于是,田弘遇趁着去南海进香的机会,携带了上千人,在沿途所经之地千方百计劫财劫色。他的目的只有一个:找到另一个可以取悦崇祯皇帝的尤物,不惜付出任何代价。

正是在这种情况下,陈圆圆进入了田弘遇的视线。

田弘遇观看了玉峰陈姬的演唱,不能不为陈圆圆非同一般的声色所迷恋。是啊,这才是天上罕见、地上无双的美女,谁见了都会拜倒在她的石榴裙下!

很快,他与班主有了一笔一万两银子的交易。

班主为自己失去了一棵摇钱树感到惋惜,却也无奈。

然而,田弘遇哪儿会料到,当他满怀希望地进献陈圆圆,向崇祯皇帝邀宠时,大明王朝已经是大厦将倾。焦头烂额的崇祯,面对乱纷纷的时局,哪儿还有精力和心情顾及美色? 恰恰在这时候,田贵妃竟然也于崇祯十五年(1642)病逝。这让他分外沮丧。

这一切,陈圆圆始终被蒙在鼓里。

她从苏州来到京城,成为田弘遇的养女,并非本愿,却也无奈。在田氏府第,只是衣食无忧。田府是养着一个家班的,她与一群女孩每天唱曲、吟诗、游园,犹如关在笼子里的一只画眉鸟,可以自由歌唱,却永远也飞不出去。心里的愁闷与孤独便始终难以驱散。

平心说,养父田弘遇对她不薄,专门让两个丫环照料她,只要她开口,能满足的尽量满足。但她常常愁眉紧蹙。

她不知道这样的日子意味着什么。对于人世间的许多事,她不懂,也很难弄懂。一个有姿色的女人,总是该让男人迷恋。假如她能歌善舞,男人会更加迷恋。可是,没有人懂得她的心事。足以让她迷恋的男人,迟迟没有出现。

在曲笛的伴奏下演绎昆山腔,是她每天的功课。有客人来了,以声色侑酒,已成为惯常。她喜欢唱曲,也只能唱曲。那些像娄江浪涛一般涌动的念想,被使劲压在心底。

偶尔的,脑海里会浮现出冒公子的形象,可是顷刻间就被驱走了。她不愿再想起他,想起了又有什么用? 在冥冥中,她却感觉到自己的命运即将发生重要的变化。

这是盛夏的一天,又来了一位客人吴将军。田弘遇邀请他到自己府上,观看家乐。客人年轻潇洒,眉宇间透出一股英武之气,根本不是往常所见的公子哥儿。田弘遇悄声告诉陈圆圆,吴将军手里拥有重兵,深受皇上器重,这次是特意前来京城觐见皇上的。

"你可一定要好生唱曲,陪他喝酒,让他高兴,懂吗?"

"嗯……"

岂止是高兴,还要让他迷恋呐。对于名姬陈圆圆,这不过是轻而易举的小事。

酒宴上,陈圆圆像往常一样且歌且舞。她分明感受到了客人投射过来的炽热的目光。那目光如绳索一般地萦绕着她,须臾不离。她喜欢他的热情和直率,觉得他果然是一个武将,丝毫也不掩饰自己的情绪。她不由也被这种情绪感染了,很动情地唱了一曲又一曲。真的,很久没有唱得这么入神了。

她对他油然产生了好感。没有理由,也似乎无法解释。不知怎么的,她一边唱,一边还暗暗地拿他跟冒辟疆冒公子作比较。尽管心里明白,两个人完全不同。

丰盛的宴席已经摆开。田弘遇拿出了家传的鎏金酒器,每一件都金光闪闪,擦拭得一尘不染。有美酒,自然还要有美人。随即,他不失时机授意陈圆圆为吴三桂吴将军斟酒。

陈圆圆款款移动碎步走了过来。酒过三巡,吴将军火辣辣的目光就绕着她,愈加不肯离开。她却很愿意接受这样的目光,心头顿感热热的,冻结在那儿很久的冰块一瞬间就融化了。

她优雅地给他斟了满杯,嫣然一笑说:

"吴将军,今天你可要多喝几杯啊!"

"我,我喝多了,再喝就要醉啦!"

"哪里,区区几杯,对你吴将军来说,能算得了什么,或许是酒不醉人人自醉吧!"

"你给我斟酒,我就是不喝也醉啦……"

"怎么会呢? 小女子能有这般魔力?"

"嗨,圆圆,你过来,我敬你一杯。你唱曲唱得太好了,令人神移心荡哪!"

"不,应该我敬你!"

"那我们算是互敬吧!"

"好……"

两人互相敬酒,眉来眼去。

面对这个花明雪艳、色艺冠时的女子,吴将军情不自禁了,一只手悄然揽在陈圆圆凹凸有致的腰间,陈圆圆乘势与他依偎……

田弘遇把这一切全都看在了眼里。

当吴三桂满心欢喜地告辞时,田弘遇明白,他是会欣然接受自己馈赠的特殊礼物的,陈圆圆也不会反对这样做。任何一个糟老头都不能跟年轻将军的魅力匹敌。

吴三桂大喜过望,从崇祯皇帝所赐赏的银两中拿出了一千两交给了田弘遇,并且拍着胸脯说:

"一旦有敌寇入侵,我一定派兵前来,确保君家安然无恙!"

"多谢吴将军!"田弘遇转而又对陈圆圆说,"把你托付给吴将军,我也就放心啦!"

陈圆圆颔首笑笑,没说什么。

她就这样归属了吴三桂。

她心里暗暗感谢养父田弘遇,为自己作出了这样的选择。

即将奔赴边关的吴三桂,放不下心,很想带着陈圆圆同行。但是由于父亲的劝说,只得将她留在了

京城。这个一心期待爱情的女子,也渴盼着跟随吴三桂,哪怕沐浴战火。可惜未能如愿。

那一天,吴三桂本来是领兵赴往京城,朝见新主李自成的。队伍行走到永平沙河驿时,不意遇到了从京城逃出的家人。

吴三桂不由勒马停步,询问道:

"我的家里还好吗?"

"被李闯王抄了。"

"哦,没关系,我到后就会归还。"

"我的父亲怎么样?"

"他……被他们拘捕了。"

"哦,我到了以后就会释放的。"

"那夫人还好吗?"

"她,她被李闯王带走了……"

他最关心的是陈圆圆。听到这里,血气方刚的吴三桂再也无法平静,勃然大怒,叫道:

"身为大丈夫,连一个女子都不能保住,我还有什么脸面见人?"

冲动之下,他毫不犹豫地掉头打回山海关,以明朝大臣的身份,向昔日的宿敌清军递去了请兵书,希望多尔衮"合兵以抵都门,灭流寇于宫廷,示大义于中国"。

他走向了不该走的地方。

哪儿料到,就这么一个决定,让明清之际的历史添加了一段香艳与血泪交集的故事……

这段故事,后来在诗人吴梅村的笔下,衍化成一首脍炙人口的长诗《圆圆曲》。"恸哭六军俱缟素,冲冠一怒为红颜"、"不为君亲来故国,却因女子下雄关"等的诗句,讽刺这个糊涂的吴三桂为了玉峰歌妓,竟然将大好河山送到了清廷手中。

吴三桂也读到了《圆圆曲》,心里很是不爽,便偷偷派人送给吴梅村三千两银子,拜托他修改诗句,骄傲的诗人却一口拒绝了。他要的就是这样的效果。

在所有的版本中,唯一缺失的,是陈圆圆屈辱、凄楚、悲凉的感受。她或许是被动地爱上吴三桂的,与冒辟疆相比,吴三桂更有男人气概。然而,急剧变化的政局,出乎所有人的意料。这个弱女子只是为了寻找情感寄托,从未想过李自成,更不用说与他有什么纠葛了,如何承担"红颜祸水"的罪孽?

不知道她能以昆山腔唱《圆圆曲》，该是如何催人泪下。

是啊，她是注定了要香消玉殒的……

---

① 况周颐《陈圆圆事辑》一说本昆山人，住苏州桃花坞，有梳妆楼一角。今归顺兴水土作主者名袁士保。此说极确凿，惜未详所本。

② 柴萼《梵天庐丛录》载："世传圆圆为倾国佳人，均谓越艳燕媚不能及。予前于沈匋谿处见一圆像，为清初零陵吴镜如作，称系圆在吴时招伊写生者……因思镜如亲玉貌，必非妄作。像髻挽倭坠，长袖轻裙，颧甚高，上唇左有一黑子，鼻梁中陷，不知美于何有？"

③ 陈维崧《妇人集》："如皋冒先生尝言，妇人以姿致为主，色次之。碌碌双鬟，难其选也。蕙心纨质，澹秀天然，生平所见，则独有圆圆也。"

白雪阳春传雅曲
姹紫嫣红斗芳菲

现当代昆曲人物传略

　　作为百戏之祖——昆曲的发祥地，输送了大量优秀的昆剧艺术人才。在记述几位已故昆曲艺术家的同时，介绍一批至今仍活跃在昆剧舞台的中青年艺术家。正是他们，使幽兰园圃中姹紫嫣红，一片春光烂漫。

英才辈出

　　昆山,地处太湖流域,是典型的江南鱼米之乡,历来物产丰盛,景色秀美,更具有悠远的艺事传统。随着工商业经济的发展,市民阶层对物质生活的要求日益提高,娱乐活动愈显繁盛。这为昆山腔的诞生奠定了极其良好的基础。在昆山腔——昆曲——昆剧的发展过程中,先后涌现出以黄幡绰、顾坚、顾阿瑛、魏良辅、梁辰鱼、郑若庸、张大复、陶九官等为代表的音乐家、作家和艺人。他们对于昆山腔的改良与发展,作出了不可磨灭的贡献。一大批名流雅士,纷纷从会稽、无锡、天台、永嘉等地来到阳澄湖畔,赋诗会文、宴饮赏曲,也催发了昆山腔的萌芽与成熟。

　　明代周玄暐的《泾林续记》记录了一段轶事:

　　　　太祖闻其高寿,特召至京,拜阶下,状甚矍铄。问"今年若干?"对云:"一百七岁。"又问:"平日有何修养致此?"对曰:"清心寡欲。"上善其对,笑曰:"闻昆山腔甚佳,尔亦能讴否?"曰:"不能,但善吴歌。"命歌之,歌曰:"月子弯弯照九州,几人欢乐几人愁。几人夫妇同罗帐,几人飘散在他州。"太祖抚掌大笑,命赏赐酒馔于殿上,又蠲其家丁役,送其还家。

　　朱元璋在洪武六年(1373)召见昆山百岁老人周寿谊,特地问起了昆山腔。这至少说明了两方面的

问题,一是昆山腔在明代初年的名声已传至宫廷,连皇帝也感觉到了;二是朱元璋对昆山腔评价"甚佳"。

事实上,从元末明初起,昆山民间便活跃着一群能唱昆腔、擅长"泛艳"的歌姬。提起歌姬,一般人会等同于娼妓,其实歌姬更偏重以艺娱人。歌姬中涌现出许多多才多艺、能诗善赋的杰出代表。她们与文人学士频繁交往,在一定程度上推动了文学艺术的发展。

张玉莲是其中最有名的一位。

> 张玉莲,人多呼为"张四妈"。旧曲其音不传者,皆能寻腔依韵唱之。丝竹咸精,蒲博尽解。笑谈亹亹,文雅彬彬。南北令词,即席成赋。审音知律,时无比焉。往来其门,率多贵公子。积家丰厚,喜延款士夫。复挥金如土,无少靳惜……有女倩娇、粉儿数人,皆艺殊绝,后以从良散去。余近年见之昆山,年逾六十矣。两鬓如黛,容色尚润,风流谈谑,不减少年时也。
>
> (元夏庭芝《青楼集》)

张四妈是一个多才多艺、擅长交际的鸨母。她能唱南曲,也能唱北曲;别人不会唱的旧曲,她几乎都会唱。她能"审音知律",所以会谱曲,还是一个"丝竹咸精"的演奏能手。这个容貌姣好、浑身都能出戏的人,又带了倩娇、粉儿等几个"皆艺殊绝"的歌姬,怎么能不是每天粉丝盈门、迷倒万人呢?

昆曲作为"百戏之祖",作为伟大的非物质遗产,是人类共有的艺术综合体。它经历了自唐、元到明、清的漫漫过程。改良与守成、鲜活与沉滞、趋雅与媚俗,始终互相搀扶,伴随着昆曲前行的步履。昆曲是吴地历朝历代多种文化的结晶,是无数人共同努力的结果,是一代又一代戏曲家与戏曲音乐家集体智慧的凝聚。

在漫长的发展过程中,昆曲经历了太多的风风雨雨。及至民国初年,在苏州,著名曲家张紫东、贝晋眉、徐镜清等人发起创办了苏州昆剧传习所。后来遇到经济困难,又得到了"憬悟昆曲之关于国粹文化之重要"的上海纺织工业实业家穆藕初先生的鼎力支持。那时,革命浪潮席卷全国,从西方传入的话剧被视为新剧,传统戏曲则被视为旧剧,昆剧更是旧中之旧。然而,苏州昆剧传习所的创办人和热心赞助者却不这样看家。他们几乎都是接受过现代教育的新派人士,接受过新思想洗礼,深刻认识到传统文化的重要价值,认识到挽救昆剧的唯一途径是培养一代新人,不惜贡献财力和精力,千方百计传承艺术瑰宝。

昆曲的全盛时期,演出的样式很多。除了今天的人们所说的厅堂版、园林版、船舫版,还有大量乡野庙台的社戏。蔡云的诗《吴歈》："宝炬千家风不寒，香尘十里雨还干。落灯便演春台戏，又引闲人野外看。"生动地描绘了吴地的观演习俗。乡村的演出，往往在寺庙、广场、湖边、船上。每逢节讯，如元宵、端午、中秋或四月半等举办庙会的日子多有演出。庙会看戏，成为农村文化生活的一个重要内容。寺庙边的戏台是固定的，也有临时搭建的戏台。人们会用风车牛车和船板搭起稳固的戏台，一扇扇篷帆就是侧幕。

在昆曲衰微的时候，幽兰故土的乡戏依然自娱自乐地演唱。昆曲既是文人雅士的阳春白雪，也是下里巴人的稻黍棉帛。它是带着泥土的清香，从这里走出去的，任何时候都不会失去拥护者。值得一提的是有一支活跃在乡间的队伍——堂名，始终以演唱昆曲为职业。

堂名是一种以清唱昆剧为职业的民间组织。在昆山，就有"鸿庆堂"、"吟雅堂"、"永和堂"、"吟雅集"和"国乐保存粹"等远近闻名的堂名班子。堂名的服务内容主要有两条，一是清唱昆曲，一是器乐演奏。在堂名演出时，各种乐器都由使用者自备，但是打击乐除外。打击乐以及松香、鼓箭、丝弦等易耗物品，由班主负责。稍微考究一点的堂名，还会有一个绣上堂名的桌围，这些零碎物品装成一担，从这个村挑到另一个村。

堂名艺人文化水平普遍不高，有不少人是文盲。学艺全都靠口传心授，老师怎么教徒弟"拍曲子"，徒弟也就怎么"拍曲子"，根本用不着创造。往往是一出戏唱了几十年，还不知道唱词是什么意思，有的甚至连故事情节也讲不周全。然而只要一提这出戏的戏名，他立刻就能回答自己"有"还是"没有"，也就是会还是不会。如果"有"，他们开口便能唱。一般的堂名艺人，自称会唱戏两三百出。

堂名演出，规定为八个人，称为"一堂"。不足八个人时要找人"插蜡烛"。多于八个人，可至十二人，称"一堂半"。这是额外加码，表示主人家有钱。堂名演出有放在正厅的，也有放在厢房的。两张方桌纵向排列，人员分坐在桌子两边，备用乐器放在桌上。剧中人分上、下手，右手为上手。每唱一出戏，要调换一次座位。艺人们演唱，虽然不需要粉墨登场，没什么表演动作，但要求满宫满调，声情并茂，字正腔圆。堂名并不是曲艺，他们所唱的是一出出完整的折子戏，唱词、道白与舞台演出完全一样，可以说这是一种清唱剧。

堂名演出，以四出折子戏为"一排"，每排前加一段"十番锣鼓"或细吹细打。有时出一次堂会，要唱四排到五排。所唱剧目，以主人家点唱为主，自定为辅，自定剧目必须经主人家同意。剧中生、旦、净、丑各门角色，皆由八人分头承担。有些古庆戏是经常要唱的。如《三星》、《赐福》、《上寿》、《咏花》等。遇有结婚喜庆，则要唱《琵琶记·请郎、花烛》、《张仙送子》。唱《张仙送子》时，由"上手"手捧一红漆木

《从"一出戏救活了一个剧种"谈起》
（《人民日报》1956年5月18日）

盆，盆里放一个"无锡泥娃娃"，另外两名演员手提明角灯，伴奏人员随后，边走边唱，进入新房，由喜娘接过娃娃，放在花烛台上。唱这一类戏，除原订堂唱戏价外，还要有额外封赏。

堂名队伍以演唱昆曲作为自己谋生的手段，让昆曲这种艺术样式，在社会的底层不息地维系着。

新中国成立后，昆曲在春天里渐渐复苏。1956年4月，由"国风"昆苏剧团改组成为浙江省昆剧团。当时，团长周传瑛领衔主演昆剧改编本《十五贯》，晋京演出时，轰动了首都。一时间北京出现了"满城争说《十五贯》"的盛况。

《十五贯》演出的成功，受到毛泽东、周恩来等党和国家领导人的高度赞扬。《人民日报》特发表专题社论，文化部给予重奖，全国各地戏曲剧团竞相移植搬演。昆曲演员的技艺被人追捧，四处传诵，这在近代昆曲艺术史上，是十分罕见的。

一出《十五贯》，给浙江省昆剧团赢得了极大的声誉。随即，苏、京、湘、沪等地相继建立了昆曲的专业演出团体——江苏省苏昆剧团、北方昆曲剧院、湖南省郴州专区湘昆剧团、上海市青年京昆剧团等等。这些新成立的专业昆剧团体，使濒于消亡的古老昆剧再一次春意盎然。

一出戏救活了一个剧种。

经历了"文革"十年动乱，随着经济建设的兴盛，昆曲进入了一个崭新的发展阶段。2000年春天,由国家文化部和苏州市人民政府联合举办的首届昆曲艺术节,在昆曲的发源地苏州和昆山举行。此后,每三年一届的昆曲艺术节开幕式,都会在昆山举行。全国各个昆剧院团的昆曲著名艺术家和美国、日本、台湾、香港等地的曲友纷至沓来,参加了这次难得的盛会。人们云集虎丘山下,古娄江畔,观演多台昆曲传统剧目,相互交流振兴昆曲的经验。不管是相识已久的老朋友,还是素昧平生的新朋友,只要听得悠扬的曲笛伴随熟悉的昆曲唱腔在耳边响起,彼此之间就有说不尽的共同话题。

作为昆曲发源地的昆山,随着改革开放的深入发展,经济建设取得了令世人瞩目的成就,各级领导十分重视文化事业与文化产业,多年来投入巨大的人力和财力物力,积极承办昆曲艺术节、昆曲回故乡、昆曲论坛等,搜集、研究昆曲历史资料,创办小昆班,在古镇周庄古戏台上演昆曲,开展形式多样的群众性昆曲活动,为振兴昆曲作出了很大的努力。

2011 年 5 月 18 日,是昆曲被联合国教科文组织列入"人类口头和非物质遗产代表作"10 周年。作为昆曲的发源地,昆山市和国家文化部于 5 月 16 日联合举办"'昆曲韵·故乡情'昆曲入遗十周年纪念活动",这是全国系列纪念活动之一。来自内地及港台地区的昆曲资深文化学者、全国最具实力的七大昆曲院团和众多曲社,齐聚昆曲故乡,探讨、交流、展示 10 年来传承和发展的成绩和经验,共襄昆曲文化振兴大业。这成为 2011 年度中国文化艺术活动的一大亮点。

在纪念活动期间,还举办了"昆曲保护与发展国际学术研讨会"。参加研讨会的专家,有美国密歇根大学孔子学院院长林萃青、中国艺术研究院戏曲研究所所长刘祯、南京大学昆曲教授俞为民、中国昆曲研究中心常务副主任周秦等。白先勇、洪惟助、郑培凯、吴新雷、朱恒夫、赵山林、顾笃璜、丁修询等来自台湾、香港和全国各地的学者专家,也先后来到昆山,参加各类昆曲活动。

由"昆曲王子"张军倾力打造的园林实景版昆曲《牡丹亭》,在昆山亭林园内上演。花鸟虫草、山石流水、亭台水榭……营造出如梦如幻的实景情景,令观众如身临其境梦回《牡丹亭》。

在昆山,昆曲的研究、培训、演出和展示,层出不穷。"昆曲回故乡"和昆曲"进校园、进社区、进企业"活动,每次都有上百场演出,采用传统折子戏演出、赏析解说和昆曲知识讲解结合的形式,给观众留下深刻的印象。

关于国宝昆曲,人们谈论得最多的是保护和传承。

随着岁月流逝,为昆曲事业传薪不息的传字辈演员,在世的已经越来越少。有识之士觉察到了人才紧缺的情况,率先采取措施,着手培养昆剧艺术的接班人。传字辈的接班人——继字辈、承字辈、

李 沁

弘字辈、扬字辈等等演员在老艺术家的培育下，茁壮地成长起来。他们中的很多人迅速成为昆曲舞台的中坚力量。

1987年，第一中心小学克服诸多困难，成立了"小昆班"。这，开了一个好头。促使昆山在培养接班人，传承昆曲艺术，打响城市名片的道路上，迈开了步伐。

小昆班取得的成绩不容小觑。他们应文化部和国家教委的邀请，去北京汇报演出，跟随政府代表团去韩国演出，反响很是热烈。在各类比赛中得奖越来越多，不少孩子甚至被昆剧院团看中，成为专业演员。在全市多所小学陆续拥有小昆班的基础上，有关部门因势利导，创办了昆山小梅花戏曲团。

十年来，在全国、省市各类文艺比赛中，昆山小梅花戏曲团荣获的少儿戏曲小梅花"金花奖"、少儿艺术节茉莉花"金奖"等各种奖项多达30余个。多次赴北京、上海、南京、苏州等大中城市演出，到中央电视台表演，并向上海、江苏等地的戏曲学校输送戏曲人才18人。小演员们不仅为昆曲在昆山的传承和发展作出了杰出的贡献，也为昆山在全国范围赢得了声誉。

李沁，2004年7月考入上海戏剧学院附属戏曲学校，2008年入新版《红楼梦》剧组饰演少年薛宝钗；2010年8月进入电影《建党伟业》剧组，饰演杨开慧。

　　尤磊,2004 年 7 月考入上海戏剧学院附属戏曲学校,2010 年 7 月考入上海戏剧学院"昆曲表演"本科班。

　　钱瑜婷,2004 年 7 月考入上海戏剧学院附属戏曲学校,2010 年 7 月考入上海戏剧学院"昆曲表演"本科班。

　　马一栋,2004 年 7 月考入上海戏剧学院附属戏曲学校,2010 年 7 月考入上海戏剧学院"昆曲表演"本科班。

　　袁彬,2004 年 7 月考入上海戏剧学院附属戏曲学校,2010 年 7 月考入上海戏剧学院"昆曲表演"本科班。

　　俞陈悦,2010 年 7 月考入中国戏剧学院附属戏曲学校"京剧班"。

　　…………

　　还可以列举许多名字。

　　无疑,他们是昆曲故乡的骄傲。

　　作为百戏之祖——昆曲的发祥地,历来输送出大量优秀的昆剧艺术人才。这里,我们在记述几位已故昆曲艺术家的同时,介绍一批至今仍活跃在昆剧舞台的中青年艺术家。正是他们,使幽兰园圃中姹紫嫣红,一片春光烂漫。

"弦歌之教"吴粹伦

　　1921 年,由张紫东、贝晋眉、徐境清、汪鼎丞、孙咏雩、徐印若、叶柳村、吴粹伦、吴梅、李式安、陈冠三、潘振霄十二位热心于昆曲事业的人士,出资在苏州创办了"昆剧传习所"。在穆藕初先生等企业家

吴粹伦像

的支持下,造就了传字辈,又培养了继字辈、世字辈等昆曲艺术家,使昆曲艺术得以薪火相传。

作为十二董事之一的吴粹伦(1883—1941),名友孝,昆山人。由于父亲体弱多病,他十六岁就弃学,去当家庭教师,挑起了家庭生活重担。自己边教书边自学,刻苦钻研,弥补学业的不足。在教书之余,他抓紧时间读书,不仅读完父亲的藏书,还向朋友借阅了大量的书籍,积累了深厚的古文功底。当时,西方文化不断输入,各地纷纷办起新学,他深感自己学识太浅,下决心去苏州两江优级师范深造。他天资过人,又勤奋努力,一年就学完了三年的功课,以第一名的成绩毕业。随即留校,担任外籍日本教师的翻译。后来,他又任教于设在苏州的省立第一师范、省立第二中学。

不久,昆山创建了第一所中学——县立中学,他受聘担任校长。吴粹伦因人施教、不拘一格,主张学业为主,德、智、体、美全面发展,在学校成立国乐、绘画、篆刻、戏剧等活动组,吴粹伦让人去苏州买回一套江南丝竹乐器,放在音乐室,供学生课外使用。丁善德因为琵琶、三弦、二胡、笛子等乐器样样都会,所以当了国乐组长,还教组内的人演奏。他的同学、后来成为著名演奏家的陆修棠,最初就是丁善德教的二胡。吴粹伦在县中特设了昆曲组,不仅聘请昆曲专家来校上课,还亲手刻印昆曲谱,一字一句教唱,在学生中推广昆曲。他请国乐组辅导老师王允功唱曲作示范,自己则不厌其烦地告诉同学:"一支曲子要拍上一百遍才能牢靠。整折戏要有总纲,不能专门学自己那一门,还要向前辈多讨教……"许多学生后来成为活跃在曲坛的骨干力量。

他的"弦歌之教",在教育界被传为美谈。

昆山县中建校之初,吴粹伦写了一首校歌,请著名曲学大师吴梅以昆曲声腔谱曲,这开创了教育界咏唱昆曲的先河:

    懿欤我校,
    冠昆山学校之群。

在石湖院址，

与泮宫相邻，

弦歌相承，

书声琅琅闻。

登玉山兮嵘嵘，

挹娄水兮沄沄，

问谁继亭林经济、震川文？

愿我兄弟姐妹，

相爱相亲，

今朝努力少年场，

明日复青云！

充实为美，

光辉是大，

无间冠裙。

　　吴粹伦博学多才，精通理科，日、英语，长于古文、诗词，尤其嗜爱昆曲。1921 年 7 月，他成为苏州道和曲社首批社员，填词、谱曲、拍曲、撅笛无所不能。每有活动，他必定积极参与，并且与曲友们共同辑成《道和曲谱》，抒发了喜爱昆曲、志在昆曲的情怀。

　　在繁忙的教学工作之余，吴粹伦经常读曲自遣，并且与名曲家俞栗庐、俞振飞父子切磋拍曲技艺，与东南大学教授、词曲家吴梅（瞿安）共探音律，与张紫东、穆藕初等名曲家交往甚密。他曾为吴梅所著的传奇《湖州守》《湘真阁》谱写曲子，世人叹为工绝。这两出戏，成为传字辈演出剧目中罕见的当代剧目。

　　1928 年秋，吴粹伦应上海中华职业教育社黄炎培、江问渔的邀请，去上海担任该社总务主任。翌年，又兼任澄衷中学（上海中学前身）数学教员、教务长，1932 年起担任校长。由于他的努力，澄衷中学成为沪上最有名的中学之一。

　　1937 年，"八一三"淞沪抗战爆发。位于虹口区的澄衷中学沦陷，部分校舍和全部教育设施被毁。正值暑假，吴粹伦疏散员工，收检文件，最后一个人离开。随即，他四处奔走商借房屋，保证学校 9 月初

准时开学。为了不让学生辍学，他还拿出了自己的工资，作为自然科学奖励基金。不久，家乡昆山县城遭到日军轰炸，他在北后街建成不久的新居化为灰烬，吴粹伦仍坚守教学岗位。1939年12月，远在重庆的国民政府教育部通电嘉奖他在孤岛"认真办学，苦心撑持"。

1941年11月，吴粹伦心力交瘁，又因为照顾患病的亲属感染病毒，不治身亡，年仅五十九岁。

医坛曲友"殷乔醋"

殷震贤，字邦良，昆山正仪镇人。出生于光绪十六年(1890)七月廿八日，逝世于1960年5月15日，享年七十岁。

殷震贤自幼跟随伤科名医殷闵氏(他的大伯母)学医，学成后，先是在昆山南街行医，后来去上海白克路(今凤阳路)永年里10号设诊开业。由于他医术高超，很快名扬沪上。新中国成立后，组织联合诊所。1956年他参加上海市立第十一人民医院(后与市立第十人民医院合并成曙光医院)工作，任伤骨科副主任，兼任上海市中医文献馆馆员。他擅长运用祖传的伤膏药和活血丸、止血散、祛瘀止痛散、接骨续筋散等方药，治疗伤筋骨折、跌打损伤，被誉为上海八大伤科名医之一。

殷震贤自幼喜爱昆曲，不仅有家学渊源，又有名师指点，功底深厚。他擅长巾生戏，如《拾画》、《藏舟》、《断桥》、《玩笺》等，兼工小官生和旦角。到上海后，不仅行医济世，还积极参与上海的昆曲活动。乃至与俞振飞并称沪上曲界双璧。昆曲的唱腔各有讲究，俞振飞精于唱法中的擞腔，殷震贤则擅长笑功，《金雀记·乔醋》潘岳一角，表演时以笑声为难，他却最擅于此。

《乔醋》一折，讲潘岳的书童瑶琴遇见巫彩凤，巫彩凤作了一首诗，托他带给潘岳。潘岳在读诗时，恰好夫人井文鸾来到，她假装妒忌，追问金雀钗，潘岳说出了与巫彩凤结合的经过，并且一再求告，总算使她的醋意平息。所谓"乔醋"，也就是假装吃醋。围绕着信物——一只金雀钗，围绕着夫妻情爱能否维系，围绕着第三者是否认可，假戏真做，真戏假做，故事在悬念与释解、冲突与和缓的过程中展开。

殷震贤演得惟妙惟肖、出神入化，所以赢得了"殷乔醋"的美称。

殷震贤研习昆曲声腔、念白、身段、指法，刻意求工，绝不草率行事。拍曲时，不达到滚瓜烂熟的地步，不轻易上笛。平时教导儿辈及后生："念白比唱难，一啼一笑务必扣贴入微。"除了要求字正腔圆，还要掌握"运气"、"透气"、"收"、"放"等要领，所以不仅能唱曲，更能串戏，上台演出。

殷震贤像

民国十一年（1922）一月，穆藕初在上海倡议成立"粟社"，以研习昆曲大家俞粟庐的唱法为宗旨。粟社公推穆藕初为社长，参加者都是上海、苏州一带有影响的曲家，如徐凌云、张紫东等，殷震贤也是其中之一。与此同时，殷震贤自己也出面组织曲社，殷家寓所，就是上海曲友活动的场所之一。上海历史上最久、影响较大的曲社——赓春曲社，1933 年起社务由徐凌云主持，曲社活动也多在殷震贤寓所举行。因为热心曲社活动，殷震贤同时成为上海倚云、赓春、平声、青社等曲社的台柱。

昆曲演唱要求很高，按律行腔，不允许随便改动，所以不会产生不同的流派。殷震贤对昆曲唱腔的研习，自有独到的体会。他最擅长"巾生"戏，如《拾叫》、《藏舟》、《断桥》、《玩笺》等，在沪上同行中出类拔萃。一次举行曲会，殷震贤演唱了一折《拾叫》，这是《牡丹亭》里柳梦梅的戏。他的表演儒雅清新，功力深厚，当时在场的昆曲大家俞粟庐先生听罢击节赞赏，对俞振飞说："殷震贤的戏，神情气足，还伴有一条好嗓子，可称一绝。"

20 世纪 30 年代，梅兰芳到上海演出。誉满天下，红遍上海滩的梅兰芳先生，特邀殷震贤与自己合作《惊梦》、《贩马记》等剧目。梅兰芳先生很有雅量，给予殷震贤很大的尊重，舞台上特地置放演示牌，刊印"特邀殷震贤先生客串演出"字样，以表示对殷震贤的礼仪。当时，能和梅兰芳先生配戏的昆曲界人士，不过俞振飞等寥寥几人。

　　"苏州昆剧传习所"创办之前,有一个"上海昆剧保存社",是在上海率先兴起的保护昆曲的社团。"上海昆剧保存社"是穆藕初、俞振飞等人发起组织的,殷震贤是其中热心参与的发起人之一。

　　不久,苏州曲友发起成立"苏州昆剧传习所"。因为经费不足,半年后由穆藕初先生接办。穆藕初先生为昆曲所做的最有影响的事,就是以"上海昆剧保存社"名义在上海夏令配克戏园(今新华电影院)义演,募集资金。事先开会讨论串戏的有关问题,参加的昆山人有张志乐、沈梦伯、闵采臣、王尧民、殷震贤等。会议之后,每个串戏的人都认真练习,练习地点就在殷震贤家中。

　　在上海夏令配克戏园演剧三天,殷震贤第一天和项馨吾合演《佳期》,第二天和陈凤民合演《偷诗》,第三天和陈凤民合演《乔醋》。这次会串,在昆剧演出史上具有很深远的意义,所得收入八千大洋,赠予苏州昆剧传习所,保证了昆剧传习所的开办。

　　除了这次义演,殷震贤还多次参加了传字辈的演出活动。民国十三年(1924)五月二十三日至二十五日,传字辈以"昆剧传习所"名义首演于上海舞台,献演了《浣纱记·越寿、拜施》、《千金记·追信、拜将》、《烂柯山·痴梦》等传统折子戏四十八折。每场活动都由俞振飞、项馨吾、殷震贤等著名曲家加串名剧,场场爆满,盛况空前,扩大了昆剧传习所在上海的影响。

　　上海"赓春曲社"经常活动的地点,就是殷震贤的寓所。这里嘉宾如云,群贤毕至。殷震贤是昆山人,所以也经常邀请昆山曲友前来参与"同期"活动。"赓春曲社"的一位常客,就是俞振飞。俞振飞的笛子,被誉为"大江南北两只笛"之一,不轻易为一般曲友吹笛伴奏。但是,俞振飞应殷震贤先生的盛情邀请,为昆山曲友每位伴奏一曲。

　　作为名医,殷震贤以仁怀之心,经常对艺人施以援手。民国时候鸦片祸害极大,一些艺人也染上毒瘾。殷震贤多次出资帮助吸毒的艺人戒除恶习。昆山曲友沈彝如经济困难,殷震贤介绍他到穆藕初先生的工厂做事,也发展了他的昆曲才能。老伶工沈盘生生活困顿,殷震贤主动把他请到家里,长期供应他衣食,解放后又推荐去北昆工作。沈盘生在北昆培养了许多人才,对昆曲艺术传承作出贡献。

　　新中国成立后,殷震贤仍然孜孜不倦为传承昆曲努力着。1956 年 9 月,江苏省文化厅在苏州举办昆曲观摩大会,六十六岁的殷震贤先生与叶小泓合演《乔醋》一折,这是他生平最后一次上台演出。1957 年 4 月,殷震贤和赵景深、管际安等一起发起成立"上海昆曲研习社"。三年后,医坛曲友殷震贤因病在上海寓所离世。

　　2011 年 12 月,"上海昆曲研习社"举行了"纪念曲家殷震贤诞辰 120 周年曲会"。有人用这样的一副对联赞誉殷震贤：

　　　　医坛圣手,声遍江左,赖有传人光庭训;

　　　　曲苑名流,誉满寰中,欣留兰芷沁心田。

一代笛师高慰伯

　　高慰伯,著名堂名艺人,曾任江苏省戏曲学校昆曲班笛师。昆山周市镇周水桥人,1919年10月出生于堂名世家。祖父高伯泉,养父高炳林,原本都是堂名班吟雅集和永和堂的成员。

　　高慰伯自幼家庭贫困,三岁丧母,七岁丧父,过继给玉山镇堂叔高炳林收养。到养父门下后,他便跟班学习唱曲吹笛,十年间边做堂名边学艺,在乡村婚丧喜庆活动中演出。当时,吴秀松所创办的"永和堂"是昆山远近有名的班社。高慰伯随继父投靠在吴秀松的门下。1937年,养父高炳林不幸逝世,高慰伯失去了依靠,只能独立谋生。年仅十九岁的他,识字不多,却富有灵气,又虚心好学,常常暗中观摩师父们的高超技术,经过刻苦练习,终于脱颖而出。

　　年轻时,高慰伯的演技在昆山、苏州、太仓一带就享有很高的声誉。新中国成立后,由于众所周知的原因,堂名班子全都偃旗息鼓,他只得改行当建筑小工、铁路修路工以维持生计。1956年,浙江昆苏剧团进京演出《十五贯》,一出戏救活了一个剧种,昆曲因此得到发展机会。因为堂名艺人会唱昆曲,也会吹奏乐器,有一些昆剧团、戏校、业余曲社陆续来昆山招聘人才。昆山的几个著名拍先都应邀外出任教。高慰伯心存希望,在工作之余,始终没有丢掉自己的一技之长,总想着有朝一日能东山再起。1959

高慰伯像

年,当他四十一岁时,机会终于来了。江苏省戏校要物色一位既能担任"拍先",又能照顾昆山籍曲家吴秀松生活起居(吴秀松先生在校执教)的人,立即想到了高慰伯。高慰伯很高兴地接受聘请,成为江苏省戏曲学校昆曲班笛师。

到了南京,高慰伯与年事已高的吴秀松同居一室,在生活起居方面悉心照料,同时虚心向吴秀松先生学习。经过多年的磨练,高慰伯的曲笛演奏水准上了一个新台阶。在戏校,他负责给表演专业的学生拍曲,教音乐伴奏专业的学生吹笛、唢呐。江苏省昆剧院司笛王建农,就是他在戏校培养的优秀弟子。石小梅、胡锦芳、孔爱萍、龚隐雷、柯军、李鸿良等演员,也都受到过他的悉心指点。1963 年,高慰伯顺利地转为正式教师。在戏校工作期间,在完成教学任务之余,他很好地照料吴秀松的生活,加上他性格温和,执教耐心,得到了戏校师生的爱戴和敬重。他在戏校连续工作 28 年,1978 年退休回故乡昆山。

高慰伯的笛艺,自 20 世纪 60 年代起,就已经闻名京沪苏杭。在各地举办昆曲活动时,曾先后在俞振飞、李蔷华、周传瑛、张娴、赵景深、沈传芷、姚传芗、张洵澎、汪世瑜、顾铁华、洪雪飞、周铨庵、樊伯炎、宋衡之、爱新觉罗·毓嶟等名家举办演出活动时,司笛伴奏,深得专家好评。他和业余曲友的交往也很亲密,曾长期义务担任南京乐社昆曲组(即南京昆曲社)的笛师。1987 年退休回乡后,又担任了昆山市政协联谊会昆曲组的曲师。

自 1988 年至 1990 年,高慰伯应苏州昆曲研习社之邀,每周赴苏一次,为曲友司笛录音,留下许多宝贵资料。从 1991 年起,他又应聘担任苏州大学中文系昆曲艺术班的拍曲和司笛课务,前后工作了三个学期。在苏大中文系留学的日本青年石海清,课余时间向高慰伯学唱曲,学奏笛,进步很快,甚至能说一口流利的苏州方言,在研究昆曲音韵方面也作出了显著成绩。1992 年以后,高慰伯又发挥余热,为昆山市玉山镇第一中心小学小昆班做辅导工作,并为他们的课本剧谱曲。1994 年,小昆班在全国课本剧会演中获得了一等奖。

　　高慰伯的一生是坎坷的,又是幸运的。他经历了昆曲陷入低迷,走向困境的艰难岁月,也盼来了昆曲焕发青春的改革开放新时代。他觉得自己有了用武之地,总是精神矍铄。与他居住在一个住宅区的人们,常常看到他手拎笛袋,为义务教唱昆曲忙忙碌碌。20世纪90年代初,为了采录"民器"曲调,文化部门决定采录他最具代表性的昆山堂名曲牌。当时他已七十多岁,一口气吹奏了《普天乐》、《一枝花》、《一枝花(其二)》、《一江风》、《忆多娇》等五首曲牌,令人耳目一新。后来这些曲牌大多选入市、省的"民器卷",并获得了"贝晋眉昆剧传习奖"的荣誉。

　　高慰伯从八岁开始学笛,一直吹了整整八十年。在演奏时,笛风纯正,音色亮丽,指法熟练,转调自如,继承了永和堂吴秀松派的风韵,并具独家风采。他对昆曲的生、旦、净、丑各行角色,都能巧妙地配搭伴奏,尤其擅长旦角的曲子。业界评论,高慰伯的演奏出神入化,炉火纯青。他的日本学生石海清说,高慰伯先生执吹六勻孔笛,吹奏不同调时,全靠手指的不同开合状态来控制全音和半音的关系,可见高慰伯的笛艺功力的精深。此外,他还擅长怀鼓、唢呐等乐器。他吹奏唢呐能循环吐气,连续不断,堪称绝技。

　　高慰伯先生于2008年11月9日凌晨2时在昆山逝世,享年九十岁。他把自己的一生奉献给了昆曲事业。

不倦的探索者柯军

　　柯军,在生活中,在舞台上,扮演着各种不同的角色。他既是著名的昆曲表演艺术家,又是把文化品牌推向市场的企业家;既是努力使古老的艺术与现代生活接轨的改革者,又是文化集团企业的管理者,肩负着南京市演艺集团有限公司董事长、总经理,江苏省演艺集团有限公司常务副总经理的重任。

1965年9月出生于昆山陆家镇的柯军，从小就很有艺术天赋。十二岁时，他报考江苏省戏曲学校，在数千名竞争者中脱颖而出，从此踏上了昆曲艺术生涯。1985年，柯军从江苏省戏曲学校昆剧科毕业，进入江苏省昆剧院工作。先是师从张金龙、侯少奎先生和昆曲传字辈演员周传瑛、包传铎，1993年又拜传字辈郑传鉴为师。如今，他是在职研究生学历，国家一级演员，全国戏剧梅花奖获得者。

从艺三十年，柯军在许多昆剧剧目中担任过主要或重要角色。曾先后随江苏省和国家文化代表团，访问过德国、芬兰、瑞典、挪威、韩国、日本等国家和台湾、香港、澳门地区。他把优秀的传统艺术带往世界各地，也与世界各地的艺术家切磋、探讨，共同进益。

有不少权威媒体如此评价柯军：这位《夜奔》里的活林冲、江苏省昆剧表演艺术家，在江苏文化体制改革的浪潮里，同样演绎了一场精彩的"夜奔"。

"艺术自身无法产业化，但是艺术家却可以有商业眼光，艺术的创意可以产业化，而且必须产业化。"柯军对昆剧的未来有很多独特的想法。他说："2016年，我打算做一个'汤莎会'国际艺术节。汤显祖和莎士比亚都在1616年去世，四百年后的今天，两位东西方戏剧大师如果能相会，将会说什么、做什么？他们如果活在当下，又会怎样秉笔书写生命、爱情和价值？"

柯军认为，昆剧的传承要有两支队伍——探险队和考古队。实验昆剧需要的正是一支探险队。传统的唱段我们不会去改它，但是可不可以有当代的情境，或者更具时代感的表达？闻名海内外的《1699·桃花扇》，就是探险精神的产物。

《1699·桃花扇》剧组演员的平均年龄为十八岁，饰女主人公李香君的单雯、罗晨雪只有十六岁。柯军邀请田沁鑫当导演，聘请台湾著名文学家余光中做文学顾问。日本著名流行音乐人、作曲家长冈成贡任主题曲创作，韩国"国师级"导演孙振策作戏剧顾问。旅美著名舞美设计师萧丽河，使《1699·桃花扇》的舞台美术设计成为一大亮点。整个舞台空灵简洁，舞台背景《南都繁会图》，呈现一年四季雨雪阴晴的变化，重现六朝古都的繁华。

《1699·桃花扇》诞生后，成为第35届香港艺术节的首推剧目，预定演出两场，票在预售期即全部告罄，观众只能在现场购买站票。随后，七次进京，奥运会、世博会都少不了剧组的身影，足迹更是遍及欧美及东南亚各国。

柯军在原始版本基础上，根据不同的观众审美层次，改编成10多个版本，如豪华版、加长版、精简版、音乐版、清唱版、传承版、折子戏版，以及游戏版等。不仅收回投资成本，还获得了盈利。

《1699·桃花扇》的成功，促使江苏省昆剧院赢得了保护昆剧的时间和空间，丰富了遗产继承的经验,也获得了经济收益。剧院从伸手等待拨款,转变为依靠市场运作,实现演出、传承、人才等多种效应的丰收。

2012 年 3 月,刚刚完成工商注册的南京市演艺集团,面向全国公开招聘总经理。希望通过此次招聘,打破市域界限,突破体制障碍,面向全国引进文化领军人才。招聘启事一经发出,演艺界人士踊跃报名,一共收到全国各地的应聘简历 200 多份。经过严格的面试,7 名候选人中,有 3 名选手进入最终考评环节。经过最终考评,柯军成为南京市演艺集团总经理人选。

正式上任后,柯军做的第一件大事,就是推动南京秦淮剧场的常态化演出。他清楚地认识到,南京的夜场演出,具有雅俗共赏的内容和形式,有市场需求,也有一批忠实的消费者,但发展还不够充分,仍有较大的市场空间。事实上,南京旅游演出市场曾经做过一些探索,但不尽如人意。在柯军的主持下,《风韵金陵》很快诞生了。

柯军的老生扮相

柯军个人专场海报

这是一部以秦淮文化为特征,以商旅人士和广大市民为观众群,融科技、文化、旅游于一体的大型情景音舞剧。整场演出,由金陵古韵(序)、六朝寻梦,大明雄风,秦淮风韵、民国气象和绿都芬芳(尾声)六个篇章组成。

身为总经理,柯军从剧本创作到导演遴选,从舞美设计、音乐编排到合成排练,每个方面都下足了工夫,六个篇章的编排,他与主创人员和演员进行反复雕琢,力求精益求精。为了还原历史特征,还花重金请来了国内一流的服装设计师,为每个演员量身定做了精美服装。

演出获得了预想的成功。然而,柯军说这仅仅是第一步。

众所周知,昆剧是高雅艺术。宣传、推广和营销,从来不是昆剧院的强项。柯军说,既然我们不具备搏击市场经济大潮的经验,就需要专业的营销队伍来助推。经过反复协商,票务、广告宣传和市场营销分别承包给了昆剧院外的几个单位。昆剧院丢开了这些杂务,就能专心致志地钻研艺术,排演精彩剧目。

为了推广昆曲,柯军别出心裁地带领年轻演员,上演了"地铁昆曲"2011年某天早晨,南京地铁车厢里突然走来了"唐明皇"、"杨贵妃"、"侯方域"、"李香君"、"杜丽娘"和"柳梦梅"。这无疑引起了乘客的轰动,有乘客拿出手机拍照留念,有乘客过了站还不愿下车。这个举动,社会各界褒贬不一。但柯军坚信,打破"高雅艺术"与公众之间的隔阂,这是努力的方向。他说,观众要培养,不培养观众,戏曲的未来在哪里? 所以,在许多年轻人聚集的网站上,常常会出现江苏省昆剧院的免费艺术讲座和演出宣传。

柯军接受海外专业人士的启发,创造了"新概念昆曲"。进入实验剧场,人人都可以呈现自己对作品的理解。他将新概念昆曲定义为"当代昆曲艺术家,借助传统昆曲的词、曲、舞蹈程式和抽象空灵虚拟的气象,表达艺术家对艺术文化生活的思考和感悟"。他的实验昆曲没有音乐、唱词,甚至很难体味到故事情节。《夜奔》就是其中之一,但依然沿袭了《夜奔》的原作者明中叶戏剧大家李开先的艺术精神。

柯军说:"我们做实验剧场,不代表我们不要传统,没有功夫什么都是空谈。我们排演《临川四梦》,有些原本批评我们的人感到很惊讶,没想到这么传统!"他认为,昆曲传承一定需要考古队。在遗产保护上,应该坚持原汁原味。就像《论语》,你翻开来如果不明白,不是他写不明白,是你自己读不明白。

一个清楚不过的事实是,新鲜的尝试,终究吸引了越来越多的年轻观众走进剧场,也给了演员更多想象与实践的空间。

作为一个不倦的探索者,在文化市场的历练中,柯军对文化体制改革的观念,也在不断发生变化。他说,明清时期,昆曲之所以兴盛,其中的重要原因,是民间戏班借力于市场的结果。我们发展文化产业,转制改企,也可以理解为戏剧"市场属性"的回归。

"江南第一丑"李鸿良

昆曲界历来有这样一句话:"三年稳出一个状元,三年不稳出一个大面(净丑)。"明代著名昆丑演员彭天锡,曾经饱读经书,通晓史籍,文化素养很高。因为科场失意,他便将自己的志趣爱好转移到昆曲舞台上。他头脑聪明,又舍得下苦功夫,学起戏来全身心地投入,所以很快就有了超群的演技。

今天,李鸿良以自己的高超技艺,成为昆曲界屈指可数的昆丑演员。"江南第一丑",就是南京大学教授、《中国昆剧大辞典》主编吴新雷对他的赞誉。李鸿良 1966 年出生于昆山,早在昆山第二中心小学读书时,就是文艺骨干。1985 年毕业于江苏省戏剧学校昆剧科,师从周传沧、范继信、姚继荪、刘异龙、王世瑶、张寄蝶等先生。现为国家一级演员,中国戏剧家协会会员,江苏省昆剧院院长。

1977 年,十一岁的李鸿良考取了省戏剧学校昆曲科。他天生一副喜剧演员的面相,被老师分到了丑行。可心里却想学武生,豪迈潇洒,在舞台上打人的时候多,挨打的时候少。然而在正式演出时,他找到了丑角的快乐。第一次登台就逗乐了全场观众。那一年,叶剑英元帅到南京,在中山陵美龄宫看戏。李鸿良出演《下山》中的小和尚本无。没想到,因为地板打了蜡,穿着厚底戏鞋的他不慎摔了一跤,足足滑出去三米远,引得叶帅哈哈大笑。戏结束后,叶帅对他说:"看了你的戏,开心得很!小伙子,要这样坚持下去。下次到北京来演,不可以再跌喽!"李鸿良又高兴又惭愧,从此再也不敢轻视自己的行当。

李鸿良个人专场海报

李鸿良剧照（饰小孙屠）

李鸿良是勤奋的。在戏校读书时，养成了每天练早功的习惯，这个习惯三十多年没改变。即使在一年演不了几场昆剧的日子里，也从来没有中断过。昆剧以才子佳人剧目见长，丑角从来都是调节气氛的配角。但要演好丑角，所需要的功力并不亚于生角、旦角。由于刻苦练功，李鸿良身上有不少绝活，比如武大郎的"矮子功"，天真无邪小和尚的"转佛珠功"。在《孽海记·下山》一折中，李鸿良扮演的小和尚背着小尼姑涉水过河，口衔一双厚底靴，一甩头，靴子同时甩开，掉落在舞台左右两边，两只靴子几乎同时落地。为了练成这招"一口开双花"，七年里他咬破了十七双靴子。练功时，受伤是家常便饭。他右脚的脚筋曾经断过两次，医治好以后，又继续练功。

在李鸿良的演出履历上，已经有 50 多个丑角角色。《风筝误·惊丑》的丑小姐詹爱娟，他男扮女装，扭捏作态，令人捧腹；《水浒记·活捉》的色鬼张文远，举手投足，一颦一笑，让无耻之徒的嘴脸显露无遗……

《游殿》，是张珙与崔莺莺在普救寺一见钟情的故事，开篇却让一个滑稽和尚法聪大出了风头。李鸿良扮演的法聪，演技十分娴熟，他仿佛不是扮演特定的角色，而是在一群朋友中谈笑风生，除了苏白，间或插几句当地方言，乃至英语（这自然视观众而定），调侃、幽默、机巧，让观众席里发出掌声和笑声。此刻，丑角与生角都显得很美。

《牡丹亭》是一出才子佳人戏。然而，当李鸿良扮演的石道姑一出场，气氛完全变了，前一刻还沉浸在爱情故事中的观众，顷刻间被逗得全都发出了笑声。对于"无丑不成戏"的昆曲来说，丑角向来是调节气氛的配角。但在李鸿良的心中，丑角从来都不是什么配角，每个丑角他都当作主角来尽心演绎。

《艳云亭·点香》中的盲人诸葛暗，是李鸿良津津乐道的一个角色。舞台上，诸葛暗从头到尾闭拢着眼睛，一身黑鞋、黑袜、黑裤装扮。怎样演好这个角色？李鸿良特意观察了盲人的生活状态，发现盲人的手杖是体现人物内心的重要道具。他在表演诸葛暗时，借助于盲杖体现情感，赶小孩、赶贼、赶狗、执棒的轻重、驱赶的姿势，都很有含意。他说，一个好的演员，必须有丰富的人生阅历，喜怒哀乐都得经历，上到达官贵人，下到贩夫走卒，都得去了解。

李鸿良的表演细腻传神、诙谐幽默，基本功扎实，唱念过硬，可塑性强，在昆曲界有口皆碑。2011年6月10日，第二十五届中国戏剧梅花奖在成都揭晓，昆丑演员李鸿良榜上有名。他成为江苏省昆剧院建院以来，第九位中国戏剧梅花奖得主。

李鸿良出生于昆曲的故乡昆山，他从来没忘记昆山深厚的历史文化对自己的哺育。在担任了江苏省昆剧院领导职务后，他积极组织、推进"昆剧故乡行"的系列演出，作为由省委宣传部主办、省昆剧院承办的"高雅艺术进百校"活动的一部分。李鸿良说："我在日本名古屋演出的时候，当地的能剧演员问我，能剧最好的演员都在能剧发源地名古屋，昆剧最好的演员是不是都在昆剧发源地？我无言以对。所以，我希望能帮助昆剧在它的故乡重新找到自己的地位……"

作为国家一级演员、联合国教科文组织和国家文化部颁发的"促进昆曲艺术奖"获得者、梅花奖得主，在繁忙的院务工作之余，李鸿良仍不断努力攀登昆曲艺术巅峰，也从未松懈过对昆丑角色的研究。他知道，昆曲中的丑是生、旦、净、末的角色之祖，它百无禁忌，来源于生活，表现形式却比生活跟夸张。他说，我是一个演员，是昆剧艺术的传承者。我不会忘记自己有责任在诠释至美的昆丑这一角色的同时，充分体现昆剧角色的精、气、神。

昆笛圣手王建农

　　曲笛演奏家王建农,1962年出生于昆山的一个书香门第,自幼酷爱音乐。从小学到中学,总是活跃在文艺舞台。1978年考入江苏省戏曲学校,跟随高慰伯先生学习昆笛及唢呐吹奏法,从此把曲笛演奏作为自己的主攻方向。在戏校读书期间,他先后得到了李锦泉、王正来以及著名鼓师徐桂荣先生在戏曲方面的教导,得到了林克仁先生在竹笛方面的指导。后来又受益于笛子大师赵松庭、笛子演奏家俞逊发。现为国家一级演奏员,江苏省昆剧院首席笛师,中国音协民族管弦乐协会竹笛专业委员会理事会理事。

　　业界评论王建农的曲笛艺术,认为他恰如其分地将江南丝竹的技巧融入昆曲伴奏中,兼顾音乐的流畅性和昆曲的歌唱性。在多年的舞台实践中,逐渐形成了昆味浓郁、音色纯正、指法灵活、底气充足、极富张力、感染力强的独特演奏风格。他的伴奏,从不喧宾夺主,托贴得舒服,使演唱者无后顾之忧,给听众以纯净之美的享受。

　　多年来,王建农先后为大量的昆曲音像录音担当主奏。参与录制发行的唱片、音乐资料,有王正来的《词曲选唱》、《王正来昆曲艺术纪念特辑》,石小梅先生的个人专辑《珍品萃雅》,中正文化中心的《赏心乐事学昆曲》等。在演奏之余,王建农还创作了许多昆曲唱段,如《临川四梦》、《双合印·水牢摸印》、《长生殿·刺逆》、《风筝误》的部分唱腔。先后主奏的大戏有《牡丹亭》、《桃花扇》、《十五贯》、《风筝误》、《窦娥冤》、《绣襦记》等。2007年、2008年,他成功地举办了两场笛子演奏音乐会。分别赴芬兰、德国、法国、日本、比利时、新加坡、美国以及台湾、香港地区进行访问演出。

　　2011年,王建农成功举办了《昆笛建农的修竹一梦》音乐会,这是一个昆笛首次跨文化传播课题,音乐会全球网络直播,在业内受到了很高的评价。

　　王建农对昆曲曲笛伴奏,有自己深切的体会与思考。他认为,光有一支好的笛子,在昆曲伴奏中是不够的。鼓和笛,作为昆曲乐队的领头乐器,彼此之间的"刺激"尤为重要。昆笛重在"虚实相间,顿挫分明"。《顾务录》里有言:"腔裹字则肉多,字矫腔则骨胜,务期停匀适听为妙。"用在昆笛演奏中,也十分恰当。有相当多的笛师吹奏昆笛,或者是没有骨子,软哒哒的,被视为"肉多";或者全是棱角,缺乏柔和,被称为"骨胜"。不仅听着不舒服,也给鼓师带来了困难。好的笛师,一定是"骨肉分明"。曲笛和昆鼓所用语言不同,一个是管弦乐,一个是打击乐,两者之间需要"犬牙交错"。也就是说,昆笛旋律高调舒展的时候,就像人的静脉畅通,或骨骼延伸一样,这时如果落下一个很重的鼓点子,敲在骨头上,吹笛人会很不舒服,观众听起来也

王建农近影

别扭。但是当昆笛演奏进入衔接点,一个重打的鼓点,会有像"膝跳反应"似的不经意的舒服。

　　然而,由于演员曲唱的情绪和不同鼓师、笛师的理解都会有所变化,这就要求鼓师和笛师在演奏中,相互猜测,相互配合。

　　王建农认为,昆曲之所以高雅,关键在这个曲字。我们一直以来把曲定义为是音乐,这个理解是有偏差的。曲当然与音乐有关,但曲也是和律诗、律词一样,与文有密切联系。

　　昆曲音乐的形成关乎宫调、曲牌;关乎唱词的平上去入,关乎四声阴阳。换言之,作曲者即为填词者,所填之词限定了板眼节奏,又决定了音符旋律,而音符曲情又限定了文辞筛录。所以,昆曲的音乐和文学是互为勾连的。在相互的碰撞和牵制下,涤荡出的昆曲,是活的文学和会呼吸的音乐。所以在吹奏昆曲时,如果离弃了文,而只看简谱音符,关注音乐旋律的起伏、强弱,就很可笑了。昆曲历来是"依字声行腔",这是昆曲最重要的一点。昆曲之区别于流行歌曲,就在于昆曲是由文辞语音的四声阴阳自然化为音乐的,是属于依字声行腔的曲的范畴。

　　王建农说:"所以,我在拿起笛子的时候,我首先要问自己一个问题,我在吹曲还是在吹歌? 倘若我在演奏民乐,那么我一定会和大多数笛师一样,看着音乐谱,着重旋律起伏,轻重相携,力求完美的声音。但是如果我在吹昆曲时,我的眼前虽然放着音乐谱,但我更注意看音乐谱上的昆曲唱词,看着这些字的四声,我脑子里自然就有了旋律,这也就是为什么我演奏时大多看着演员,不看谱,并不是我背会了乐谱,而是他们唱什么字,根据这个字声,就能出来旋律。演员都说我伴奏衬得他们很舒服,这不是因为我笛子水平有多高,而是因为我的伴奏是根据音乐文学走的,是合规矩的。"

　　昆曲的演唱,在魏良辅、梁辰鱼改良以后,对于字声、行腔、节奏等有着极其严格的规范。在字声、行腔上,注重声音的控制以及咬字发音,平、上、去、入十分考究。每唱一个字,都注意咬字的头、腹、尾,即吐字、过腔和收音,并且有"豁"、"叠"、"擞"、"嚯"等腔法的区分,和各类角色的性格唱法。在节奏上,表现为放慢拍子,延缓节奏,以便在旋律进行中运用较多的装饰性花腔。所谓赠板,在演唱时自有许多变化,一切服从于戏情和角色应有的情绪。

　　昆曲界历来有"丝不如竹,竹不如肉"的说法。笛子作为主奏乐器,在与昆曲相生相伴的漫长岁月中,它的美学品格不能不受到昆曲艺术的深刻影响。曲笛由于伴奏昆曲而得名,在与水磨腔的珠联璧合中,形成了独特的演奏艺术。这种演奏与江南丝竹中的演奏是有区别的。

　　王建农对于昆笛的理解,建筑在对于昆曲艺术整体把握的基础之上。他深深地懂得音乐的本然状态是最可贵的,所以,他的昆笛演奏才能出类拔萃。

"昆曲王子"俞玖林

　　昆曲王子俞玖林的名字,是与青春版《牡丹亭》连在一起的。

俞玖林(许培鸿摄)

《牡丹亭·拾画》,俞玖林饰柳梦梅(许培鸿摄)

　　他1978年11月出生于昆山。初中毕业前,苏州艺校昆曲班来学校招生,他被老师挑中,懵懵懂懂地进入了这一行。十七岁才开始学戏,在很多人看来有点晚了。然而,他刻苦学习,打下了扎实的功底。学成毕业后,分配进江苏省苏州昆剧院工作,先后师从石小梅、毛伟志、朱蕖、凌继勤、汪世渝、岳美缇,专业水平提高很快。工小生,擅长扮演古代书生形象,扮相俊秀,质朴,表演深沉细腻,内涵丰富,深受观众欢迎,也获得专家和同行的好评。

　　也许正是如此,他被白先勇先生看中,进入青春版《牡丹亭》剧组,饰演主角柳梦梅。

　　在很多人看来,俞玖林十分幸运。孰料,一旦担纲主演,就有无穷的艰辛在等待着他。当初学戏时,他吃过不少苦,用一句形象的话说,功夫都是在苦水里浸出来的。大冬天练功,穿一条白色棉毛裤,外头套一身黑衣裤,突然间觉得身上凉透,揭开一看,全是皮肤磨破流出来的血。可是,排练《牡丹亭》时所经受的磨练,出乎他的想象。已经二十四岁的他,像十一二岁的孩童一样,基本功、台步、水袖,一遍遍从头练起。当年在艺校一天才上两节形体课,但在准备饰演柳梦梅的三个月里,他几乎每天上午7时到下午5时,重复练习各种元素的基本功,做强化训练,一刻也不敢倦怠。导演是十分严苛的,他说:"在100场以前,汪世瑜老师从没表扬过我……"

观众们往往看重杜丽娘,觉得她是《牡丹亭》的主角。事实上,柳梦梅的戏,丝毫也不比杜丽娘轻。怎样抓住柳梦梅这个角色的筋骨,与杜丽娘相得益彰?俞玖林经过了很深入的思考。他说,除了富有书卷气,爱得缠绵之外,这个书生一定要有血气方刚的"英气",敢爱,也敢于担当,不然就会过于阴柔。

青春版《牡丹亭》是俞玖林演艺人生的一个重要转折点。白先勇先生集昆曲界之力,动用文化艺术界诸多名流,共同打造这一盛宴,给了俞玖林千载难逢的机会,也给他了极大的挑战。俞玖林付出了百倍的努力,没有辜负大家的期望。在舞台上,他温文尔雅,书生意气,自信从容,天真痴情,将一个为情而生、为情而死的柳梦梅演活了。用"惊艳世界"来形容,丝毫也不为过。可是,俞玖林没有忘乎所以。他说:"以前我只是把昆曲当作一份职业,现在把它当作事业。"青春版《牡丹亭》让他有了责任感和使命感。

从艺以来,俞玖林获得了很多荣誉。因主演《长生殿》唐明皇一角荣获中国首届昆剧艺术节表演奖,因主演《琴挑》潘必正一角荣获苏州专业团队中青年演员评比演出金奖。先后荣获"全国昆曲优秀青年演员展演"十佳演员奖、十佳论文奖、第五届江苏省戏剧节优秀表演奖、中国戏剧奖"梅花表演奖",并随温家宝总理访日作中国昆曲代表演出,赴法国、韩国等国家演出。

俞玖林是一个懂得感恩的人,他始终感谢白先勇先生提供了如此重要的机会。白先勇先生是一个对待艺术执着、认真的人,从没见过第二个像他那么认真的。排戏的时候,会注意到很小的细节,如果他不满意,就会提出来,而且细致到下一次还会注意到这个细节。但如果做得好,就能看到他赞许的神情,会很受鼓舞。

进入《牡丹亭》剧组后,俞玖林拜师汪世瑜。汪世瑜把经验毫无保留地教给他,这份感情非常珍贵,也让他看到了传承的意义。俞玖林说,过些年我也会老,到那时候我也会把我的经验传给下一代。现在学得越多,也就能传得越多。

青春版《牡丹亭》和《玉簪记》,引领了一种风潮,大家对传统艺术更加认可了,昆曲艺术转入了一个慢慢深入人心的过程。俞玖林认为,现在正是一种文化复兴的开始,虽然很多人仍处于文化和艺术的外围,但外围是面向核心的外围,而不是背对核心的,他们很想走进来。这几年昆曲出现上升的趋势,这是非常好的形势,但还不够。只有等到所有人都意识到需要文化作为支撑的时候,才会是昆曲最如鱼得水的状态。

《玉簪记》，俞玖林饰潘必正，沈丰英饰陈妙常（许培鸿摄）

俞玖林说,昆曲只是演,并不够。我去台湾演出的时候,看到有一些观众会带着剧本和工尺谱来看戏,效果就很好,所以我想观众不要都是盲目性地来听戏,是要做一点"功课"的,当然这些"功课"也要求专业化团体的示范和推广。我希望自己在这方面做一点有益的尝试,让观众先对昆曲有一点了解,再来看戏。

他想得很深远,也很实在。

炉火纯青顾卫英

顾卫英,1978 年出生于昆山市阳澄湖畔的古镇正仪。十六岁时,考入苏州市艺术学校"小兰花班",师从柳继雁老师,专工"闺门旦"。1998 年进入苏州市昆剧院,从此走上昆曲之路。

2002 年,顾卫英毕业于南京艺术学院戏曲表演大专班。2003 年,又参加了由张继青、汪世瑜等名师授课的艺术传承进修班,在张继青的亲授下,学演《牡丹亭》中的《游园》、《惊梦》、《寻梦》、《写真》、《离魂》等折子,并正式师承张继青。在此期间,她又跟随上海昆剧团梅花奖获得者张静娴老师学习了《长生殿》中的几个折子。后来,又接受了张洵澎、梁谷音、沈世华等名师指点。她曾是苏州昆剧院主要演员,现在中国戏曲学院表演系专职教授昆曲闺门旦。国家一级演员,艺术硕士,中国戏剧家协会会员。

顾卫英的扮相端庄秀丽,气质雍容华贵,表演细腻传神,唱腔优雅规范,善于刻画不同阶层和不同类型的古典女性形象。她曾多次出访日本、德国、奥地利、法国、美国等国和港澳台地区,饰演《牡丹亭》中的杜丽娘、《长生殿》中的杨玉环、《玉簪记》中的陈妙常、《白蛇传》中的白素贞、《烂柯山》中的崔氏、《蝴蝶梦》中的田氏和苏剧《花魁记》中的辛瑶琴等,给观众留下深刻印象。

张继青的演唱风格，细腻流丽，委婉典雅，最典型地体现了昆曲作为水磨调的特点。她教过的学生很多，可以说是桃李满天下。最为中意的学生之一，就是顾卫英。顾卫英在《牡丹亭》里的演唱是最见功力的，不仅感情投入，表情到位，咬字发音、音质音色都堪称数一数二。有人评价说，听顾卫英唱《游园》，那种沁入心肺的酥醉，真正是代表了中国昆曲的美学特色。

2003年12月，顾卫英参加全国首届中国戏曲演唱大赛，获得最高奖红梅大奖，位列昆曲组第一。2007年，顾卫英二度获得由中国戏剧家协会主办的中国戏曲红梅表演大奖。此后不久，她就从苏州昆剧院调到中国戏曲学院，由当家闺门旦，变成昆曲专职教师。

顾卫英给自己选择了一条与其他昆曲演员截然不同的道路。工作岗位不同了，上台演出的机会少了，理论研究的成果却不断涌现。她先后发表了《梦回莺转，乱煞年

顾卫英饰杜丽娘

光遍——我的昆曲专场演出》(《中国戏剧》2010年第8期)、《原来姹紫嫣红开遍——传承主演杜丽娘》(《剧影月报》2010年第2期)、《昆曲演出的海外艺缘》(《跨文化语境中的中国戏曲》中国戏剧出版社2009年)、《传承〈痴梦〉感悟崔氏——亦喜亦悲演痴女》(《中国戏剧》2008年第2期，获文化部全国昆曲优秀青年演员展演"十佳论文"奖)、《浅谈昆曲走进校园的意义——从青春版〈牡丹亭〉高校巡演谈起》(《剧影月报》2006年第1期)、《苏州园林和昆曲艺术共同的美学价值》(《剧影月报》2006年第1期)等多篇论文，并且独立承担了科研项目《昆曲闺门旦经典剧目教程(2010—2012)》。

在理论研究的同时，为了给学生们现身说法，为了更好地推广昆曲艺术，顾卫英努力开辟新的艺术天地。在教学之余，在苏州昆剧院、江苏省昆剧院、中国昆曲博物馆、上海交通大学、香港浸会大学和北方昆曲剧院等单位的支持下，她先后在各地举办了多场个人演出专场。

顾卫英的昆曲专场，上演《牡丹亭》和《长生殿》等优秀剧目，始终面向国内外大学生群体。针对不同的观众，采取不同的演出模式。比如在江苏省昆剧院和北方昆曲剧院搭班演出时，她与专业院团的演员、乐队整体合作，并邀请张继青等老一辈名师把场，力图精益求精，深深感动了中外观众。观众们

"一旦三梦"之《惊梦》，顾卫英饰杜丽娘　　　　"一旦三梦"之《痴梦》，顾卫英饰崔氏

从她与张继青一脉相承的唱法，体味到了昆曲的继往开来，尤其感到兴奋。在香港浸会大学演出时，面对的是音乐系的师生，同时也由于缺乏完整的班底，她就更多地加强和突出唱腔艺术，相应减少戏剧性的铺陈。浸会大学文学院院长锺玲、音乐系主任潘明伦、项目主管林清华等人对于顾卫英的演出，给予了很高的评价。希望今后还能为她举办"一人主唱"的昆曲演唱会。在上海交通大学举办的内地与港澳台著名高校精英文化寻根活动中，顾卫英的精彩演出激起了阵阵掌声，大家对于优美精湛的昆曲艺术赞叹不止。

作为昆山人，顾卫英对昆曲发源地的昆曲推广活动，也倾注了大量的心血。从2001年起，她随团在古镇周庄的古戏台，为游客演出，连续演了数百场次。同时利用休息时间，为昆山第一中心小学、正仪中学、石牌小学、周庄小学的"小昆班"作艺术辅导。由她辅导的昆山一中心小学小昆班演出的《牡丹亭·惊梦》，在第八届全国少儿戏曲"小梅花奖"大赛中，获得了"小梅花奖"。

顾卫英进入中国戏剧学院后，昆曲界的老师和同行寄予莫大的希望。她来自昆曲的故乡，又有高超的技艺和丰富的舞台经验,可以用原汁原味的传统,将长期以来因历史原因所形成的不正规的昆曲唱法和不规范的身段动作,逐渐纠正,培养更多的昆曲接班人。

本着对中华文化负责的态度,顾卫英在不断努力。她一定会在教学岗位上,塑造出引人瞩目的新的艺术形象。

精益求精周雪峰

周雪峰,1978年出生于昆山市淀山湖畔的一个普通农家。1994年4月,在临近初中毕业的周雪峰面前,出现了一个机会:苏州评弹学校苏剧班去他所就读的学校招生。苏剧是什么? 昆曲又是什么? 他一无所知,但他决定去报考。从内心说,主要是为了拿到一张中专文凭,从此告别农村户口。他没有表演功底,甚至连唱一首流行歌曲都有些勉强,命运却垂青于他,使他顺利地成为苏剧班的新生。

不经意间,周雪峰与昆曲结下了难解的缘分。

真正入学后,他才明白自己走上了一条艰辛的道路。学戏的孩子,往往在五六岁时就开始练功,周雪峰入学时却已经十多岁,身体骨骼基本成型,这时候练劈腿,拉韧带,可想而知有多痛苦了。每次放假回家,妈妈看着儿子因为练功而又紫又黑的双腿,都不免心疼,多次劝他放弃。但倔强的周雪峰终究坚持了下来。

毕业后,周雪峰顺利地进入了苏州昆剧团(苏州昆剧院前身)。在团里,他的第一位老师是凌继勤,学习的第一出戏是《醉归》。他渴望学习,渴望有机会在舞台表演。2000年在苏州举办的首届中国昆曲艺术节,犹如为他打开了一扇窗户。来自全国各地的优秀演员汇聚一堂,不同风格的唱腔和舞台表演,给周雪峰留下了深刻的印象,也从中看到了自己的未来。他像一块海绵,拼命地吸收养分,也憧憬

《长生殿》，周雪峰饰唐明皇

着早日成才。

正是在这一年，上海昆剧团著名昆曲表演艺术家蔡正仁来到苏州昆剧院。他看了新排的《长生殿》后表示，愿意指点出演的演员。蔡正仁有"活明皇"的美誉，艺术造诣在业内颇受推崇。周雪峰把蔡正仁的话牢牢记住了，没几天就找到上海蔡正仁的家，拜师去了。蔡正仁很欣赏这个好学的小伙子，一腔一调、一招一式，从头开始教授给他。从此以后的整整三年，每个周六和周日，周雪峰都要在苏州与上海之间来回跑。周六，他乘坐早晨6点多的火车去上海，晚上再赶7点多的火车回来。第二天再继续赶到上海学习。这么匆匆来去，是为了节省在上海的住宿费。让他特别感动的是，蔡正仁把他当儿子看待，尽心尽力地教授，还不肯收取学费，这让周雪峰更加坚定了继承昆曲艺术的信心。2003年，在中国第二届昆剧艺术节期间，在白先勇先生的主持下，他正式拜蔡正仁先生为师。师生之间的情谊愈加深厚。

坚韧不拔的努力，终究是有回报的。周雪峰开始在昆曲舞台上崭露头角。2008年，在日本京都南座剧场，周雪峰因扮演《杨贵妃》中的方士，有幸与被誉为是日本梅兰芳的坂东玉三郎同台演出。周雪峰说，几乎每场演出过后坂东都会给他说戏，进一步分析剧情人物，做到精益求精。在周雪峰看来，与这样的名家一起演出就是最好的学习机会。他和坂东一共同台演出三十场，每天都获得一点建议，真是受益匪浅。与坂东的合作，让他对演员的舞台表现力有了新的认识。

在周雪峰入行的十几年里，他刻苦钻研艺术，精益求精，凭借出色的舞台表现力和颇具实力的唱功，被评上国家一级演员，录制了第一张个人演唱专辑，与此同时获得了很多奖项。2000年荣获首届中国昆曲艺术节表演奖。2007年在全国昆曲优秀青年演员展演中荣获"十佳演员"称号。2008年荣获"江苏省优秀青年戏剧人才"和苏州市舞台艺术"新星奖"称号。2009年荣获首届"长江流域十二省市青年演员大赛——长江之星"称号，同年还荣获第四届"中国戏曲红梅荟萃"比赛的"红梅金奖"。2010

年荣获浙江省第 11 届戏剧节优秀表演奖、苏州市舞台艺术"新星奖"。

　　周雪峰在艺术上的进步，引起了各方面的关注。2011 年 3 月 9 日，作为苏州大学白先勇昆曲传承计划之一，他在苏大艺术学院音乐厅举行了"周雪峰专场"演出。凭借扎实的功底，他演唱了《荆钗记·见娘》、《千忠戮·惨睹》、《长生殿·迎像哭像》三场戏。白先勇昆曲传承计划传承老师、著名昆曲艺术家蔡正仁在演出结束后点评，这一大胆挑战，在业内"前无古人"，恐怕也"后无来者"。因为三场戏都是官生中特别出名的重头戏，是对官生功力的一次极限的挑战。

周雪峰专场演出海报

　　《荆钗记·见娘》是一出唱做并重的官生戏，自始至终考验演员的功力。《千忠戮·惨睹》因八支曲辞最末都是"阳"字，俗称《八阳》，全出唱作感人，尤其是出场的第一句"收拾起大地山河一担装"，是号称"家家收拾起"、"户户不提防"的一个典型戏例。《长生殿·迎像哭像》更是大官生的主要唱功戏，全剧十三支曲子一气呵成，演员必须通过感情充沛的唱、白表现出人物的年龄、地位、心情和特定环境中强烈的哀伤气氛，是三出重头戏中的"大轴"戏，稍有不慎，就有可能前功尽弃。虽然三场戏都很有难度，但是周雪峰的一腔一调、一招一式都显得熟练圆润，令人沉醉。全场座无虚席，掌声不断。

　　面对自己取得的成绩，周雪峰十分谦虚，每天依然练功不辍。他说，作为一名昆曲演员，欣逢盛世，我的目标就是要多多学习，唱好昆曲，和昆曲永不分离。既然成为一名昆曲演员是自己的缘分，我所要做的，就是精益求精，不断攀登艺术高峰。

昆山昆曲大事纪略

南朝梁大同三年(36)

由秦始皇时代的娄县改名昆山县。其辖域,北接今常熟,南至今松江,西自吴县(今苏州工业园区)唯亭,东临大海。相当于今上海市大部分地区和昆山、太仓两市。

唐宝应二年(763)前后

黄番绰自都城西安来到傀儡湖畔教习歌姬。逝世后,安葬于绰墩山。

元至正八年(1348)

顾阿瑛大兴土木,筑山穿池,修建园林亭馆,构筑"玉山佳处"。八月,杨维桢撰《玉山佳处记》。

元代末年至明代初年

昆山千墩(今千灯)人顾坚发南曲之奥,创制昆山腔,被称为鼻祖。

明正德末年至嘉靖中叶

流寓于鹿城(昆山)、娄东(太仓)之间的魏良辅等人对昆山腔作改革创新,使之在四大声腔中脱颖而出。

明隆庆年间

梁辰鱼写出《浣纱记》,成为有史以来第一部以昆山腔演出的传奇。

明嘉靖中叶

戏曲舞台上涌现出一批专门在文辞典雅上下工夫的剧作家,形成了"骈俪派"。大多是昆山人,其中以梁辰鱼的《浣纱记》、郑若庸的《玉玦记》、张凤翼的《红拂记》、梅禹金的《玉合记》和屠隆的《彩毫记》为代表。

明万历四十四年(1616)

《魏良辅曲律十八条》(《南词引正》)刻成。

明万历二十二年(1594)

梁辰鱼逝世。

明万历二十六年(1598)

汤显祖离京还乡,客昆山片玉坊拂石轩太仆寺卿徐应聘居所,作成《牡丹亭》传奇。

明天启五年(1625)前后

张大复以口授笔录的形式完成《梅花草堂笔谈》16卷,其中有大量弥足珍贵的昆曲史料。

明朝崇祯六年(1633)前后

陈圆圆生活在昆山盆渎村的一个贫困家庭,自幼研习歌舞。后离开昆山,流落苏州,名冠苏州梨园。

明代中叶至清代晚期

每年的农历四月十五日,昆山玉峰山下城隍庙内,都要举办"玉峰曲会",会期三天。参与者以本地曲友为主,也吸引苏州、杭州和附近县乡的好手纷至沓来。四月十五日当天,曲会通宵达旦,气氛热烈。

清代末年至民国初年

昆曲进入衰微状态,但是在发源地昆山,堂名班的清曲活动十分活跃。诸多堂名班中,以周市的鸿

庆堂、城区的吟雅堂、永和堂和国乐保存粹等最为著名。

1931 年夏

应昆山知名人士之邀,上海"仙霓社"一行前往昆山近民小学(第一中心小学前身)义演,受到昆曲爱好者的热烈欢迎,演出盛况空前。三年后的盛夏,"仙霓社"又一次来昆义演三天。演出收入作救火会建造"警钟楼"之用。

1992 年 4 月 1 日

由国家文化部与昆山市人民政府联合主办的"昆剧传习所成立七十周年纪念活动"在昆山举行。在世的七位昆曲传字辈演员郑传鉴、沈传芷、倪传钺、包传铎、吕传洪、王传渠和全国各地的昆曲专家莅临昆山,参与盛会。

1992 年

由昆山市第一中心小学自编自导的昆剧课本剧《海力布》,荣获全国少儿戏曲录像评比一等奖。此后,该校"小昆班"演员在国内各类比赛中多次获奖。

1993 年 8 月

昆山市投资 250 万元在亭林园内修建"昆曲博物馆",陈列大量昆曲史料。2005 年 6 月至 9 月,经过修葺后重新布馆,成为重要的昆曲活动场所。

1998 年 10 月 5 日

时任中共中央总书记、国家主席、中央军委主席的江泽民视察昆山昆曲博物馆,观看小昆班演出并与师生合影。

2000 年 3 月 31 日

首届中国(苏州)昆剧艺术节在昆山隆重开幕。国家和省市领导、海内外昆曲艺术家和昆曲爱好者数百人出席盛会。此后,每三年一届的昆剧艺术节,都在昆曲故里昆山举办开幕式。

2000 年 11 月 30 日

昆山市昆曲研究会正式成立。

昆山昆曲博物馆

2001 年 9 月 20 日

时任全国政协主席李瑞环来到玉峰山下亭林园,走进昆曲博物馆,浏览昆曲历史陈列,并观看小昆班演出。

2001 年

古镇周庄恢复重建古戏台,面积达 3 500 平方米,每天由专业演员为游客演出昆曲节目。

2003 年 3 月 27 日

国家文化部正式命名昆山市为"中国民间艺术之乡(昆曲)"。

2004 年 4 月 5 日

原中共中央常委、国务院总理朱镕基与夫人视察昆曲博物馆,并为之题词:"抢救昆曲"。

2006 年 7 月

昆山市政协举办"昆曲论坛"。各民主党派、工商联和无党派人士的代表,与专家、学者一起畅谈昆曲保护与传承大计。

2006 年

顾坚纪念馆在古镇千灯棋盘街建成,并对游客开放。

2009 年 4 月 28 日

昆山市小梅花艺术团在市青少年宫举行揭牌仪式,宣告正式成立。

2011 年 4 月

苏州昆剧传习所整理(中共昆山市委宣传部、昆山市文广局、昆山市文化发展研究中心协助)的《昆剧传世演出珍本全编》(16 函 160 册),由上海人民出版社正式出版。

2011 年 5 月

昆山市人民政府与文化部艺术司、江苏省文化厅等联合主办昆曲列入联合国人类口头和非物质文化遗产代表作名录 10 周年纪念活动。

2013 年 1 月 10 日

总投资超过 10 亿元的昆山文化艺术中心举行落成典礼,有专用剧场可供昆曲演出。

2015 年 10 月 12 日

昆山当代昆剧院在昆山挂牌成立,成为全国第八个专业昆剧院团。

后 记

《昆山幽兰满庭芳》是一部昆曲诞生地的昆曲人物传记,以历史人物为主,也写了现当代的九个代表人物。由于历史人物资料缺失,我采取文学传记手法加以丰满,个别情节有虚构,但其内核是真实可信的,现当代人物则严格遵循于史实。

写作的过程是愉悦的,也让人时有感悟,时有深思。与其说是写了他们,还不如说是他们为昆曲所做的一切,令我不敢倦怠。

生活在昆曲的诞生地昆山,这些年我一直做着跟传统文化有关的事,其中自然包括昆曲。参与各种活动,观摩大小演出,搜集地方资料,读书编书写书……从大处说,是感到有一种无法推卸的责任,从小处说,则是兴趣使然。所以有了《百戏之祖——从昆山诞生的昆曲》、《昆曲百问》、《昆曲百折》等作品的问世。

有利条件是多年来我始终住在片玉坊(今南街)附近,长久关注、研究昆曲史,有较多的文史资料积累,并且有十几万字的纪实文学作品为基础。遗憾的是无法找到古人的图片,难以图文并茂。另外,由于昆山腔—昆曲—昆剧在故乡昆山的发展过程十分漫长,经历太多,《昆山昆曲大事纪略》无法一一列举,难免有遗珠之憾,尚请读者见谅。

这部书稿,是在谢柏梁教授的鼓励和支持下完成的。他不仅提供机会,点明了极好的思路,乙未年正月初一,还特地约我细谈补充修改意见,使我受益匪浅。在写作过程中,得到了身边不少朋友的热忱指点,并借鉴了他们的资料,在这里一并致以衷心的谢意!

陈　益

2013 年春秋　初稿

2015 年元旦　修改

2015 年春节　再改